रज़ा पुस्तक माला

गहराइयाँ और ऊँचाइयाँ

साहित्य, संस्कृति और सभ्यता का चिन्तन

रज़ा फ़ाउण्डेशन | THE RAZA FOUNDATION

गहराइयाँ और ऊँचाइयाँ

साहित्य, संस्कृति और सभ्यता का चिन्तन

श्याम मनोहर

मराठी से अनुवाद और सम्पादन
निशिकान्त ठकार

राजकमल प्रकाशन

रज़ा पुस्तक माला : कथा-विमर्श
प्रधान सम्पादक : अशोक वाजपेयी | सम्पादक : पीयूष दईया
राजकमल प्रकाशन प्रा.लि. और रज़ा फ़ाउण्डेशन का सह-प्रकाशन

ISBN-978-93-88183-68-0

मूल्य : ₹ 199

पहला संस्करण : 2018

प्रकाशक : राजकमल प्रकाशन प्रा. लि.
1-बी, नेताजी सुभाष मार्ग, दरियागंज
नई दिल्ली-110 002

शाखाएँ : अशोक राजपथ, साइंस कॉलेज के सामने, पटना-800 006
पहली मंज़िल, दरबारी बिल्डिंग, महात्मा गांधी मार्ग, इलाहाबाद-211 001
36 ए, शेक्सपियर सरणी, कोलकाता-700 017

वेबसाइट : www.rajkamalprakashan.com
ई-मेल : info@rajkamalprakashan.com

मुद्रक : यश प्रिंटोग्राफिक्स
नोएडा-201301 (उत्तर प्रदेश)

GAHARAIYAN AUR OONCHAIYAN
SAHITYA, SANSKRITI AUR SABHYATYA KA CHINTAN
by Shyam Manohar
Edited & Translated by Nishikant Thakar

आमुख
अशोक वाजपेयी

आमुख

कलाओं में भारतीय आधुनिकता के एक मूर्धन्य सैयद हैदर रज़ा एक अथक और अनोखे चित्रकार तो थे ही उनकी अन्य कलाओं में भी गहरी दिलचस्पी थी। विशेषत: कविता और विचार में। वे हिन्दी को अपनी मातृभाषा मानते थे और हालाँकि उनका फ्रेंच और अँग्रेज़ी का ज्ञान और उन पर अधिकार गहरा था, वे, फ्रांस में साठ वर्ष बिताने के बाद भी, हिन्दी में रमे रहे। यह आकस्मिक नहीं है कि अपने कला-जीवन के उत्तरार्द्ध में उनके सभी चित्रों के शीर्षक हिन्दी में होते थे। वे संसार के श्रेष्ठ चित्रकारों में, २०-२१वीं सदियों में, शायद अकेले हैं जिन्होंने अपने सौ से अधिक चित्रों में देवनागरी में संस्कृत, हिन्दी और उर्दू कविता में पंक्तियाँ अंकित कीं। बरसों तक मैं जब उनके साथ कुछ समय पेरिस में बिताने जाता था तो उनके इसरार पर अपने साथ नवप्रकाशित हिन्दी कविता की पुस्तकें ले जाता था : उनके पुस्तक-संग्रह में, जो अब दिल्ली स्थित रज़ा अभिलेखागार का एक हिस्सा है, हिन्दी कविता का एक बड़ा संग्रह शामिल था।

रज़ा की एक चिन्ता यह भी थी कि हिन्दी में कई विषयों में अच्छी पुस्तकों की कमी है। विशेषत: कलाओं और विचार आदि को लेकर। वे चाहते थे कि हमें कुछ पहल करना चाहिये। २०१६ में साढ़े चौरानवे वर्ष की आयु में उनकी मृत्यु के बाद रज़ा फ़ाउण्डेशन ने उनकी इच्छा का सम्मान करते हुए हिन्दी में कुछ नये क़िस्म की पुस्तकें प्रकाशित करने की पहल *रज़ा पुस्तक माला* के रूप में की है, जिनमें कुछ अप्राप्य पूर्व प्रकाशित पुस्तकों का पुनर्प्रकाशन भी शामिल है। उनमें गांधी, संस्कृति-

चिन्तन, संवाद, भारतीय भाषाओं से विशेषतः कला-चिन्तन के हिन्दी अनुवाद, कविता आदि की पुस्तकें शामिल की जा रही हैं। सभी पुस्तकों पर रज़ा साहब और उनके समकालीन मित्र चित्रकारों आदि की प्रतिकृतियाँ आवरणों पर होंगी।

रज़ा पुस्तक माला की यह कोशिश है कि हिन्दीतर भारतीय भाषाओं के लेखक क्या लिख-सोच रहे हैं उसका महत्त्वपूर्ण और प्रासंगिक हिस्सा हिन्दी में प्रकाशित किया जाय। इसी प्रयत्न के अन्तर्गत मराठी लेखक-नाटककार के आलोचनात्मक लेखन के एक संचयन का हिन्दी-मराठी विद्वान् निशिकान्त ठकार द्वारा किया गया अनुवाद यहाँ प्रस्तुत है। हमें उम्मीद है कि ऐसी सामग्री से हिन्दी के विचार और आलोचनात्मक चिन्तन का परिसर विस्तृत और समृद्ध होगा।

अशोक वाजपेयी

जुलाई २०१८, नयी दिल्ली

ऋणनिर्देश

प्रस्तुत विमर्श को साकार करने में मुझे डॉ. चन्द्रकान्त पाटील की सम्पादित मराठी पुस्तक 'मौखिक आणि लिखित', डॉ. चन्द्रकान्त पाटील और डॉ. रामचन्द्र काळुंखे की सम्पादित मराठी पुस्तक 'श्याम मनोहर यांचे साहित्य : दर्शन आणि प्रदर्शन', डॉ. श्रीनिवास हेमाडी का अब तक अप्रकाशित लघुप्रबन्ध : 'श्याम मनोहर यांची कथन साहित्य संकल्पना' तथा श्याम मनोहर के कथा-साहित्य की अनन्यसाधारण सहायता प्राप्त हुई। इनसे मैंने यथासम्भव लाभ उठाया है।

'नया ज्ञानोदय', 'पहल', 'आलोचना' आदि पत्रिकाओं के सम्पादकों ने कुछ रचनाओं को प्रकाशित किया।

श्री अशोक वाजपेयी ने *रज़ा पुस्तक माला* के अन्तर्गत इसे प्रकाशित करने का दायित्व स्वीकार किया।

इन सबके प्रति मैं हार्दिक कृतज्ञता व्यक्त करता हूँ।

निशिकान्त ठकार

भूमिका

"मुझमें जीवन का अर्थ होता है, पहचान, मैं कौन?"

"पहचाना, अध्यात्म, तुम अध्यात्म हो, अध्यात्म में जीवन का अर्थ होता है।"

"मैं अध्यात्म में नहीं होता। अध्यात्म में तू भी नहीं होता। अध्यात्म में वह, वे सब होते हैं। मुझ में अध्यात्म भी होता है। अब पहचान...मैं कौन?"

"नहीं पहचान सकता। कह डालो, वक़्त मत बरबाद करो।"

"मैं कथा-साहित्य हूँ।"

कथा-साहित्य की अहमियत को व्यक्त करने वाला उपर्युक्त कथोपकथन मराठी के वरिष्ठ कथा-साहित्यकार श्याम मनोहर की एक रचना से उद्धृत किया गया है। श्याम मनोहर ने भारतीय साहित्य-क्षेत्र में सम्भवतः पहली बार कथा-साहित्य पर मौलिक विचार करते हुए महत्त्वपूर्ण स्थापना की है कि कथा-साहित्य भी ज्ञान की एक शाखा है और उसे एक स्वतन्त्र अनुशासन के रूप में स्वीकार करना चाहिए।

कहानी-उपन्यास जैसी कथा-साहित्य की विधाओं पर पर्याप्त विचार-विमर्श स्वतन्त्र रूप से होता आया है और होता रहेगा किन्तु कथा-साहित्य का समग्र और एकात्म रूप में परामर्श नगण्य रूप से हुआ है। फ़िक्शन अर्थात् कथा-साहित्य के लिए उपयुक्त एक पारिभाषिक पद का भारतीय भाषाओं में प्रायः न मिलना इस बात का संकेत देता है कि कथा-साहित्य को एकात्म रूप में देखने की परम्परा नहीं बनी है।

श्याम मनोहर ने अपने कथा-साहित्य और कथा-साहित्यविषयक चिन्तन

से कथाविमर्श का नया सूत्रपात किया है और इसके सैद्धान्तिक, दार्शनिक और समीक्षात्मक विकास को गति दी है। अपने विमर्श को उन्होंने प्राय: अपने कथा–साहित्य में ही तिरोहित किया है, जैसा कि आरम्भिक अवतरण से स्पष्ट है, और जहाँ अन्य गद्यरूपों में जैसे कि भाषण, संगोष्ठी में बहस या साक्षात्कार और लेखन आदि को अपनी विवशता ही माना है। कथा–साहित्य का विमर्श भी कथा–साहित्य में घुल जाय यह उनके लिए आदर्श स्थिति है। कोई लेख या निबन्ध भी उनके कथा–साहित्य का अध्याय अनायास बन जाता है। यहाँ कथा–साहित्य को फिक्शन के विकल्प या प्रतिशब्द के रूप में प्रयुक्त किया है। उचित और सर्वस्वीकृत शब्द के अभाव में श्याम मनोहर ने कई बार फिक्शन और उसके लेखक को फिक्शन वाला भी कहा है। मराठी में 'कथात्म साहित्य' शब्द प्राय: स्वीकृत हो चुका है। कथन, कथन साहित्य, कथनपरक साहित्य, गल्पसाहित्य, आख्यान–उपाख्यान आदि पर्यायों पर पर्याप्त विचार कर हमने 'कथा–साहित्य' का प्रयोग करना ठीक समझा है। श्याम मनोहर के लिए प्रतिशब्द कोई महत्त्वपूर्ण समस्या नहीं है। 'फिक्शन' के साथ वह कभी–कभार उपन्यास जैसे अन्य पर्यायों को भी काम में लाते हैं।

ऐसा नहीं है कि श्याम मनोहर ने अपने कथा–साहित्य के विमर्श को व्यवस्थित, अकादमीय प्रबन्धशैली में किसी विचार–प्रणाली की तरह प्रस्तुत किया है। उनके विचार और चिन्तन उनकी सभी रचनाओं में यत्रतत्र बिखरे हुए हैं। कई बार उन्होंने नये सन्दर्भों में उनकी आवृत्ति भी की है। उनके फिक्शन में चिन्तन है और चिन्तन में फिक्शन है। दोनों का मकसद एक ही है—नये की खोज।

कथात्म साहित्य को श्याम मनोहर जीवन और जगत् के व्यापक परिप्रेक्ष्य में देखते हैं न कि केवल साहित्यिक परिवेश में। इस दृष्टि से उन्होंने सभ्यता और संस्कृति की अवधारणाओं को प्रचलित अर्थों से भिन्न रूप में देखा है। जीना और जानना मनुष्य जीवन की दो मूलभूत प्रेरणाएँ हैं। जीना और जानना एक–दूसरे से लगा हुआ है। इनको अलगाया नहीं जा सकता। आदमी सही ढंग से जीना चाहता है और सही तरीक़े से नया जानना चाहता है। रूढ़ि ढंग से जीने की जो समाज–व्यवस्था है वह सभ्यता है। इसका पता सबको होता है। वह ज्ञात होती है। लेकिन जो अज्ञात हैं, ऐसा बहुत कुछ है। अज्ञात अनन्त है। उसका ज्ञान होना संस्कृति

है। सभ्यता सान्त है तो संस्कृति अनन्त। सभ्यता की जननी है संस्कृति। संस्कृति से सभ्यता के निर्माण की प्रक्रिया निरन्तर जारी रहती है।

सभ्यता और संस्कृति के भेद को स्पष्ट करने के लिए श्याम मनोहर शोध और पुनर्शोध की अवधारणाएँ प्रस्तुत करते हैं। जीना गतिशील (डायनेमिक) अवस्था है तो जानना गतिशील प्रक्रिया (प्रोसेस है)। जानना ही ज्ञान का मूल है। नये की खोज से संस्कृति का निर्माण होता है। व्यापक और अज्ञात का शोध। सृष्टि या प्रकृति में अज्ञात के शोध से विज्ञान का जन्म होता है तो मानव जीवन के अज्ञात के शोध से साहित्यादि कलाओं का। शोध के लिए अध्ययन-प्रणाली की आवश्यकता होती है। वह सृष्टि में अनायास उपलब्ध नहीं होती। उसे मनुष्य को ही तैयार करना होता है। अध्ययन-प्रणाली ही ज्ञान है। उसके निष्कर्षों का पता चलने पर वह ज्ञान सभ्यता में सम्मिलित होता है। उससे पुनर्शोध किया जा सकता है। पुनर्शोध से सभ्यता विकास पाती है। विकास मानव जीवन की इयत्ता को ऊपर उठाता है। अन्ततः इसका सम्बन्ध आम आदमी के जीवन से, रोज़मर्रा के जीने से होता है।

मानव जीवन और जगत सभ्यता की बुनियाद है। सभ्यता एक व्यवस्था है। मनुष्य ने उसकी खोज की है। ज्ञान की उपलब्धि है सभ्यता। अज्ञात को ज्ञात में लाने की प्रक्रिया विस्तृत और लम्बी है। इसमें कई लोगों का श्रम काम में आता है। इस तरह समाज की सभ्यता बनती है। व्यक्ति की भी अपनी सभ्यता होती है। लेखक की भी अपनी सभ्यता होती है। समाज, व्यक्ति और लेखक तीनों की सभ्यताएँ मिलकर कथा-साहित्य की सभ्यता बनती है। सभ्यताएँ अनेक प्रकार की होती हैं। प्रधान रूप से दो भेद माने जा सकते हैं। वैश्विक सभ्यता और देशी सभ्यता। सम्पूर्ण मानव-जाति की सभ्यता वैश्विक सभ्यता है तो जिस समाज में मनुष्य, व्यक्ति रहता है उसकी सभ्यता देशी सभ्यता है।

विकास की प्रक्रिया में बुद्धि और कल्पना-शक्ति से मनुष्य ने अज्ञात का शोध शुरू किया और संस्कृति का जन्म हुआ। अज्ञात को ज्ञान की कक्षा में लाने को श्याम मनोहर संस्कृति कहते हैं। अज्ञात को ज्ञान में व्यक्त करने के एक माध्यम के रूप में वह कथा-साहित्य को देखते हैं। कथा-साहित्य शोध से ही सम्भव होता है। शोध का क्षेत्र व्यापक है। धर्म, दर्शन, संस्कृति, सभ्यता, भाषा, मनोविज्ञान, साहित्य, जीवनार्थ, अध्ययन-प्रणाली आदि बहुत सारी बातें। लेकिन अज्ञात के शोध को ही सही मायने में शोध

कहा जा सकता है। संक्षेप में, विश्व, मानव और जीवन का शोध। इनके परस्पर सम्बन्धों का शोध।

दैनन्दिन जीवन में भी शोध की प्रक्रिया जारी रहती है लेकिन इसे श्याम मनोहर पुनर्शोध कहते हैं। जीने के बाद उसके भीतर जो होता है वह पुनर्शोध होता है। इसमें नया कुछ नहीं होता। जो है उसी को अलग ढंग से प्रस्तुत किया जाता है। उसमें अज्ञात का नया ज्ञान नहीं होता। खोजे हुए को खोजना पुनर्शोध ही है। पुनर्शोध सभ्यता में घटने वाली आम बात है। श्याम मनोहर का निरीक्षण है कि विज्ञान, साहित्य या दर्शन में प्राय: मात्र पुनर्शोध ही होता है। इससे सभ्यता की वृद्धि होती है।

अज्ञात का ज्ञान होना ही शोध है जो संस्कृति का विलक्षण लक्षण है। शोध और पुनर्शोध की अवधारणाओं को सर्च एण्ड रिसर्च या इन्वेन्शन एण्ड डिस्कवरी के पर्यायों से बख़ूबी समझा जा सकता है। शोध उसी को कहा जा सकता है जो पूर्ण रूप से नया, जीवन और जगत सम्बन्ध ज्ञान की संरचना का नया मोड़ देने वाला, उनकी धारणाओं में आमूलाग्र परिवर्तन करने वाला और क्रान्तिकारी है। इसीलिए श्याम मनोहर शोध पर आधारित संस्कृति को विश्वात्मक और स्थलकालनिरपेक्ष मानते हैं। सभ्यताएँ स्थलकाल सापेक्ष होती हैं लेकिन संस्कृति विश्वात्मक। कथा–साहित्यकार को शोध की क्षमता प्राप्त करनी हो तो उसकी दृष्टि को व्यापक और विश्वात्मक होने की आवश्यकता है।

कथा–साहित्य की सृजनप्रक्रिया को भी श्याम मनोहर 'शोध' की दृष्टि से ही देखते हैं। उनका मानना है कि शोध समाज नहीं, व्यक्ति ही कर सकता। व्यक्ति को खोजना है और समाज को देना है। शोध से ज्ञान और ज्ञान से संस्कृति का निर्माण करना व्यक्ति का दायित्व है। कथा–साहित्यकार पर भी यह दायित्व है। शोध अन्तर्मन का कार्य है। पुनर्शोध बहिर्मन का। अन्तर्मन की प्रज्ञा (इंटूइशन) से अज्ञात के किसी पहलू का पता चल जाता है। यह शोध फिर व्यक्तिगत न रहकर ज्ञानरूप बन जाता है। तब वह कथा–साहित्य का रूपाकार धारण करता है। इसीलिए श्याम मनोहर कथा–साहित्य को अज्ञात का ज्ञान देने वाली ज्ञानशाखा मानते हैं। लेकिन यहाँ तक पहुँचने के लिए कथा–साहित्यकार को आत्महन्ता की आस्था को प्राप्त करना होता है।

अपने अनुभव के आधार पर इस प्रक्रिया को समझाते हुए श्याम मनोहर कहते हैं कि वह यथार्थ को अनगिनत परिमितियों से देखते हैं, हज़ार तरह की शंकाएँ उठाते हैं, लोगों से बाहर और मन के अन्दर भी बातें करते हैं। उनका मानना है कि जीने को देखकर ही लेखन आगे बढ़ता है। उसकी रोशनी में लिखते हैं। साहित्य की किस विधा में लिखना है इसे पहले से तय नहीं किया जाता। लिखते-लिखते जो भी रूप बन जायगा उसे वैसा ही होने देते हैं। इस में भावुकता से काम नहीं लिया जाता। सर्जन एक चक्रवात जैसा होता है। उसमें उतरना और बाहरी दुनिया से भी पक्का रिश्ता जोड़ना होता है। यह एक खींचातानी की प्रक्रिया है। दुनिया की जाँच-पड़ताल होती है। अपने अनाड़ीपन का भी मुक़ाबला करना पड़ता है। भाषा के मार्फ़त लोगों की दुनिया में घुसना पड़ता है। बौखलाहट होती है उसे भी देखना होता है। कथा-साहित्यकार के लिए ब्योरे आवश्यक होते हैं। न हों तो झूठमूठ लिखने का डर होता है। ब्योरों को भी कल्पना से पाने को श्याम मनोहर बचकानी हरकत मानते हैं।

कथा-साहित्यकार को मगन होकर लिखना पड़ता है। उसे तो डूबकर मर जाना है। आत्म-हनन की प्रक्रिया से गुज़रना होता है। लेखक को बेमज़े की, उबाऊ ज़िन्दगी जीनी होती है। अनेक प्रश्नों के साथ जीकर लिखना होता है। इसके लिए प्रयोगशीलता अनिवार्य है। एक-एक वाक्य-रचना के लिए बुद्धि को दाँव पर लगाना होता है। उत्स्फूर्तता के लिए भी गुंजाइश छोड़नी पड़ती है। लगातार बेचैनी का सामना करना पड़ता है। सन्त तुकाराम की भाषा में यह दिनरात का समर प्रसंग होता है। ज्ञात कल्पनाओं को टालकर अज्ञात के अँधेरे में टटोलने की कशमकश को झेलना पड़ता है। अन्तर्मन में प्रश्नों को रहने देने की वेदना बाहरी मन और शारीरिक पीड़ा से भी कई गुना ज़्यादा होती है। कथा-साहित्यकार को एकान्त से मुक्ति नहीं।

सृष्टि क्या है, जीवन का अर्थ क्या है, जैसे गहन प्रश्नों के उत्तरों की खोज करने की अध्ययन-प्रणाली, जो कि सृष्टि में होती ही नहीं, उसे निर्माण करने वाले को श्याम मनोहर प्रतिभावान कहते हैं। अध्ययन-प्रणाली ही ज्ञान है। उससे प्राप्त निष्कर्ष मात्र जानकारी। प्रतिभा के बारे में उनकी परिभाषा है : सृष्टि के बारे में, जीवन के बारे में अलौकिक जो होता है वह प्रकृति की भाषा में होता है। उसे मनुष्य की भाषा में लाना प्रतिभा है।

सृजन के लिए अनुभव से चेतना की ओर और चेतना से अनुभव की ओर जाने की प्रक्रिया में बुद्धि और कल्पना का योग आवश्यक होता है। कथा-साहित्यकार भीतर से निरन्तर लेखक ही रहता है। इन सब कारणों से ललित साहित्य लिखना आसान काम नहीं है, यह एक गम्भीर दायित्व है। इस बात की ओर श्याम मनोहर निर्देश करते हैं।

कथा-साहित्य के श्याम मनोहर के विमर्श में तीन अवधारणाएँ महत्त्वपूर्ण हैं : स्थिति, परिस्थिति और समझ। वे समाज को दो अवस्थाओं में देखते हैं : स्थिति और परिस्थिति। संस्कृति और सभ्यता की अवधारणाओं के लिए यह पर्याय हैं। स्थिति के अनुसन्धान से मनोविज्ञान, अध्यात्मशास्त्र का विकास हुआ। परिस्थिति के अनुसन्धान से प्राकृतिक विज्ञान, सामाजिक विज्ञान का विकास हुआ। अस्तित्व के अनुसन्धान से ललित साहित्य का निर्माण हुआ। ललित साहित्य भी शास्त्र है और ज्ञानशाखा है। अध्यात्मशास्त्र में ज्ञान प्राप्त होता है तो ग़ैर-अध्यात्मशास्त्र में ज्ञान का शोध करना पड़ता है। इस आधार पर स्थिति को जानने वाले मनुष्य को सुसंस्कृत कहेंगे तो परिस्थिति को जानने वाले मनुष्य को सभ्य मनुष्य कहा जायगा। श्याम मनोहर 'जानने' और 'समझने' में भी अन्तर करते हैं। ज्ञान को मन से स्वीकार करने की क्षमता ही समझ है। समझ बढ़ती है तो साथ-साथ सभ्यता भी बदलती है। समझ बढ़ने से तात्पर्य है नये-नये ज्ञान-क्षेत्रों का निर्माण होना।

सभ्यता के निर्माण में आम आदमी की समझ का क्रियाशील होना आवश्यक है। समझ की कमी से मतलब है ज्ञान की कमी। इससे समाज तुच्छ बन जाता है। समझ के कमज़ोर होने पर भाषा का माध्यम भी कमज़ोर पड़ता है। श्याम मनोहर के अनुसार समझ के आने की रीतियों की खोज करना कथा-साहित्यकार का काम है।

ज्ञान के शोध में भाषा का महत्त्व अनन्यसाधारण है। कथा-साहित्य की भाषा को भी श्याम मनोहर इसी परिप्रेक्ष्य में देखते हैं। उनका मानना है कि मनुष्य के विकास में भाषा का शोध सबसे बड़ा, महत्त्वपूर्ण और मौलिक शोध है। सम्भवत: अज्ञात के शोध में यह पहला शोध है। भाषा ज्ञान निर्माण का प्रधान साधन है। सभ्यता का महत्त्वपूर्ण तत्त्व है। भाषा से दैनन्दिन व्यवहार होते हैं तो आत्मविकास भी होता है। जानना होता है और सोचना भी होता है। संवाद, निवेदन और विवेचन-विश्लेषण से भाषा को

काम में लाया जाता है। उनका निरीक्षण है कि भारतीय परिवारों में और व्यवहार में संवाद नहीं है। विवाद और विसंवाद है। विचारहीनता और विकार प्रधानता है। भाषा का सही तरीक़े से इस्तेमाल न होना ही इसका कारण मानते हैं। सभ्यता का, भाषा की रीत का पता ही नहीं है। अमीर आदमी भाषा में ग़रीब होता है। भाषिक ग़रीबी से विसंवाद ही नहीं युद्ध भी होते हैं। श्याम मनोहर का सवाल है कि भाषा को कैसे नापा जा सकता है? उनका उत्तर है शब्दसंचय, अचूक शब्दों का प्रयोग, वाक्य-रचना के भेद, निश्चितार्थ की वाक्य-रचना से अच्छी भाषा बनती है। यही ज्ञान-भाषा की भी मूल शर्तें हैं। कोई भाषा ज्ञान-भाषा तभी बन सकती है जब उसमें ज्ञान निर्माण हो। श्याम मनोहर का निरीक्षण है कि भारतीय भाषाओं में अध्यात्म ज्ञान को प्रधानता मिल गयी इससे आध्यात्मिक ज्ञान-भाषा तैयार हुई। अन्य ज्ञान-क्षेत्रों की भाषा बन नहीं पायी। अन्य ज्ञान-क्षेत्र निर्माण ही नहीं हुए। ज्ञान, ज्ञान-क्षेत्र और ज्ञान की भाषा को भी पाश्चात्यों से आयात किया गया। अध्यात्म शब्द को भी श्याम मनोहर धार्मिक अर्थ से अलग ज्ञानात्मक अर्थ देते हैं। आध्यात्मिक होने से तात्पर्य है सर्जनशील व संवेदनशील होना।

अभिजात भाषा के बारे में भी श्याम मनोहर ने ज्ञानदृष्टि से देखते हुए कहा है कि अभिजात भाषा वह है जिसमें व्यक्ति ध्यानपूर्वक जीवन के अर्थ को व्यक्त करता हो। दरअसल, अभिजात भाषा ही ज्ञान-भाषा बन सकती है। जीवनार्थ को सतह से ऊपर उठाता है। शोध ही जीवन का अर्थ है। उसे भाषा में व्यक्त करने से भाषा अभिजात बनती है।

मनुष्य के ज्ञानप्राप्ति के साधन कमज़ोर और अपर्याप्त हैं। इसीलिए भाषा का गहरा अनुसन्धान करना चाहिए। उसे सशक्त बनाना चाहिए। जगत् के स्वरूप को स्पष्ट करने की क्षमता उसमें होनी चाहिए।

कथा-साहित्य के सन्दर्भ में ही नहीं, समग्र जीवन की सभ्यता और संस्कृति के सन्दर्भ में भी श्याम मनोहर ने भाषा के आनन्द की अवधारणा प्रस्तुत की है। जीवन में तरह-तरह के आनन्द होते हैं। भाषा का और भाषा से आनन्द पाना भी एक ऊँचे स्तर की अभिरुचि है। ज्ञान-क्षेत्रों के अनुसार भाषा बदलती है। ऐसी भाषा के उपभोग से आनन्द मिलता है। वह साहित्यकथाकार की तरह आम पाठक को भी मिल सकता है। प्रतिभावान वह है जो भाषा की ऐश करता है। अच्छी भाषा, सुसंवाद की भाषा और

ज्ञान–भाषा निर्माण करने में अनूठा आनन्द मिलता है।

कथा–साहित्य के विमर्श में पाठक के अनन्यसाधारण महत्त्व और सहभाग को देखते हुए श्याम मनोहर ने एकाधिक स्थान पर 'पढ़ने की संस्कृति' के बारे में अपने विचार व्यक्त किये हैं। पुरस्कारों की राजनीति को समझाया है, पठनीयता के तत्त्वों की खोजबीन की है। पुस्तकें पढ़ना ज्ञान–क्षेत्र की पहली सीढ़ी है। उसके सभी पक्षों का अनुसन्धान होना चाहिए। कथा–साहित्य की श्रेष्ठता के लक्षणों पर बहस होनी चाहिए। लेखक की तरह पाठक को भी भाषा का आनन्द मिलना चाहिए। इसके लिए भाषा से प्रेम की अपेक्षा भाषा पर अधिकार होना श्याम मनोहर महत्त्वपूर्ण मानते हैं क्योंकि जिनको भाषा नहीं आती वे बेचारे होते हैं।

श्याम मनोहर के समक्ष व्यक्ति और समाज का द्वन्द्व नहीं है। शोध, साधना, प्रयोग व्यक्ति को ही एकान्त में करना है। लेकिन प्रतिभावान, चिन्तक, ज्ञानी जो भी पायेगा वह उसे समाज को ही देना है। श्याम मनोहर के कथा–साहित्य और विमर्श में हमें उनकी आम आदमी के रोज़मर्रा के जीवन के प्रति आस्था, चिन्ता और संवेदना दिखायी देती है।

श्याम मनोहर के विमर्श के अनुसार ज्ञान की प्राप्ति ही कथा–साहित्य का उद्देश्य है। ज्ञानप्राप्ति के तीन मार्ग दिखायी देते हैं। विज्ञान, कला और कथा–साहित्य। विज्ञान का विषय है पदार्थ, दिक् और काल। कला विषय है आकार, रंग, ध्वनि, मिति आदि। कथा–साहित्य का कोई विषय निश्चित नहीं है। वह स्थलकालनिरपेक्ष होता है। जहाँ होता है वहीं पर आकार पाता है। लिखना ही आकार पाना है। इसका शोध कैसे करें, कैसे लिखें, इसकी प्रणाली की खोज होती है। अध्ययन–प्रणाली के प्राप्त होने पर कथा–साहित्य रचा जाता है।

अनुभव के साथ बुद्धि का योग होने पर ज्ञान की प्राप्ति होती है। आम आदमी, वैज्ञानिक और कथा–साहित्यकार तीनों का यही मार्ग है और तीनों की अभिव्यक्ति का साधन है भाषा। आम आदमी अनुभव से ज्ञान पाता है, बुद्धि से चिन्तन–मनन करता है लेकिन ज्ञान निर्माण नहीं करता। वैज्ञानिक अनुभव, बुद्धि से चिन्तन और अन्त:प्रज्ञा से ज्ञान का निर्माण करता है। शोध करता है। दोनों विशिष्ट थल काल से बद्ध होते हैं। कथा–साहित्यकार शोध करता है लेकिन अलग रूपबन्ध में। उसे भाषा में निबद्ध

करता है। वह अनुभव, चिन्तन और अन्त:प्रज्ञा से भी काम लेता है। भाषा में व्यस्त होता है। यह लिखने की, शोध की प्रक्रिया है। लिखते समय जो लिखा उसे वह अन्तिम नहीं मानता। शोध जारी रखता है।

कथा-साहित्यकार मनुष्य के स्वभाव के गुणधर्मों की खोज करता है और जीने के नियमों की खोज करता है। उसके अन्तर्मन में अन्तर्ज्ञान से जो 'दर्शन' उसे मिल जाता है उसको भाषा में अभिव्यक्त करना ही कथा-साहित्य है। संस्कृति से सभ्यता में आने वाले कथा-साहित्य की कोई सीमा नहीं। वह हरि अनन्त हरिकथा अनन्ता की तरह अनन्त है। इसीलिए तो कथा-साहित्य ज्ञान की शाखा होने का दावा कर सकता है। कथा-साहित्य जीवन के अर्थ का ज्ञान कराता है। जीवन के अर्थ का शोध बार-बार करना पड़ता है। वह नया सृजन होता है। नये अर्थ का शोध ही ज्ञान है।

शोध की प्रक्रिया में जीवन के अर्थ मिलें न मिलें, जीवन के गुणधर्मों का पता चल जाता है। गुणधर्मों का शोध करना भी कथा-साहित्य की श्रेष्ठता की निशानी है। फिर भी अज्ञात बहुत कुछ रह जाता है। जो ज्ञात होता है उसकी संस्कृति बनती है और कालान्तर में सभ्यता में तब्दील हो जाती है। फिर नये शोध की आस।

श्याम मनोहर के अनुसार कथा-साहित्य इसलिए पढ़ना चाहिए कि उसमें ज्ञान की अनेक प्रक्रियाओं को एकसाथ जाना जा सकता है। उसमें सबकुछ एकसाथ होता है। उसमें हर एक के लिए जगह है। भाषा का ऐश और सब कुछ एक साथ पाना कथा-साहित्य में ही सम्भव है। कथा-साहित्यकार अपनी प्रतिभा के अनुसार साहित्य की किसी भी विधा में अभिव्यक्त होता है। हर एक कथा-साहित्यकार अलग ही कथा-साहित्य-रूप बनायेगा। चाहे वह नाटक भी हो सकता है।

ज्ञान के आधार पर ही श्याम मनोहर कथा-साहित्य के भेदों का विचार करते हैं। अज्ञात को ज्ञात की कक्षा में लाने वाला, जीवनार्थ की खोज करने वाला, मानसस्वभाव के गुणधर्मों का पता लगाने वाला, मानव अस्तित्व के किसी नये पहलू को उजागर करने वाला, बुद्धि व अन्त:प्रज्ञा के संयोग से साकार होने वाला कथा-साहित्य ही श्रेष्ठ कथा-साहित्य है जिसे श्याम मनोहर शुद्ध साहित्य कहते हैं। ज्ञान के क्षेत्र में प्रश्न उपस्थित कर शोध करने वाला शुद्ध साहित्य है। यथार्थ जीवन का चित्रण करते हुए

सामाजिक या अन्य समस्याओं को प्रस्तुत करने या सुलझाने मार्ग दिखाने वाले साहित्य को वे उपयोजित साहित्य कहते हैं। नये के शोध में जो सर्जनशीलता होती है वह इसमें नहीं होती।

शुद्ध साहित्य के स्वरूप की अवधारणा स्पष्ट करने पर जनप्रिय, अभिजात और विद्रोही साहित्यभेदों को सरलता से समझा जा सकता है। इन सबकी प्रेरणाएँ भिन्न होती हैं। जनप्रिय साहित्य माँगपूर्ति का साहित्य होता है। बाज़ार के दबाव में लिखा जाता है। यह मात्र मनोरंजन का विषय होता है। विद्रोही साहित्य और अभिजात साहित्य दोनों की प्रेरणा एक ही होती है। दोनों जीवन अस्तित्व को समग्रता से जानना चाहते हैं। विद्रोही साहित्य में प्रेरणा तो साफ़ जाहिर होती है लेकिन जानना प्रतीत नहीं होता। अभिजात साहित्य में जानने का भी एहसास होता है। स्पष्ट है कि विद्रोही साहित्य प्राय: प्रतिक्रियारूप होता है और उसी में उलझकर रह जाता है। अभिजात साहित्य प्रतिक्रिया को भी मूल जानने का प्रयास करता है।

विद्रोही साहित्यकारों की परम्परा बन जाती है, जबकि अभिजात अपनी अलग राह चलने के कारण प्राय: अकेला होता है। कहने की आवश्यकता नहीं कि श्रेष्ठ कथा-साहित्य अभिजात साहित्य होता है।

श्याम मनोहर के विमर्श में साहित्य-विधाओं की कोई अहमियत नहीं है। विधाओं का साँचे की तरह इस्तेमाल करके अभिजात कथा-साहित्य नहीं लिखा जा सकता। विद्रोही साहित्य का भी शास्त्र बन जाता है किन्तु अभिजात साहित्य का नहीं। समाज स्थितिप्रिय होता है इसलिए विद्रोही साहित्य को स्वीकार नहीं कर पाता। अभिजात के सामने वह मौन हो जाता है।

सभ्यता और संस्कृति की अपनी विशिष्ट अवधारणाओं के आधार पर श्याम मनोहर साहित्य के दो भेद करते हैं, सभ्यता का साहित्य और संस्कृति का साहित्य। कथा-साहित्य के भी यही दो भेद हैं। कथा, उपन्यास, नाटक आदि ललित साहित्य की विधाओं को श्याम मनोहर कथा-साहित्य में ही शामिल करते हैं और उसे सभ्यता का साहित्य कहते हैं। सभ्यता के कथा-साहित्य का पूर्वरूप है संस्कृति का कथा-साहित्यापूर्वरूप। इसलिए कि उसमें शोध किया जाता है। उसकी भाषा निराली होती है। वह अँधेरे में टटोलना होता है। सन्दिग्ध, अधूरा, अस्पष्ट, अमूर्त जो कुछ कथाकार

को सूझता है वह जब लिखा जाता है, साकार होता है तब सभ्यता के कथा-साहित्य में रूपान्तरित हो जाता है।

दूसरे शब्दों में, कह सकते हैं कि जीवन के स्वरूप का शोध करने वाला संस्कृति का कथा-साहित्य होता है तो मनुष्य-स्वभाव का शोध करने वाला सभ्यता का कथा-साहित्य होता है। सभ्यता स्थलकालसापेक्ष होती है जबकि संस्कृति विश्वात्मक अर्थात् स्थलकालनिरपेक्ष होती है। समूचा यथार्थवादी साहित्य सभ्यता का कथा-साहित्य होता है। उसमें समाज, व्यक्ति, उनका जीवन, उनकी समस्याएँ, उनके परस्पर सम्बन्ध, उनका बर्ताव, उनकी भाषा आदि का कथन होता है। यह जो ज्ञात है उसी का कथन होता है लेकिन संस्कृति का कथा-साहित्य विश्व, प्रकृति, व्यक्ति का जीवन आदि के अज्ञात पहलुओं का, विचार-प्रणालियों का, नये मूल्यों का शोध करता है। स्थलकाल निरपेक्ष और विश्वात्मक होने से ही उसे अभिजात कथा-साहित्य कहा जाता है। संस्कृति का कथा-साहित्य इस तरह अज्ञात को ज्ञात बनाता है और उसका रूपान्तर ज्ञान में करता है।

कथा-साहित्य के इन दो भेदों को इस तरह से भी स्पष्ट किया जा सकता है कि सभ्यता का कथा-साहित्य लोकप्रिय होता है। जो ज्ञात है उसे ही ज्ञात रीति से कहा जाता है। इसे पढ़ने में दिमाग़ को तकलीफ़ नहीं होती बल्कि मनोरंजन होता है। अज्ञात को खोजने में प्रयोगशीलता काम आती है। साँचों को तोड़ना पड़ता है। आम रास्ते को छोड़कर अपना रास्ता ढूँढ़ना या बताना पड़ता है। संस्कृति का कथा-साहित्य प्रयोगधर्मी होता है।

श्याम मनोहर का कथा-साहित्य-विमर्श प्रकारान्तर से, मुक्तिबोध के शब्दों में, सभ्यता-समीक्षा है। अपने चिन्तन-विवेचन-विश्लेषण के दौरान श्याम मनोहर ने कई जगहों पर भारतीय समाज की सभ्यता के बारे में टिप्पणी की है। मराठी भाषा और समाज के बारे में भी उन्होंने यथास्थान बातें की हैं और आमतौर पर वे भारतीय भाषा व समाजों पर लागू होने वाली बातें हैं। उन्होंने काफ़ी भारत-भ्रमण किया है और हर वर्ष कहीं न कहीं यात्रा पर निकल पड़ते हैं। भारतीय समाज को बारीक़ी से देखते हैं। अपने अनुभवों को अपनी कथासृष्टि में ढालते हैं। अपने पात्रों में प्रवेश कर शोध की अनेक राहों पर साथ-साथ चलते हैं।

भारतीय सभ्यता से श्याम मनोहर की सबसे बड़ी शिकायत है कि साहित्य

ही नहीं अन्य सभी क्षेत्रों में ज्ञान का शोध नहीं होता, मात्र पुनर्शोध ही होता है और भारतीयों को शोध की रीति का पता ही नहीं है। यही भारत की बड़ी समस्या है। भारतीय समाज की दशा इतनी दयनीय हो गयी है कि भौतिक समस्याओं को सुलझाने की कोई रीत ही नहीं मिलती। भारतीय सभ्यता में खोजने की आदत नहीं पड़ती।

साहित्य से सभ्यता का पता चलता है। श्याम मनोहर का निरीक्षण है कि बीसवीं शती के बारे में भारतीय भाषाओं में कुछ ख़ास नहीं लिखा गया है। वर्तमान में ही साहित्य खोया हुआ है। विज्ञान और प्रौद्योगिकी के युग में साहित्यिक प्रौद्योगिकी चल रही हैं। अस्मिताओं को भड़काया जाता है। तो दूसरी तरफ़ आत्मसुरक्षा के लिए अध्यात्म का आधार ग्रहण किया जाता है। नक़ली अध्यात्म के अवतारों का बोलबाला है।

भारतीय समाज रूढ़िबद्ध है। रूढ़ि का सम्बन्ध धर्म से है। रूढ़ियों से छुटकारा पाने का प्रयास सैकड़ों वर्षों से हो रहा है। क़ानून बनाये जाने पर भी रूढ़ियों से मुक्ति नहीं मिलती। नयी रूढ़ियाँ बन जाती है। दो अपरिचित आदमी एक-दूसरे के सामने आने पर मुस्कुराये इसे श्याम मनोहर सभ्यता कहते हैं। भारतीय समाज में सभ्यता पैदा करने की कोशिश किसी ने नहीं की, यह उनकी शिकायत है। बल्कि उनका सीधा अभियोग ही है कि भारतीयों की समझ में ही कमी है। समझ बढ़ाने की भी कोशिश किसी ने नहीं की। उदाहरणार्थ, भारतीय लोग शोरगुल पसन्द करते हैं। ध्वनिप्रदूषण न करने की समझ अपने आप उनमें नहीं आती। क़ानून ज़रूरी होता है। समझ की कमी के कारण रूढ़ियाँ सवार होती हैं। समझ की कमी से भाषा भी कमज़ोर हो जाती है। भारतीय सभ्यता रूढ़ियों से बनी हुई है।

भारतीय समाज किसे बड़ा मानता है? किसे प्रतिष्ठा देता है? धनदौलत और सत्ता को प्रतिष्ठा देना भारतीय सभ्यता में प्रमुख लक्षण श्याम मनोहर पाते हैं। भारतीय सभ्यता में आत्मविश्वास की कमी है। भारतीय लोग भ्रष्टाचार करते हैं और दूसरों को भ्रष्टाचारी बताते हैं। भारतीय समाज दाम्भिक है। बुद्धि की कमी है जिनमें वे अपने आप को बुद्धिमान् दिखाते हैं।

भारतीय समाज की सभ्यता के दर्शन श्याम मनोहर ने अपने कथा-साहित्य में इस तरह से कराये हैं कि वह सभ्यता-समीक्षा बन गयी है। कथा-साहित्य मात्र सभ्यता-समीक्षा नहीं है वह जीवन के अर्थ का ज्ञान देने

वाली स्वायत्त ज्ञानशाखा है और जीवन के अर्थ का शोध कभी समाप्त न होने वाली प्रक्रिया है, उसमें निरन्तर नया शोधकार्य जारी रहेगा। नया अर्थ ही नया ज्ञान होगा। श्याम मनोहर की शिकायत यह भी है कि भारतीय सभ्यता—उसके धर्म, दर्शन, शासन शोध की, प्रश्न करने की गुंजाइश कम करते हैं। व्यक्ति को शोध का अवसर ही नहीं मिलता। भारतीय सभ्यता शोध को क्षीण करती है। जीवन का अर्थ खोजने की आज़ादी चाहिए भारत के नागरिक को।

कथा-साहित्य से उम्मीद इसलिए है कि वह इस आज़ादी को बरकरार रखने का प्रयास करता है। जिसे श्याम मनोहर ने अभिजात, प्रयोगधर्मी, शुद्ध कथा-साहित्य कहा है वह क्या करता है? उन का जवाब है : कथा-साहित्य आपको प्रभावित तो करता है लेकिन आपकी आज़ादी को भी अवसर देता है। भाषा की समझ को बढ़ाता है, विवेकवाद की समझ को बढ़ाता है तो उसकी सीमाएँ भी निर्धारित करता है। जीवन जगत जटिल है, उसे जानने-समझने की रीतियाँ बताता है। सभ्यता में बदलाव लाने की प्रेरणा देता है। बौद्धिक और भावनिक उदारता का पाठ पढ़ाता है। अमूर्त चिन्तन की समझ बढ़ाता है। समझने के दायित्व का अहसास कराता है। जीने में महान क्या है, श्रेष्ठ क्या है, इसकी अमूर्त रूप में समझ पैदा करता है, और इसकी भी कि शर्म करने जैसा क्या है। अन्ततः हर एक को कथा-साहित्य से कुछ न कुछ मिल ही जाता है।

सभ्यता और संस्कृति के तनावों, असंगतियों, विरोधाभासों, द्वन्द्वों और प्रदूषणों को दूर करने का कोई कारगर उपाय न विज्ञान के पास है न सामाजिक विज्ञानों के पास। श्याम मनोहर का विश्वास है कि कथा-साहित्य ही यह काम करने की क्षमता रखता है।

श्याम मनोहर न साहित्याचार्य हैं, न काव्यशास्त्री। उन्होंने पिछले पन्द्रह-बीस वर्षों में जो कुछ कथेतर गद्य लिखा या बोला है उसे कथा-साहित्यकार की हैसियत से ही अंज़ाम दिया है। विविध स्वानुभव, व्यापक निरीक्षण और प्रश्नांकित गहन चिन्तन के आधार पर उन्होंने कथा-साहित्य को ज्ञानशाखा की प्रतिष्ठा देने का भरसक प्रयास किया है।

उन्हें दृढ़ विश्वास है कि निरन्तर नये की खोज, यथार्थ से आगे जाने के लिए प्रतिभा व कल्पना का समावेश भाषा के प्रति नयी चेतना, प्रयोगधर्मिता

और कथा-साहित्यकार की निरन्तर अन्तर्बाह्य बेचैनी के बल पर इसे साध्य किया जा सकता है।

कथा-साहित्य को लेकर उन्होंने सभ्यता और संस्कृति के कई अनजाने और ज़रूरी मुद्दों को उठाया है जो बहस, चर्चा और सोचने के लिए उकसाने वाले हैं।

आलेख का समाहार श्याम मनोहर के कथा-साहित्य के और एक अवतरण से करते हैं :

> "आइंस्टाइन ने एक स्थान पर लिखा है कि किसी वैज्ञानिक की अपेक्षा डोस्टोवस्की मुझे ज़्यादा कुछ देता है। आइंस्टाइन के टेबल पर 'डॉन क्विक्झीट' हमेशा रहती थी।"

निशिकान्त ठकार

क्रम

३.
सभ्यता और संस्कृति

४.
भारतीय समाज

१

सृजन की प्रक्रिया

लेखक की आत्म-हनन की प्रक्रिया

अपने लेखन के बारे में कमोबेश कुछ बोलने का इरादा है। मेरे लेखन और अपने बारे में भी जाहिरा तौर पर बोलने का यह पहला अवसर है। अपने ख़ुद पर या अपनी करतब पर जाहिरा तौर पर बोलने का अवसर तब आता है जब अन्याय हुआ हो। मानसिक सन्तुलन के बिगड़ जाने पर भी आदमी अपने और अपनी करतूत के बारे में बोलता है। इन बातों को छोड़ देता हूँ और आरम्भ करता हूँ। तुरन्त सूझने वाला मुद्दा बताना हो तो जीने के क्रम में कुछ शब्द सुनायी देते हैं जो हैं—अध्यात्म, समाजसुधार, इंजीनियर बनना, डाक्टर बनना, सायंस करना, पोलिटिक्स, अमरीका जाना।

इंजीनियर या डाक्टर बने न बने, अमरीका जाना हुआ न हुआ तो भी दो शब्द बचते ही हैं—अध्यात्म और समाजसुधार। महाराष्ट्र में और एक शब्द बुज़ुर्ग होने पर सुनायी देता है। शब्द है—विचारवन्त।

विचारवन्तीयता से बचकर बोलने की कोशिश मैं करूँगा। अध्यात्म और समाजसुधार के अर्थ पुस्तकों में देखे, सभाओं में सुने लेकिन उनसे भी बढ़कर लोगों के एक-दूसरे से बातें करते हुए सुने।

अध्यात्म के अर्थ के बारे में बोलते हुए आम आदमी भी विकार और वासना इन दो बातों के बारे में बोलता है। षड्रिपु कहते हैं न उन्हें—

मेरे भीतर के विकारों की समझ मुझे जीवन जीते हुए बहुत पहले ही आयी। शान से बताया जाता था कि मत्सर नहीं करना चाहिए। जोरशोर से बताया जाता था कि लोभी मत बनो। मत्सर को कैसे मिटायें? मेरे सामने यह सवाल था। लोभ को कैसे मिटायें? डाह की कितनी मात्रा समाज के लिए स्वीकृत है? लोभ की कितनी मात्रा की अनुमति है?

ग़रीब को कितना लोभी बन जाने की इज़ाज़त है? सफ़ेदपोश को कितनी और अमीर को कितनी? मास्टर को कितनी? मैनेजर को कितनी? मालिक को कितनी? महात्मा को कितनी? कौन कितना लोभी बने? इसके बारे में क्या समाज में कुछ है? इस तरह के प्रश्न उत्पन्न हो जाते थे। मत्सर, लोभ आदि विकारों का मैं क्या करता हूँ? विकार मेरा क्या करते हैं? अन्य जन विकारों का क्या करते हैं? विकार मनुष्य का क्या करते हैं? मत्सर कैसे दीखता है? इस तरह के प्रश्नों के लिए मैंने अपने अन्दर झाँका और दूसरों के भीतर भी। मात्र इस तरह के प्रश्नों को रखने के लिए ही नहीं, तो क्या मत्सर पूरी तरह से जा सकता है जैसे प्रश्नों के उत्तर के लिए भी मेरा लिखना शुरू हुआ। पूर्ण मत्सर जिसका जा चुका है ऐसा मनुष्य लोगों को अच्छा लगेगा? काम पूर्ण रूप से गया तो? मेरे भीतर का काम पूरी तरह से चला गया तो क्या मुझे अच्छा लगेगा? किसे अच्छा लगेगा? जिसका काम पूर्ण रूप से गया हो ऐसा आदमी क्या समाज को अच्छा लगेगा? बे-काम आदमी को समाज में क्या कहते हैं? ऐसे भी प्रश्न बनते हैं न? ऐसे ही प्रश्नों में मुझे हास्य मिल गया और मैं समाज की तरफ़ भी आ गया। कामभावना के बारे में समाज-सुधारक बातें करते हैं, मत्सर को लेकर इतना ऊहापोह नहीं करते। जीने में कई जगह मत्सर, प्रतिशोध आदि के खेल दिखायी देते हैं। मनुष्यों के सम्बन्धों में विकारों के प्रकट होने की प्रक्रिया दिखायी देती है। इस तरह मैं मनुष्यों के सम्बन्धों के पास आता हूँ। मैं इस प्रश्न तक आता हूँ कि बुरी प्रकृति के आदमी को क्यों छोड़ दें?

अध्यात्म एक स्वतन्त्र प्रेरणा है। उसका विकारों के साथ सीधा सम्बन्ध नहीं है। विकारों को काबू में रखकर सामाजिक, सांस्कृतिक जीवन में काम करने के लिए एक बुनियाद के रूप में नैतिकता की खोज करने वाले भालचन्द्र नेमाड़े सर्जनशील यात्रा में मुझे अपने अकेले हमसफ़र लगते हैं।

विकारों के बावजूद कोई महान गायक बन सकता है। मनोरुग्ण चित्रकार भी हो सकता है। कई बड़े वैज्ञानिक विकारी थे। विकार और साक्षात्कार के मुद्दे की बात मैं कर रहा हूँ। उसी तरह पिछले सात-आठ वर्षों से विकार और जड़ जगत की सृष्टि के बारे में भी सोच रहा हूँ। फिर अपने समाज में समृद्ध और मालामाल होने की कोशिश और आकांक्षा भी दिखायी देती है। सांस्कृतिक दृष्टि से समृद्ध होने की आकांक्षा या कोशिश कहाँ तक है? अपने समाज की सांस्कृतिक ज़रूरतें कौन-सी हैं? कितनी अनिवार्य हैं?

किसी गणितज्ञ का हमारे समाज में क्या स्थान है? महान या श्रेष्ठ को लेकर हमारे समाज में कितनी समझ है? अपना पाठक कैसा है? कवि कैसा है? वैज्ञानिक कैसा है? शिल्पकार के पड़ोसी को शिल्पकला में कहाँ तक रस है? इस तरह की बातों को लेकर मैं पिछले पाँच-छह वर्षों से लिख रहा हूँ। इसके आधार पर 'कळ' नाम का उपन्यास लिखा है। कळ का मतलब है वेदना, युक्ति, चुगलखोरी आदि।

इसी दौरान देखता हूँ कि लिखने की प्रक्रिया के बारे में क्या कुछ कहा जा सकता है। मनुष्यों के बर्ताव को मैं बहुत तत्परता से सुनता हूँ। लोगों के साथ मैं बहस के आवेश में बोलता हूँ। मेरी और मनुष्य की बौद्धिक, भावनिक और वैचारिक खींचतान होने की हद तक बोलता हूँ। एक भी परामिती (पैरामीटर) छोड़ना नहीं चाहता। किसी मनुष्य के साथ मेरा बोलना जुड़ नहीं पाया तो मैं मन ही मन उस मनुष्य के साथ बोलता हूँ। मेरा प्रण होता है कि मैं एक भी परामिती को न छोड़ूँ। किसी प्रसंग के बीत जाने पर भी मैं उस प्रसंग में अनगिनत परामितियों को डालकर उस प्रसंग को उलटा, पुलटा, आड़ा, तिरछा देखता हूँ। लिखते समय मुझे हज़ार शंकाओं पर सोचना पड़ता है। और वे लिखने की प्रक्रिया के बारे में प्राय: नहीं होतीं। जीने के बारे में होती हैं। और जीने को देखते-देखते ही मेरा लेखन आगे बढ़ता है। मेरे दिमाग़ में तीव्र चेतना पूर्ण रूप से जागृत होती है कि अपने लिखने से किसी की भी जरा-सी भी वंचना न हो। उस दिये की रोशनी में मेरा लिखना जारी रहता है। अबतक जिसे नहीं लिखा ऐसा एक वाकया बताता हूँ। बचपन की ग़रीबी में मेरे कपड़े गन्दे, मैले हुआ करते थे। एक बार मुझसे कहा, "श्याम, कपड़े साफ़ पहनने चाहिए।" मैं दस वर्ष का था। तब जो मनमुटाव का अनुभव किया उसे आज भी मैं ठीक से देखता हूँ। फिर तीस की उम्र में जे. कृष्णमूर्ति को पढ़ते हुए उनका एक वाक्य आया—"घर में भी जब आप अकेले मात्र बैठे हैं तब भी ठीक-ठाक और साफ़-सुथरे कपड़े ही पहनने चाहिए।" अब तो ढीले-ढाले और ऐसे-वैसे कपड़ों को पहनने का फ़ैशन है। फिर कपड़ों की दुकानों की साजसज्जा और सब के लिए काफ़ी कपड़े नहीं हैं। कितने लोग हैं जो कपड़ों में पॉश हैं? कितनों के पास स्वास्थ्यशील ओढ़ना-बिछाना होता है? पोस्टमैन और कलक्टर के कपड़ों को देखकर मैं फिर प्रश्न बनकर दस वर्ष की उम्र में पहुँच जाता हूँ। मन में समय की अफरातफरी

हो जाती है। मन में क्या रहता है और क्या छूट जाता है? यह भी शुरू हो जाता है। 'श्याम, कपड़े साफ़ पहनने चाहिए।' उस साठ की उम्र वाले धनी आदमी की समझ में नहीं आता कि ग़रीबी में ठीक-ठाक कैसे रहा जा सकता है? आर्थिक ख़ुशहाली आने के बाद ठीक-ठाक रहा जा सकता है? मैं अब इसे देखता हूँ कि फिर ठीक-ठाक रहने का मतलब क्या है? यह प्रश्न, शरीर को ठीक-ठाक रखने का प्रश्न मध्यवय के बाद का प्रश्न है। लेखन, शास्त्र, दर्शन के किसी प्रश्न को शरीर, मन और बर्ताव को ठीक-ठाक रखकर सुलझाने के लिए क्या प्रयास किया जा सकता है? नींद उड़ जाती हो, पेट बिगड़ गया हो, दिमाग़ ठिकाने पर न हो तो क्या किसी प्रश्न के लिए प्रयास किया जा सकता है? एक बार एक महिला पालक-पाल्य विषय पर सुशिक्षित शैली में बोल रही थी, "कैसे हों आपके और बच्चे के सम्बन्ध।" मैंने कहा, "मित्रता के, सौहार्द के।" महिला ने कहा, "मेरे मन में आया, आपका बेटा बुद्ध होने से पहले वाला गौतम है और वह कहता हो कि बीवी-बच्चे को छोड़कर सत्य की खोज में मैं निकलने वाला हूँ तो क्या उसके अभिभावक उसकी सहायता करेंगे?" तब यदि मैं उस महिला से कहूँ, "आपकी अकेली बेटी हैं, वह क्यों न गौतम बुद्ध बने?" तो उस महिला की मुद्रा कैसी होगी? मैं बिलकुल याद करता हूँ—यदि उस धनी आदमी से पूछा कि ग़रीबी में कपड़ों को साफ़ रखने के लिए क्या करना होगा? वह कुछ तो बतायेगा उसे मन में तैयार करना। फिर हम कहेंगे, अब उस धनी आदमी से कौन-सा प्रश्न करे? इस तरह प्रश्नों की खोज में मुझे रस आता है। अपने चुपचाप बैठे अनाड़ीपन को खोल देने वाले प्रश्न करना। अनाड़ीपन को खोल देने का काम बड़ा नाज़ुक होता है। इस नज़ाकत को सँभालना बड़ी चुनौती का काम होता है। इस नज़ाकत को सँभालने के लिए या तो हास्य चाहिए या काव्य। मैं गद्य लिखता हूँ, भाव-भावनाएँ, विकारों, विचारों का मनुष्य जिसमें मैं भी शामिल हूँ, क्या करता है—या क्या करते हैं—इसे मैं देखता हूँ। अच्छे गद्य-लेखन को जीने में सामने आने वाले अनाड़ीपन का हरदम मुक़ाबला करना पड़ता है। अच्छा गद्य-लेखन भाव-भावनाओं-विचारों का ऐश नहीं कर सकता। अच्छा गद्य-लेखक बेमज़ा, उबाऊ ज़िन्दगी जीता है। जोशीला गद्य-लेखक झूठी-मूठी काव्यात्मकता वाली और मूल को मतलब में रूपान्तरित करने वाली भाषा बनाता है। जोशीला गद्य-लेखक खींचतान वाले टापू में टिक नहीं सकता। मैं जिस खींचातानी का ज़िक्र कर रहा हूँ

उस खींचातानी पर मात करने वाले, मेरी तरह समयानुसार मेरी पीढ़ी के कई एक मूलभूत लेखकों के सर्जन के चक्रवात में सीधे उतरने वाले और उसका बाहरी दुनिया से पक्का रिश्ता जोड़ने वाले मेरी पीढ़ी के मूल्यवान् कवि और समीक्षक चन्द्रकान्त पाटील का मैं यहाँ जान-बूझकर ज़िक्र कर रहा हूँ। मराठी भाषा के बारे में मैं एक निरीक्षण दर्ज करना चाहता हूँ। मराठी आदमी बेहद आरामदेही है और भाषा का इस्तेमाल कम करता है। बहुत सीधे-सादे लोगों की भाषा भी मैं बहुत सुनता हूँ। बिलकुल अनायास सुनता हूँ। लोगों की भाषा के कृत्रिम लटकों को लेकिन मैं बिलकुल ही नोट नहीं करता। लटके मुझे पसन्द ही नहीं आते। किसी के भी बोलने को सुनते हुए मेरा ध्यान इस बात की ओर होता है कि वह भाषा में कितने अर्थों का समावेश कर रहा है, कौन-सा अर्थ उसे महत्त्व का लगता है और बोलने वाले ने किस प्रकार की भाषा का प्रयोग कर कौन-सा अर्थ खो दिया है। कौन-सा अर्थ लाने के लिए या अनर्थ के होने के लिए किस भाषा का प्रयोग किया जा सकता है और उससे जीता कैसे जाता है इसकी जाँच-पड़ताल करना मेरी आदत ही हो गयी है। मैं देखता हूँ कि भाषा में कौन-से विकार किस तरह चलते हैं। मन में कई वाक्य-रचनाएँ बनाकर मैं मज़े करता हूँ। भाषा के मार्फ़त मनुष्यों की दुनिया में घुसना मेरा पसन्दीदा खेल है। इस खेल की गहरी चेतना रखने वाले एकमात्र प्रतिभावान निर्देशक के रूप में मैं यहाँ सत्यदेव दुबे का ज़िक्र करूँगा। भाषा को लेकर मैं मन ही मन अनायास ही बहुत मज़े की बातें करता हूँ लेकिन साहित्य-रूपों के बारे में ऐसा नहीं कह सकता। साहित्य-रूपों के बारे में मैं अब भी समझबूझकर विचार करना नहीं चाहता। जब मैंने लिखना शुरू किया तब मुझे उपन्यास-कहानी जैसी साहित्य-विधाओं के बारे में कच्चा-पक्का कुछ भी मालूम नहीं था। वातावरण में अब भी साहित्य-रूपों के बारे में कुछ भी ठोस और कई दिशाओं के बारे में कुछ भी नहीं है। नाटक की संरचना के बारे में मराठी थिअरी कहाँ है? कम से कम पात्र, घटनाएँ, मितभाषा, बिम्ब, दृष्टि, आन्तरिक लय, अंगभूत सौन्दर्य, स्वायत्त कलाकृति, संगठन तत्त्व आदि बातें तो मन के आसपास भी कहीं आती नहीं दिखायी दीं। साहित्य-रूपों के बारे में समझबूझकर भी कोई विचार मुझसे नहीं होता। आसपास बेहिसाब ख़ुशहाल लोग हैं जो बड़ी-बड़ी बातें करते हैं और विकारी होने के बावजूद गुड को प्रदर्शित करने की कोशिश करते हैं। हम बौखला जाते हैं, खोजने वाले की बुद्धि को धक्के लगते हैं। हमें

बौखलाहट को भी देखना होता है। इसमें जो साहित्य–रूप मिल जाता है उसी को लिखता हूँ।

लेखक के तौर पर मुझे मुश्किलों का सामना करना पड़ता है। इस बारे में भी कुछ बात करनी चाहिए। एक मुश्किल यह कि समूची शक्ति लिखने के काम में नहीं लगा सकते। हमारे यहाँ यह मुश्किल सभी गम्भीर लेखकों की है। दूसरी मुश्किल मनुष्य के बारे में डेटा मिलना बहुत कठिन हो गया है। मनुष्य का आर्थिक व्यवहार तो गुप्त होता ही है, अलावा इसके मनुष्य भाव–भावनाओं की भी लुकाछिपी कर रहा है। इससे झूठमूठ लिखे जाने का बड़ा डर लगता है। डेटा तो चाहिए ही, फिर कल्पकता के सहारे सम्पूर्ण दर्शन की कूद लगायी जा सकती है। डेटा होगा तो डिस्कवरी बन सकती है। डेटा के लिए कल्पकता का इस्तेमाल करना बचकानी हरकत होगी। डिस्कवरी के लिए ही कल्पकता की बाजी लगानी होती है।

इतने दिनों से मैं लिख रहा हूँ। बिलकुल मगन होकर लिख रहा हूँ। बेहद महत्त्व के मसलों को पकड़कर ठेठ जीने के सबूतों को ढूँढ़ते हुए बाज वक़्त विक्षिप्त लगने वाला भी लिखता हूँ। बिना थके लिख रहा हूँ। लगातार और धीरे से लिखता हूँ। लेखक और लेखक के भीतर के व्यक्ति की आत्म–हनन की प्रक्रिया कैसे शुरू हो जाती है, कैसे आगे सरकती जाती है इस बारे में बेहद जागरूक रहकर लिखता हूँ। इस पुरस्कार को स्वीकार करते हुए भी मैं जागरूक हूँ। अन्यथा मुझे विनम्र न होना और उद्धत भी न होना अच्छा लगता रहा है। निर्णायकों को गंगाधर गाडगील पुरस्कार के लिए मेरा लेखन पुरस्कार योग्य लगा और इस बहाने मेरे लेखन पर पहली बार और सार्वजनिक रूप से बोलने का अवसर मुझे प्राप्त हुआ।

(१९९९)

अनेक प्रश्नों के साथ जीना-लिखना

अनेक प्रश्नों के साथ जीना-लिखना

मैं अपने विचारों को कथा-साहित्य में देता हूँ। अकादेमी पुरस्कार घोषित होने पर टीवी चैनलों, समाचार-पत्रों, सार्वजनिक सभाओं में मुझे बोलना पड़ा। आज ही मैं अपने विचारों को कथा-साहित्य से बाहर व्यक्त कर रहा हूँ। मैं साहित्य अकादेमी का आभारी हूँ। साहित्य अकादेमी की पुरस्कार प्रक्रिया के बारे में मैं कुछ मुद्दों को रखना चाहता हूँ।

साहित्य अकादेमी को पुस्तकों की शार्ट लिस्ट तथा निर्णायकों के नाम पहले से ही घोषित करने चाहिए। निर्णायकों की चर्चा को टेप किया जाय और फिर प्रकाशित किया जाय। इससे निर्णायकों के साहित्यिक निकषों का पता चल जायगा। साहित्य अकादेमी की पारदर्शिता और खरेपन की मात्रा बढ़ेगी। साहित्य अकादेमी के पुरस्कार अन्तरराष्ट्रीय स्तर पर दर्ज होते हैं। मैं कथा, उपन्यास, नाटक इन साहित्य विधाओं में लिखता हूँ।

मैं गाँवों, नगरों, महानगरों में घूमता हूँ। गाँवों, नगरों, महानगरों की गन्दी बस्तियों में घूमता हूँ, भूभाग देखता हूँ, लोगों को देखता हूँ, उनकी अभिव्यक्ति देखता हूँ। मैं लोगों से बोलता हूँ, दोस्ती करता हूँ, उनकी सुनता हूँ, उनसे बहस करता हूँ। मैं विभिन्न विषयों की पुस्तकें अवश्य पढ़ता हूँ, लेकिन विभिन्न विषय लोगों के बीच कैसे, कितने, किस रूप में आते हैं, अधिकतर इसे देखता हूँ। लोग बोलते वक़्त भाषा का प्रयोग कैसे करते हैं, विषय को कैसे रखते हैं, भावनाओं को कैसे व्यक्त करते हैं, हरकतें कैसी करते हैं, रैशनल कितने हैं, इरैशनल कितने हैं, इन बातों को मैं देखता हूँ। समाज के दो पहलुओं पर मैं सोचता हूँ। (१) सभ्यता, (२) संस्कृति। सभ्यता के बारे में मैं इस तरह सोचता हूँ—सभ्यता का अर्थ है जीने का तरीक़ा। जीने की व्यवस्था! इसमें उपजीविका के व्यवहार, कुल-सम्बन्ध, इच्छा, वासना,

विकार, उनकी परिपूर्ति, कंट्रोल की बातें आती हैं उसी तरह सृष्टि, निर्माता, जीवन-रहस्य, जन्म, मरण जैसे अज्ञातों की धारणा के बारे में भी बातें आती हैं।

कुतूहल, कल्पनाशक्ति, चेतना मनुष्य को मनुष्य होने के लक्षण हैं। कुतूहल, कल्पनाशक्ति, चेतना के लक्षणों के कारण मनुष्य खोज करता है।

मैं मानता हूँ कि खोज करना मनुष्य का सबसे बड़ा मूल्य है। कथा-साहित्य में भी खोज करनी होती है इसलिए कथा-साहित्य ज्ञान का ग्रन्थ होता है। कथा-साहित्य सभ्यता की खोज करता हो तो मैं उस कथा-साहित्य को सभ्यता का कथा-साहित्य कहता हूँ। मनुष्य की सबसे बड़ी जिज्ञासा जीवन का अर्थ क्या है, सृष्टि का अर्थ क्या है, इन प्रश्नों के बारे में होती है। जीवन का अर्थ क्या है, सृष्टि का अर्थ क्या है जैसे मूलभूत प्रश्नों की खोज करने को मैं संस्कृति कहता हूँ। जो कथा-साहित्य ऐसे मूलभूत प्रश्नों की खोज करता है, उस कथा-साहित्य को मैं संस्कृति का कथा-साहित्य कहता हूँ। सभ्यता का कथा-साहित्य कालबाह्य हो सकता है, संस्कृति का कथा-साहित्य कभी कालबाह्य नहीं होता, वह अभिजात होता है। जिस सभ्यता में सीधासादा आम आदमी भी खोज करने की क्षमता रखता है वह सभ्यता महान है। मैं संस्कृति का कथा-साहित्य लिखने का बेहद प्रयास करता हूँ। खोज करने के लिए प्रयोग करना ज़रूरी होता है। प्रयोग करना कल्पनाशक्ति का कार्य होता है।

मैं कथा-साहित्य में हमेशा प्रयोग करता हूँ। करना ही पड़ता है। कभी-कभी मैं प्रसंगों को खींचता हूँ, कभी अतिशयोक्ति करता हूँ, कभी ब्लैक ह्यूमर करता हूँ, कभी तिर्यक होता हूँ, कभी प्रेम से लिखता हूँ, कभी फिक्रमन्द होकर तो कभी चिन्ताग्रस्त होकर, तो कभी कड़वाहट से भी लिखता हूँ। वाक्य-रचना के लिए मैं बुद्धि को दाँव पर लगाता हूँ। मेरे नये अप्रकाशित उपन्यास में एक घटना है : एक बार एक धार्मिक मनुष्य को साक्षात्कार होता है। मेरा अहम् नष्ट नहीं हुआ है, मैं आध्यात्मिक नहीं हूँ और उपन्यास बनता जाता है। मेरे उपन्यास में एक प्रधान पात्र और अन्य दोयम दर्जे के पात्र जैसा नहीं होता। दोयम पात्रों के साथ भी मैं दोयम व्यवहार नहीं करता। साहित्य अकादेमी पुरस्कार प्राप्त 'उत्सुकतावश मैं सो गया' उपन्यास में तीन प्रधान पात्रों की तीन कहानियाँ हैं।

एक विधुर वृद्ध को लगता है कि बरसात के दिन फुर्र से बीत जायँ... । फिर

उसकी समझ में आता है कि समय फुर्र से उड़ जाने का मतलब मौत उतनी ही फुर्र से आयेगी। बरसात के दिन आराम से बीते...तो ब्रांकायटिस की तकलीफ़...इस उधेड़बुन में उपन्यास आगे बढ़ता है। भारतीय परिवार व्यवस्था में ज्ञान के लिए स्थान नहीं इस प्रमेय की धुरी पर यह उपन्यास घूमता है।

कैसी है भारतीय सभ्यता?

आर्थिक विकास हो रहा है। कारखानदारी बढ़ रही है। नगर बढ़ रहे हैं। नगरों को सुन्दर बनाने के प्रयास हो रहे हैं। देहातों के सुधारों की योजनाएँ कार्यान्वित हो रही हैं। शिक्षा-क्षेत्र में नये उपक्रम लाये जा रहे हैं। यातायात और सन्देशवहन की सुविधाएँ बढ़ चुकी हैं। मनोरंजन के नये-नये रूप सामने आ रहे हैं। धार्मिक उत्सव जोरशोर से सम्पन्न हो रहे हैं। भारतीय सभ्यता में हज़ारों सवाल हैं। सवालों को प्रस्तुत करने की व्यवस्था नहीं है। सवालों को सुलझाने की रीत अभी नहीं मिल रही है। भारतीय सभ्यता भौंचक हो गयी है। मन्दी का भी ख़तरा पैदा हुआ है।

इन सब बातों से मेरे सामने कुछ प्रश्न खड़े हुए हैं। क्या भारतीय नागरिक को इस बात की दृष्टि प्राप्त हुई है कि रुपया किसलिए ख़र्च किया जाता है? सौन्दर्यात्मक समझ बढ़ गयी है? भाषा की समझ बढ़ गयी है? निरीक्षण शक्ति, कल्पनाशक्ति बढ़ गयी है? विभिन्न धर्मों के तत्त्वों को जानने का काम हो रहा है? सृष्टि क्या है? सृष्टि को जानने की कौन-सी रीतियाँ हैं? जीवन क्या है? जीवन को जानने की कौन-सी रीतियाँ हैं? इस तरह के बड़े प्रश्नों की तरफ़ क्या भारतीय मनुष्य जा रहा है? इस तरह के बड़े प्रश्नों की खोज करने की नयी रीति निर्माण करने की क्षमता, धैर्य क्या भारतीय मनुष्य में आ रहा है?

इन प्रश्नों के अतिरिक्त कुछ अन्य प्रकार के प्रश्नों से भी मैं उलझ रहा हूँ। उनमें से कुछ हैं—(१) अपना अलग मनुष्यों को अलग-अलग विचारधाराएँ मान्य होती हैं। ऐसा होने के पीछे क्या तर्कशास्त्र की मीमांसा है? (२) क्या अहम् पूर्ण रूप से नष्ट हो सकता है? (३) पोशाक पहनने का आनन्द होता है। व्यंजनों को खाने का आनन्द होता है, उसी तरह भाषा आनन्द होता है। भाषा के आनन्द का क्या स्वरूप हो सकता है?

इस तरह के कई प्रश्नों को साथ लेकर मैं जी रहा हूँ और लिख रहा हूँ।

(२००९)

मगन हो जाना

रसिक श्रोतागण, पिछले कई दिनों से मैं डॉ. श्रीराम लागू जी के बारे में सोच रहा था। लेकिन उन विचारों को शब्दों या वाक्यों में जोड़ नहीं पा रहा था। सोचते रहने की अवस्था में रह रहा था। सहसा आज संयोग बन आया और अब मैं डॉ. लागू जी के बारे में अपने विचारों को शब्दों और वाक्यों में रखकर देख रहा हूँ।

डॉ. लागू जी के बारे में मुझे तीन बातें कहनी हैं। वे हैं, एक : सुन्दरता, दो : मग्नता और तीन : तल्लीनता। मराठी की एक महत्त्व की लेखिका, यहाँ सांगली की, कमल देसाई ने एक बार मुझसे कहा, डॉ. लागू अब भी सुन्दर हैं। सुन्दर शब्द समूचे अर्थ को व्यंजित करने वाली ऊर्जा का प्रयोग कमल देसाई ने बोलते वक़्त किया था।

पुणे के बालगंधर्व नाट्यगृह के पिछवाड़े में जहाँ नाटक मण्डलियों की बसें रुकती हैं, वहाँ डॉ. लागू एक पेड़ के नीचे अकेले ही खड़े थे। नदी के पात्र की तरफ़ देखते खड़े थे। कैसा देख रहे थे? बिलकुल मग्न होकर। डॉ. लागू एकान्त भी ख़ूबसूरत कर सकते होंगे। बड़ी मुश्किल बात है एकान्त को ख़ूबसूरत बनाना। एकान्त में आदमी के विद्रूप होने की चर्चा या सम्भावना होती है। डॉ. लागू नदी के पात्र की ओर बेहद मग्न होकर देख रहे थे। वह उनका अभिनय नहीं था, लेकिन यदि रंगमंच पर इस तरह मग्नता से देखने का प्रसंग साकार करना हो तो डाक्टर डिट्टो इस मग्नता को दिखा सकेंगे।

डॉ. लागू क्या करते होंगे? डॉ. लागू बुद्धि को सीधा कर मग्नता को जानने की कोशिश करते होंगे। जानने की कोशिश कि मग्नता की दशा में मन

कैसा होता होगा। यह भी कि मग्नता में चेहरे की पेशियों की रचना कैसी होती होगी। खोजते होंगे कि हाथों को शरीर के साथ कैसे रखा जाता होगा। खोजते होंगे कि खड़े रहने पर दो पैरों में अन्तर कितना होगा? इन बातों को बुद्धि से जान लेने पर यह जानना डॉक्टर की प्रतिक्षिप्त क्रिया में शामिल होता होगा और फिर भी उस क्रिया पर बुद्धि का ध्यान होता होगा। डॉक्टर के अभिनय की यह सम्भाव्य उपपत्ति होगी। डॉ. लागू रंगमंच पर डूब जाते हैं। डॉ. लागू डूबकर काम करने वाले आदमी हैं। सर्वत्र, मात्र रंगमंच पर नहीं, अपने काम में डूबने वाला आदमी ख़ूबसूरत होता ही है और संस्कृति को भी ख़ूबसूरत बना देता है। डूबकर काम करने वाला आदमी अपने विचारों, निष्कर्षों और अनुमान में किसी तरह की स्ट्रैटेजी नहीं रचता। राजनीति नहीं करता। वह खुलकर काम करता है। खुलापन पैदा करता है, स्वतन्त्रता पैदा करता है। डॉ. लागू की तरफ़ देखते हुए मैं कहना चाहता हूँ कि डूबकर काम करने वाले लोगों की तादाद ख़ूब बढ़े और अपनी संस्कृति सुन्दर बन सके। इतना मुझे कहना था। रुक जाता हूँ अब।

(१९९७)

'दर्शन' नाटक की रचना-प्रक्रिया

मेरे नये नाटक 'दर्शन' को मैंने चार-पाँच दिन पहले लिखकर पूर्ण किया। अब उसमें मामूली बदलाव हो सकते हैं। बदलाव मामूली हो तो भी उसकी कौन-सी दिशाएँ होंगी? समझने की क्रिया साफ़ रहे—इसी का भान रखते हुए देखना कि तर्कशास्त्र कहीं लुढ़कता तो नहीं।

'दर्शन' अभी-अभी लिखकर पूरा हुआ। यानी वह अभी रंगमंच पर नहीं आया है। छपा भी नहीं हैं। ऐसे नाटक की जन्मकथा वगैरा 'नांदी' में छापें या नहीं इसका कोई भरोसा नहीं होने पर भी 'दर्शन' पर लिखने का मन हुआ। अभी बिलकुल ताज़ा है जन्मकथा इसलिए 'दर्शन' को लेकर सबकुछ तो बिलकुल नहीं लिखा जा सकता। समाचार-पत्र की शब्द-संख्या की सीमा एक कारण तो है लेकिन मेरे अपने मन का सेंसर भी एक कारण है।

विज्ञान, साहित्य, कला, शिल्प-सभ्यता और संस्कृति के अंग हैं। इन पर मैं पिछले सात-आठ वर्षों से 'कळ' नाम का उपन्यास लिख रहा हूँ। 'कळ' के अन्तिम हिस्से का लिखना जारी है। दिमाग़ में मराठी नाटक का विषय भी था। 'दर्शन' नाटक का यही विषय बना—मराठी नाटक।

विगत पच्चीस वर्षों से मैं महाविद्यालय में फिजिक्स : भौतिकशास्त्र पढ़ा रहा हूँ। फिजिक्स की एक शाखा है प्रापर्टीज ऑफ़ मैटर। मराठी में क्या? यूँ तो मराठी में अर्थ वग़ैरह कोई छात्र पूछता नहीं। ठीक है, न पूछे।

क्या प्रापर्टीज ऑफ़ मैटर शब्द समूह का अर्थ मन तक ठीक, अच्छे ढंग से पहुँच जाता है? प्रापर्टीज ऑफ़ मैटर के अन्तर्गत जो शास्त्रीय सिद्धान्त, नियम, परिभाषाएँ, गणित आदि आते हैं उन्हें क्या छात्र कह सकता है,

लिख सकता है, उसके विचारों में मगन हुआ जा सकता है? मेरे सामने ऐसे सवाल खड़े होते हैं। अँग्रेज़ी में फिजिक्स पढ़ने से जो दशा होती है वह 'दर्शन' में आती है। फिर 'मगन हो जाने' पर चिन्तन शुरू होता है। मगन हो जाना—ऐसे कुल कितने विषय हैं मनुष्य के पास? 'दर्शन' में इसी प्रश्न को उठाया जाता है। अब मैं इन प्रश्नों से रफादफा होना तो नहीं चाहता। ऐसे प्रश्न तो लगातार रहेंगे ही। आने वाले लेखन में होंगे। मैं कहानी लिखता हूँ। उपन्यास लिखता हूँ। नाटक लिखता हूँ। मेरा समूचा लेखन लगातार चलता रहता है। किसी एक कहानी का मुद्दा, प्रश्न, फिर किसी नाटक में भी आ सकता है।

परमेश्वर : मनुष्य के जन्म होते ही परमेश्वर का विषय घुट्टी में पड़ा रहता है। और अब तो राजनीतिक स्तर पर भी परमेश्वर का मुद्दा आयेगा। मेरे सामने हमेशा यह सवाल होता है कि क्या धर्मवाले दल के लोगों को लगता है कि परमेश्वर से मुलाकात हो? यह प्रश्न मैं रुकावट डालने के लिए नहीं उठा रहा हूँ। क्या परमेश्वर प्राप्ति का मुद्दा भारतीय समाज से निकला जा रहा है? 'दर्शन' में यह मुद्दा तो आता ही है। और फिर व्यक्तिगत रूप से मुझे परमेश्वर के सम्बन्धों से मर्मदृष्टि भी प्राप्त करनी है—चाहे कितनी भी जटिल क्यों न हो—और इसे भी मैं अपने नाटक में डालने वाला हूँ। लिखना इसलिए भी होता है कि मैं स्वयं समझ सकूँ, स्पष्ट हो सकूँ—इसलिए भी तो होता है। लिखना कोई बेकार का खेल नहीं है। हाँ, अब वाक्य-रचना, अनुच्छेद में मज़ा लाया जा सकता है, लेकिन विश्व के कूट को गम्भीरता से ही लेना होगा। यह भी फिर अपने आप 'दर्शन' में आ जाता है।

अब लिखना जारी है तो रोज़मर्रा की ज़िन्दगी को टालकर तो नहीं होता। रोज़मर्रा की ज़िन्दगी को हम ज़्यादा ही बारीक़ी से देखते हैं। अपने बहक जाने को हम अच्छी तरह से जानते हैं और दूसरों के बर्ताव को भी हम देखते हैं। इससे पात्रों का चलना-फिरना ध्यान में आता है। फिर भी काम तो यह बड़ा मुश्किल होता है। अपना स्वयं का, दूसरों का विभिन्न परिस्थितियों में चलना-फिरना तरह-तरह का होता है इसके आधार पर चलने-फिरने के तरीक़े एक-दूसरे में मिलकर पात्रों का चलना-फिरना काग़ज़ पर शुरू होता है। काटछाँट भी शुरू होती है। फिर भी यह आसान होता है। नाटक में आगे आने वाला लेखन ज़्यादा ताक़त की माँग करने

वाला होता है। एक बात तो यह है कि मेरा कोई भी लेखन एक या किसी विशिष्ट विषय से सम्बन्धित नहीं होता। स्ट्रैटजी बनाकर जोड़तोड़ करने के लिए हम राजनीतिक व्यक्ति तो नहीं होते। न हम कला के मैनेजर होते हैं कि अगले दृश्यों को मैनेज करें। अपने पास अब तक कोई इजम् नहीं हैं क्योंकि हम किसी के प्रचारक नहीं हैं अभी तक। हम किसी के विरोधक भी नहीं—लिखते वक़्त पूरी जिम्मेदारी ली जाती है। यूँ तो उठा नहीं सकते, बड़ी थकान महसूस होती है, धर्मवादियों में जो एमएस्सी, पी-एचडी हैं, वे कहाँ वैज्ञानिक बने हैं? इस रास्ते से जाते हुए, खोज करते हुए कौन आदमी काम आने वाला है? इस राह से गुज़रते हुए न हमारा कोई विरोधी होता है न हम किसी के विरोधी होते हैं।

फिर उत्स्फूर्तता के लिए काफ़ी गुंजाइश रखनी पड़ती है। उत्स्फूर्तता को सच्चाई साबित करना बहुत मुश्किल होता है। मैं उसे कभी समझता हूँ, कभी नहीं। उत्स्फूर्तता के पूर्व—बहुत बेचैनी होती है। यह बेचैनी मेरे सारे लेखन में होती है। 'दर्शन' में तो है ही। इसको लेकर और एक मुद्दे के बारे में लिखना होगा। जीवन की उत्स्फूर्तता किसी के भी हिस्से आ सकती है। मन खुला हो तो उत्स्फूर्तता से किसी गाने की तर्ज नहीं सूझती। क्योंकि गाना मेरे दिमाग़ का एक हिस्सा नहीं होता। नाटक लिखना मेरे दिमाग़ का एक हिस्सा बना हुआ है। इसलिए मुझे नाटक सूझ सकता है।

'दर्शन' नाटक सूझा इसका वाकया ऐसा कि क़रीब एक वर्ष पूर्व मेरे एक मित्र ने बंगला बनवाया। दो वर्षों बाद मैं बंगला देखने गया। इस मित्र के साथ मैं दो टूक बातें करता हूँ। मित्र ने हँसते हुए पूछा, "कैसा लगा बंगला?" उसने हँसते हुए पूछा क्योंकि ज्ञान के बड़प्पन को वह जानता है और ज्ञान के इस क्षेत्र में कुछ नहीं कर सकते हैं इसको लेकर उसके मन में रंज भी है।

मित्र के बंगले से बाहर निकलने पर दिमाग़ में क्या दिखायी दिया : एक मेहमान एक बंगले में रहने के लिए आया। वहाँ उसकी अच्छी-खासी मेहमाननवाजी भी हुई। वह रात में सो गया और आधी रात में जोरशोर से रोते हुए उठा। उठकर गला फाड़कर रोता रहा। रोते हुए कह रहा था—इस बंगले में नाटक है। नाटक ही है।

आदमी को ज़िन्दगी में कौन-कौन-सी बातों से चैन आता है? कौन-

कौन–से विषयों में चैन आता है? कितना चैन आता है? एब्सोल्यूट चैन आता है? या चैन रिलेटिव है? अपने विचारों में यह एब्सोल्यूट अँग्रेज़ी शब्द कहाँ से आया? मराठी का कोई शब्द क्यों नहीं आया? फिर आइंस्टाइन की थियरी ऑफ़ रिलेटिविटी याद आयी। मैं फिजिक्स पढ़ाता हूँ। जो पढ़ता हूँ वह... वह आइंस्टाइन का 'सटल इज द लॉर्ड', फिजिक्स का 'मिस्ट्री ऑफ़ युनिवर्स' वग़ैरह हज़ार बातें याद आयीं।

फिर मैं बीमार रहा। लिख नहीं सकता था। तब तय किया कि मन में ही इस नाटक को पूरा रचेंगे। ढाँचा बनाया। फिर स्वस्थ हुआ लेकिन लगातार नहीं लिख सकता था। दिन में घण्टा–आधा घण्टा बेतरतीब, कमज़ोरी में जो लिखा सब बेकार गया। पूरी ताक़त से लिखने लगा तब कहीं जाकर कुछ ठीक सूझने लगा।

इस अवधि में चन्द्रकान्त पाटील बार–बार पुणे आता रहा। पिछले एक साल तक हम दोनों ने ही 'कथा–साहित्य क्या है?' इस विषय पर बहस शुरू की थी। तब मैं चन्द्रकान्त पाटील को पूरा नाटक मौखिक रूप से कहता था। लिखते वक़्त बदल जाता था। एक बार चन्द्रशेखर जागीरदार आया। उसे भी नाटक मौखिक रूप से सुनाया। विज्ञान, अँग्रेज़ी, धर्मवादी, बिनधर्मवादी सब बचा रहा लेकिन प्रसंग बदल गये। एक बार सतीश ताम्बे, हेमंत कर्णिक, सुनील ताम्बे आये। उन्हें नाटक के जोक्स सुनाये। ऐसे कुछ पन्ने लिखे गये। फिर चन्द्रकान्त कुलकर्णी, गणेश यादव, नन्दू माधव, रवी जोशी आ गये। लिखे जा चुके चालीस–पचास पन्ने उन्होंने पढ़े। बहस की। एक बार एसके कुलकर्णी, प्रभाकर वर्तक आये। उन्होंने नाटक पढ़ा। जो लोग जीवन के मुद्दों को अपने लिए व्यवहार में लाते हैं उन्हें अपना लेखन जान–बूझकर दिखाना मुझे अच्छा लगता है। अन्यथा उनसे बातें करते हुए तो नर्वसनेस आ जाता है। अस्वस्थता के दौरान मित्रों से बातचीत में 'दर्शन' जारी रहा। बाद में अवकाश के कारण समय मिलने लगा। तरोताज़ापन की ताक़त लेखन को मिलने लगी। जो कुछ लिखा गया था उसे और व्यवस्थित करने लगा। उसकी व्याप्ति, गहराई देखने लगा फिर भी सायास तर्क मैं नहीं करता। उथलपुथल से उठकर क्या आता है, उसकी ओर ध्यान देता हूँ। ऐसा कुछ जुड़ जाना चाहिए कि मर्मदृष्टि मिले और निर्मल लगे। इसलिए दिनरात समर प्रसंग होता है। लिखते समय भी समरप्रसंग होता है।

नाटक का नाम कैसे आया? जब से विषय दीखता है तब से मन नाम को खोजने का प्रयास करने लगता है। मुकाम दर मुकाम तरह–तरह के नाम दिखायी देते हैं। मित्र भी तरह–तरह के नाम सुझाते हैं। मेरा लेखन इतना व्यामिश्र होता है कि नाम की खोज में बुद्धि भटकती रहती है। लेखन में मैं ऐसा नाम चाहता हूँ कि जिससे कंडिशनिंग टूट जाय। पूरा नाटक सुधीर जोशी के साथ पढ़ा।

'दर्शन' लिखना जारी था तब मेरे एक मित्र को हार्ट अटैक आया। मुझे टेंशन आया। घबराया–सा हुआ। घबराने की दशा भी मेरे लेखन में रुकावट आ ही जाती है। क्या मित्र को हार्ट अटैक आने पर ऐसी बड़ी बीमारी की दशा में सर्जन सम्भव होता है? क्या लिखना, अनुसन्धान करना, तस्वीर बनाना और सिर्फ़ होना भी सर्जन हो सकता है? बिलकुल मरते वक़्त भी क्या सर्जन सम्भव है? ऐसे प्रश्न 'दर्शन' में सीधे तो नहीं आये। लिखने और जीने की प्रेरणा भी तो ऐसे प्रश्न ही होते हैं।

(१९९९)

विचार की प्रक्रिया

मैं विचार-प्रक्रिया और ज्ञान-प्रक्रिया के बारे में कुछ बोलने वाला हूँ। निश्चयात्मक स्वर में नहीं लेकिन कभी आवेग में बोल भी गया तो स्वर को नज़रअन्दाज़ कीजिये और मुद्दे की तरफ़ आइये। इतनी प्रार्थना के बाद अब मैं आरम्भ करता हूँ।

स्वाभाविक है कि मैं शिक्षा-सीखना इस मुद्दे से आरम्भ करूँगा। पहले अक्षरों की—वाक्यों की पहचान और फिर पढ़ने की बात आती है। पाठशाला, माध्यमिक स्कूल, महाविद्यालय, विश्वविद्यालय में जाते हैं तब अध्यापक विषय को पढ़ाते हैं। गणित, अँग्रेज़ी, अर्थशास्त्र, व्याकरण आदि विषय पढ़ाये जाते हैं। सीखने की प्रक्रिया क्या होती है? अध्यापक विषय के मुद्दों को समझाते हैं। हम भी समझना चाहते हैं। बाधाएँ जो होती हैं वे समझने की होती हैं। मैं एक मुद्दा जान-बूझकर रखना चाहता हूँ कि 'विषय' शब्द का इस्तेमाल ज़रूर कीजिये लेकिन हम ज्ञान-क्षेत्र की बात को समझना चाहते हैं यह दृष्टि शुरू से ही होनी चाहिए। गणित की पढ़ाई कर रहे हैं तो मत कहिये कि गणित विषय पढ़ रहे हैं। कहिये कि गणित ज्ञान-क्षेत्र है। ज्ञान-क्षेत्र को पढ़ रहे हैं। प्राथमिक शिक्षा में ही यह बात होनी चाहिए। हम जब चालीस को पार करते हैं तब ज्ञान-क्षेत्र शब्द से सम्पर्क होता है तब कहते हैं कि बहुत देर हो गयी, पहले ही पता होना चाहिए था।

सच तो यह है कि नागरिक को १९-२०वें वर्ष में मैच्युरिटी आनी चाहिए। उसे पता होना चाहिए कि ज्ञान-क्षेत्र की पढ़ाई हो रही है। तब मात्र समझने की बात नहीं होती। जो समझ लिया है उसमें जो समझना बाक़ी रह गया है उसका भी विचार होता है। ज्ञात हो गया तो फिर अज्ञात में क्या बचा

है इसे देखना है। अज्ञात में कौन-से मुद्दे हैं जिनको ज्ञात में आना है। इस तरह जब इस ओर ध्यान जाता है और सूझने लगता है तब यह मैच्युरिटी का लक्षण होता है। इस मैच्युरिटी को जल्दी आना चाहिए। एक उदाहरण याद आता है।

एक लेखक ने बाइस की उम्र तक बहुत सारे उपन्यास पढ़ लिये। तब उसने सोचा कि मेरी नज़र में यह एक लेखक सर्वश्रेष्ठ है। क्यों सर्वश्रेष्ठ है इसके बारे में चिन्तन किया और उसने निश्चय किया कि अब हम लिखेंगे। जो अपने लिये सर्वश्रेष्ठ है उसके आगे का उपन्यास लिखेंगे। किसी के आगे का लेखन करने का मतलब है अज्ञात की खोज करना। मेरे बुज़ुर्गों ने अज्ञात की खोजकर ज्ञात में वे जो कुछ ले आये उनके उपन्यास बन गये। अब मुझे अज्ञात में जो कुछ बचा है उसकी खोज करनी है और उसका उपन्यास लिखना है। ऐसी मैच्युरिटी आनी चाहिए।

हम जैसे-तैसे पढ़ाई करते हैं, पढ़ने लगते हैं, समझने की बात करते हुए ही बड़े हो जाते हैं। जो नौकरी या कारोबार करते हैं उस काम को समझ लेते हैं। दूसरे लोगों से सम्बन्ध आता है तब सम्बन्धों के बारे में सोचते हैं। फिर अपनी ज़रूरतें होती हैं। ज़रूरतें पूरी करने के लिहाज़ से सोचते हैं। इसे मैंने व्यावहारिक सोचना कहा है। बालिग़ हो चुका आदमी प्राय: व्यावहारिक विचारों की दुनिया में ही रहता है। जैसे घर लेना चाहिए है तो विचारों की प्रक्रिया शुरू हो जाती है। व्यवस्था ठीक हो तो प्रक्रिया भी ठीक से होती है लेकिन अव्यवस्था हो तो विचार भटक जाते हैं।

विचार-प्रक्रिया में और एक बात आ जाती है। व्यक्ति का विचारधारा से सम्बन्ध आता है। युवावस्था में जीवन को जीना आरम्भ करने पर व्यक्ति पहले अपनी ज़रूरतों को पूरा करना चाहता है। फिर जीवन को बेहतर और अच्छे ढंग से जीना चाहता है। उत्क्रान्ति का तत्त्व है जो समर्थ है वह बचेगा। मानव-जाति समर्थ है। मैं तो ऐसा सोचता हूँ कि मानव-जाति ने ही अब तय किया है कि हम समर्थ हैं और हम ही बचने वाले हैं। अत: मानव-जाति के हरएक ने सोचा है कि अब बचने की समस्या नहीं है। बेहतर जीना है तो एक सवाल पैदा होता है कि हम अकेले तो बेहतर नहीं जी सकते। समाज भी अच्छा होना चाहिए इसलिए समाज को बदलना चाहिए—इस तरह से कि वह हमारे बेहतर जीने के काम आये। जीना, बेहतर जीना और अब तीसरा क़दम है मज़े में जीना। ऐसे

में समाज सुधार, व्यक्ति विकास, बेहतर समाज आदि के बारे में विचारधाराएँ निर्माण होती हैं। इज़्म्स अब तक कई इज़्म्स बने हुए हैं जैसे अध्यात्म शास्त्र में अद्वैतवाद है। पूर्ण आनन्द में जीना। अहम् को मिटाइए और आनन्द में जी लीजिये। उसी तरह कम्युनिज़्म है। सारांश, व्यक्ति किसी-न-किसी विचारधारा से जुड़ जाता है। सामाजिक पहचान की दृष्टि से पूछा जाता है कि आपकी क्या विचारधारा है? पॉलिटिक्स क्या है तुम्हारी? यह वामपन्थी है, वह समाजवादी है, वह हिन्दुत्ववादी है जैसी बातें सुनने पर मैं पूछना चाहता हूँ कि ठीक है, समाज को बेहतर बनाने के लिए विचारधाराएँ आवश्यक हैं लेकिन क्या गणितज्ञ नहीं चाहिए? भाषा वैज्ञानिक नहीं चाहिए? नर्तक और कवि क्या नहीं चाहिए? ऐसा तो नहीं है कि वामपन्थी हो गया तो वह गणितज्ञ भी हो गया। दक्षिणपन्थी हो गया तो गणितज्ञ हो गया। गणितज्ञ वामपन्थी भी हो सकता है या दक्षिणपन्थी भी। विचारधाराएँ जो भी हों ज्ञान-क्षेत्र में काम करने वाले निरन्तर चाहिए होते हैं। मुझे लगता है कि अपने समाज में इस प्रमेय को आगे बढ़ाना चाहिए। स्कूल के समय से ज्ञान-क्षेत्र की पहचान होनी चाहिए। बड़े होने पर विचारधाराओं के बावजूद ज्ञान-क्षेत्र में काम करने वाले होने चाहिए।

विचार का और भी एक रूप है। विचार होता रहता है। विचार ही नहीं जिसमें ऐसा आदमी मिलना नामुमकिन है। और विचार यदि गति में और लगातार होते रहें तो समस्याएँ अवश्यम्भावी हैं। स्वास्थ्य बिगड़ जाता है। और मज़े की बात यह है कि हम विचार करने को अहमियत देते हैं। क्या विचार करके विचारों को रोका जा सकता है? अब मेरे दिमाग़ में विचार चल रहा है। रात में नींद नहीं आयेगी तब मैं विचार करूँगा कि विचार करके ही विचारों को बन्द करूँगा। यह तो होता नहीं। फिर विचार करके ध्यान नाम की अवधारणा पायी जाती है। ध्यान के बावजूद विचार होते रहते हैं। उसे रोकने की प्रक्रिया बतायी जाती है पर उसे ज़ोर से लागू नहीं किया जा सकता। माना कि ध्यान करना एक इलाज है विचारों को बन्द करने का। सवाल यह है कि कितने लोग इसे कर सकते हैं और कितने नहीं? या ध्यान की प्रक्रिया अभी पूरी तरह से साफ़ नहीं हुई है और प्रस्तुत नहीं की जा सकी है। क्या उसे और नहीं खोजना चाहिए?

और एक बात है। मनुष्य विकारी होता है। ध्यान की तरह संयम के बारे

में भी पूर्ण रूप से अभी कुछ नहीं मिला है। क्या मनुष्य को विचार करने से बदला जा सकता है? विचार करने को विवश करके बदला जा सकता है? नहीं होता। विकार तीव्र होते हैं। ऐसे मनुष्य को मनोविज्ञान नहीं बदल सकता। मनुष्य ने रास्ता निकाला। तीव्र विकार से दुष्कृत्य करने वाले को सज़ा देना। विचार से आदमी नहीं बदल सकता तो उसे डर दिखाकर बदलना। विचार से यदि मैं आपको मेरे मत का अनुयायी नहीं बना सकता तो मैं क्या सोचता हूँ? माहौल में दबाव पैदा करो और उसे अपने विचारों का बनाओ। ऐसी विचार-प्रक्रिया होती है और हो रही है।

यहाँ मैं एक छोटी-सी कहानी कहना चाहता हूँ। वाकया मेरे मित्र के साथ हुआ है लेकिन उसका फिक्शन करने पर वह और अच्छी होगी इसलिए मैंने अपने आपको नायक बनाया है। हुआ यह कि तीस-पैंतीस वर्ष की उम्र में मैं बहुत सिगरेट पीता था। तकलीफ़ होने लगी तो बन्द करने का प्रयास किया। चार-पाँच दिन किसी तरह बन्द किया। तब एक दूसरा आदमी मिल गया। बुज़ुर्ग था। बीड़ी पी रहा था। बातों-बातों में उसने कहा की बीड़ी पीने से पाचन अच्छा होता है। मेरी विचार-प्रक्रिया शुरू हो गयी। वह कहता है पाचन अच्छा होता है तो फिर पी लेते हैं सिगरेट! विचार-प्रक्रिया का ऐसा गुण-धर्म है।

अब मैं और एक कहानी सुनाने वाला हूँ। मैंने अपने एक मित्र से कहा कि 'मैं बहुत निराश हूँ।' तो उसने कहा, 'हैं, मैं तो आशा से सराबोर हूँ। आशावादी हूँ मैं। आय एम ऑप्टिमिस्टिक।' मैं सोचने लगा कि अब इसका क्या करें? अपनी विचार-प्रक्रिया में यह बात हमेशा आती है कि दूसरे आदमी का क्या करें? समझ में नहीं आता कि करें तो क्या करें? क्या उस पर मात करनी होगी? ख़ुद का प्रोटेक्शन करना होगा? विचार-प्रक्रिया की ही ये बातें हैं और ऐसे विचार होते रहते हैं। सोचने लगा कि उसने उत्तर तो दिया है उसका क्या करें?

फिर कथात्म साहित्य जैसा कुछ सूझा और उससे कहा, 'अरे, कोई पेशन्ट डॉक्टर के पास जाकर बोला कि मुझे टी.बी. हो गया है तो क्या डॉक्टर का ऐसा कहना ठीक होगा कि अरे टी.बी.-फी.बी. कुछ नहीं है?' यहाँ देखिए कि मैंने अपने को गौण बनाया है पेशन्ट बनकर और मित्र को डॉक्टर। फिक्शन में इसे सहा जा सकता है। अन्यथा अपने को गौण बनाकर कहानी रचना असम्भव है। मेरी बात पर वह ठठाकर हँस पड़ा

और बोला कि सच है ! लेकिन उसने फिर सोचा नहीं। मैं सोचता रह गया। एक दिन चाय पर बातचीत चल रही थी तब मैंने कहा, देखो तुम आशावादी हो। तुम आशा से भरपूर हो। मैं निराशावादी हूँ। भरपूर हूँ। लेकिन अब इस मैं-तुम को हटा देते हैं और अब इस बात पर ज़रा विचार करते हैं कि 'क्या आशा-निराशा मनुष्य के जीवन के अस्तित्व के हिस्से हैं ?' विचार-प्रक्रिया इस तरह काम आती है। हमने थोड़ा-बहुत विचार किया। आशा-निराशा पर विचार करना मतलब मानव ने अब तक क्या विचार किया है उसे पढ़ना। पढ़कर उसके अवतरण निकालना। चर्चा के काम आते हैं। फिर जो विचार हुआ है उस पर अपनी राय क़ायम करना। विचारों का परीक्षण करना, समीक्षा करना। फिर दूसरा विचार लेना। पहले के साथ उसकी तुलना करना। ऐसी एक प्रणाली है विचार-प्रक्रिया की। विचारवन्तों की प्रक्रिया।

विचार करने का और भी एक अलग रास्ता है। मुझे आशा-निराशा के बारे में विचार करना है। चिन्तकों ने पढ़कर बहुत कुछ प्रस्तुत किया है। उसके बारे में जो कुछ अज्ञात है ऐसा कुछ मुझे खोजना है। इस खोजने का मतलब है डिस्कवरी करना। चिन्तक हैं, विचारधाराएँ भी हैं अब विचार की प्रक्रिया को डिस्कवरी के लिए इस्तेमाल करना है। अज्ञात का खोजना और उसे ज्ञात से जोड़कर दिखाना।

डिस्कवरी करने वाली बुद्धि या मन कैसा होता है इस पर बहुत अध्ययन होने की आवश्यकता है। वैज्ञानिकों के डिस्कवरी के वे क्षण कैसे थे ? उनके बारे में कुछ लिखा हुआ है ? समाज में यह बात होनी चाहिए। मुझे लगता है कि डिस्कवरी तक नहीं पहुँच पाता है अपना समाज। शोध, ज्ञान जैसे शब्दों का इस्तेमाल हो रहा है लेकिन ज्ञान का अर्थ क्या है यह प्रश्न नहीं आया है। जानकारी और ज्ञान में क्या भेद है ? इस पर चर्चा होती है लेकिन डिस्कवरी का अर्थ क्या है ? ज्ञान का अर्थ क्या है ? संयम करने का मतलब क्या है ? ध्यान क्या है ? सब मानते हैं कि अहंकार पूरी तरह से जाना चाहिए। लेकिन कैसे जायेगा ? इसकी प्रक्रिया पतंजलि योगसूत्र में बतायी हो सकती है। कुछ लोगों ने पढ़ा भी होगा। लेकिन जाँच-पड़ताल नहीं होती। या फिर हमारी प्राथमिकताएँ कुछ दूसरी होंगी। अलग-अलग वज़न की दो चीज़ें आकाश से गिर रही हैं। क्या इसके बारे में खोजना मेरी प्राथमिकता है या अहंकार को मिटाना मेरी प्राथमिकता है ?

या दोनों के बारे में जिज्ञासा है उसी को प्राथमिकता कहें ? डिस्कवरी की बात कैसी है देखिये। किसी दूसरे से नहीं पूछना है कि मैं डिस्कवरी करना चाहता हूँ तो क्या करूँ और क्या न करूँ। आप चर्चा कर सकते हैं लेकिन किसी से पूछ नहीं सकते। मुझे अपना ही खोजना है तो डिस्कवर होने के लिए पहली शर्त है अपना दायित्व स्वीकार करना। कुछ और लक्षण मैं बता सकता हूँ जिन्हें मैंने अपनी लेखन-प्रक्रिया के दौरान जाना है। दिमाग़ में जो सवाल है उसे बहुत देर तक बनाये रखने की क्षमता। बहुत देर तक यानी वर्ष-दो वर्ष तक नहीं, कई वर्षों तक। कई वर्षों बाद भी दिमाग़ में रखकर मर जाना। अगली पीढ़ियों के लिए देने के लिए। आइंस्टाइन कहता है...दिमाग़ में आया कि क्या यह ठीक है। अँग्रेज़ी भाषा में तो ठीक है 'ही सेज' लेकिन उसका अनुवाद क्या ठीक है ? अपनी भाषा में बुज़ुर्ग के लिए कहते हैं कहना ही ठीक होगा। तो फिर अब मेरा अगला वाक्य है—आइंस्टाइन कहते हैं कि अज्ञात की खोज करने का मतलब है अँधेरे में टटोलना। यह बेहद तकलीफ़देह होता है। इससे तो आठ-आठ घण्टे लकड़ियाँ तोड़ना भी बेहतर। मज़े में ख़ुशहाल होकर जीना है तो डिस्कवर नहीं हो सकते।

मेरा एक मित्र है। मेरे जैसे ही सफलतापूर्वक नौकरी कर चुका है। उसने एक फार्म हाउस लिया हुआ है। कई वर्षों का मित्र है लेकिन मेरा लिखा कुछ भी नहीं पढ़ता। अब रिटायरमेंट के बाद ख़ाली वक़्त है। मेरे हाथ में पुस्तक देखकर पूछा कि क्या नयी आयी है ? मैंने कहा, हाँ, पढ़ने वाले हो तो तुम्हें नज़र करता हूँ। तो उसने कहा, अब पढ़ना अगले जन्म में होगा। अब सम्भव नहीं। डिस्कवरी के लिए तीव्र जिज्ञासा चाहिए। सबसे बड़ी जिज्ञासाएँ कौन-सी हैं ? यह विश्व क्या है और जीवन का अर्थ क्या है ? इनकी जिज्ञासा ने ही ज्ञान-क्षेत्रों का निर्माण किया है। जो इन प्रश्नों को तीव्रता से महसूस करेगा वही उन्हें सुलझाने का प्रयास करेगा। व्यवहार के हानि-लाभ से वह दूर रहेगा। रोज़ाना की नियमित समय-सारणी डिस्कवरर के काम की नहीं। उसकी नींद हराम हो जायेगी। उसे निद्रानाश होगा। स्वास्थ्य ख़राब होगा। आइंस्टाइन का स्वास्थ्य भी बिगड़ा हुआ था। डिस्कवरर होना मतलब हर तरह के रिस्क स्वीकार करना। प्रश्न को लम्बे समय तक दिमाग़ में धारण करने की क्षमता होनी चाहिए। एक दार्शनिक ने कहा है कि अच्छे स्वास्थ्य का क्या लक्षण है तो स्वास्थ्य प्राप्त करना,

उसे काम में लाना और फिर प्राप्त करना—ऐसा लगातार करते रहना ही अच्छा स्वास्थ्य है।

शोध करने की बात कम उम्र में ही समझ में आनी चाहिए। गौतम बुद्ध की तरह। घर छोड़कर भी कर सकते हैं शोध लेकिन फिर आप घर में जैसे नहीं ही होंगे। अज्ञात का खोजने के लिए विचार अनिवार्य है। दिमाग़ को परेशान करना होगा। कुछ धारणाओं की कल्पना करना होगा। ज्ञात के साथ जोड़कर देखना होगा। जुड़ती नहीं हो तो क्यों नहीं जुड़ती इसे देखना होगा। इस प्रक्रिया में विचारों की कोई दिशा नहीं होती लेकिन विचार होता रहता है। यह अपने आप नहीं होता। प्रश्न के अनुषंग में ही होता है। उसे चिन्तन कह सकते हैं।

मैं एक उपन्यास लिख रहा था। एक अध्याय का आरम्भ करना था लेकिन पहला वाक्य ही नहीं सूझ रहा था। उसकी अन्तर्वस्तु, रचना, शैली सबका पता था। मैंने विचार के लिए कई वाक्य बनाये। कहना कुछ ज़्यादती होगी लेकिन मैं चिन्तन की स्टेज में चला गया और दस-पन्द्रह दिनों बाद वह वाक्य मिल गया। वह वाक्य है : 'जनवरी, फ़रवरी, मार्च, अप्रैल, मई, जून, जुलाई के बाद अगस्त आता है और फिर श्रावण। सॉरी, और श्रावण में एक बार पन्द्रह अगस्त।' चिन्तन-प्रक्रिया में यह वाक्य दिखायी दिया। इस प्रक्रिया को सहना पड़ता है। व्यक्ति को निर्णय करना है कि मुझे खोजना है तो सहना होगा। अध्यात्म करने वाले को निर्णय करना होगा कि अहंकार को कैसे मिटाये इसकी खोज के लिये चिन्तन-प्रक्रिया अनिवार्य है। इसे किसी ने खोजकर लिखा होगा तो उसे पढ़ेंगे या किसी से पूछेंगे इतना ही सीमित हो तो आप चर्चा कर सकते हैं और विचारवन्त हो सकते हैं, डिस्कवरर नहीं हो सकते। धारणा का सूझना पर्याप्त नहीं है। उसे सिद्ध करना होता है। सिद्धता के लिये विचारों का अनुशासन अनिवार्य है। विचारों के अनुशासन से सिद्धता करना रैशनेलिटी है। पड़ोस के एक स्कूली बच्चे ने मुझे एक जोक बताया। शिक्षक ने छात्र से पूछा कि जिराफ़ की गर्दन लम्बी क्यों होती है ? छात्र ने उत्तर दिया कि शरीर से उसका सिर दूर होता है न इसलिए! मैं सोच में पड़ गया। छात्र का उत्तर रैशनल है या इर्रेशनल ? मैं इस पर फिक्शन लिखूँगा। फिक्शन में ही इसका उत्तर ढूँढूँगा।

दूसरा एक प्रश्न है कि मनुष्य 'रेशनल' भी है और 'इर्रेशनल' भी। मनुष्य के विकारों के बारे में पहले बात हुई है। मनुष्य यदि प्रकृति का ही हिस्सा

है तो यह सब भी क्या प्राकृतिक होगा? इस पर मुझे कुछ कल्पना करनी चाहिए। उन्हें सिद्ध करना चाहिए और उनके बारे में लिखना भी चाहिए। मैं इसे करूँगा फिक्शन में। कविता, कथा, उपन्यास भी ज्ञान-क्षेत्र हैं। दस पंक्तियों की एक कविता में अनुशासन है इसलिए वह ज्ञान-क्षेत्र है। फिक्शन ज्ञान-क्षेत्र है। मैं मनुष्य के विकार इर्रेशनेलिटी के बारे में फिक्शन में खोजूँगा।

अब और एक प्रश्न मेरे सामने है। मनुष्य कितना प्रतिशत प्राकृतिक है? यदि सौ प्रतिशत है तो हम कुछ नहीं कर सकेंगे। यदि सौ प्रतिशत नहीं है तो बाक़ी बचा हुआ क्या है? समय के दौरान किसी का मत्सर जाता है तो कहाँ जाता है? ग़ुस्सा चला जाता है तो कहाँ चला जाता है?

अब फिक्शन मेरी मेथडोलॉजी है। कुछ सिद्ध करना है तो उसके लिए प्रणाली आवश्यक है। मेरी यह भी राय है कि इस तरह मेथडोलॉजी की खोज करना भी ज्ञान है। पृथ्वी गोल है इसे सिद्ध करने के लिए मेथडोलॉजी चाहिए। सभी ज्ञान-क्षेत्रों में मेथडोलॉजी होती है। मनुष्य चाहे कैसा भी विकारी हो, उसने अनुशासित होकर विचार करने की रीत निर्माण की है और इससे कई ज्ञान-क्षेत्र निर्माण हुए हैं।

पता है, झूठ के लिए भी विचार-प्रक्रिया को काम में लाया जाता है। छोटा बच्चा कोई ग़लती करता है तो डरकर माँ से झूठ बोलता है। झूठ बोलने के लिए विचार करता है। तो फिर विचार-प्रक्रिया की अनुशासित विचार-प्रक्रिया की सही जगह कौन-सी है? जीवन का अर्थ क्या है इसकी खोज के लिए सही विचार-प्रक्रिया होती है और एक अवस्था के बाद चिन्तन बन जाती है। गहन प्रश्नों का शोध करना ही डिस्कवरी है।

छोटे-मोटे शोध तो चलते ही रहते हैं लेकिन जीवन पर, समाज पर परिणाम घटने वाली खोज बड़ी होती है। बड़ी खोज करने वालों का एक ख़ास वर्ग होता है जिन्हें प्रतिभावान कहा जाता है। हमारे यहाँ प्रतिभावान शब्द का प्रयोग या तो होता नहीं या फिर बहुत सस्ते में होता है। प्रधानमन्त्री, कलक्टर दायाँ-बायाँ हो सकते हैं, अपनी जगह पर ठीक और ज़रूरी भी हैं लेकिन प्रतिभावान चाहिए या नहीं? अपने ही समाज में नहीं मानव-जाति में सर्वत्र होने चाहिए। शिक्षा अच्छी नहीं, शिक्षक अच्छे नहीं लेकिन मेरा सवाल है कि प्रतिभावान क्यों नहीं अपने आप पैदा होते? ऐसा नहीं

हुआ कि विश्वविद्यालय अच्छा है और बाद में बड़े वैज्ञानिक पैदा हुए। इतिहास है कि बड़े वैज्ञानिक पहले और विश्वविद्यालय बाद में।

मेरा नया उपन्यास आ रहा है, 'प्रेम और बहुत-बहुत बाद' जिसमें मैंने प्रतिभावान की बात की है। उसमें प्रधानमन्त्री कहता है कि मुझे जिताओ तो मैं एक वर्ष में सौ प्रतिभावान बनाऊँगा। अपनी कक्षा में हर साल मैं छात्रों को प्रतिभावान होने के लिए कहता रहा तो एक बार एक छात्र ने पूछा कि सभी कैसे प्रतिभावान हो सकते हैं?

मैंने विचार किया और दो उत्तर खोज लिये। एक, सब नहीं हो सकते लेकिन तुमको होना है। और दूसरा—सब न हों लेकिन डिस्कवरी सबको करनी है, उम्मीदवारी करनी है, चाहे प्रतिभावान कोई बने न बने। जीवन-शैली इस तरह बनानी चाहिए कि हमें डिस्कवरर होना है इस बात का एक छोटा-सा धागा ही क्यों न हो, अपने तन-मन में होना चाहिए। मुझे लगता है कि अब मुझे यहाँ रुक जाना चाहिए। आपने मुझे निमन्त्रित किया, सुना, सबका आभार। धन्यवाद!

(२०१८)

साक्षात्कार : उत्तरों की खोज

महाराष्ट्र फ़ाउण्डेशन का जीवनगौरव पुरस्कार पाने पर 'साधना' साप्ताहिक के लिए लिया हुआ सुनील ताम्बे *का साक्षात्कार। बिना किसी पूर्व तैयारी की शर्त पर क्योंकि श्याम मनोहर चर्चा के दौरान निकलने वाले विचारों को ही अहमियत देते हैं।*

प्रश्न : कथा, उपन्यास, नाटक, निबन्ध व फुटकर लेखन-विधाओं में आपने लिखा है। अपने समूचे लेखन में आप हमेशा जीवन को समझने का प्रयास करते हैं। आपके लेखन का सूत्र पकड़ने के लिए कहाँ से आरम्भ करें?

उत्तर : फुटकर लेखन मैंने बहुत कम निमित्तमात्र किया है। कुछ लेख लिखे हैं। दिमाग़ में जो चल रहा है उसको दर्ज करने के लिए। उसे प्रकाशित नहीं किया है। इधर पिछले आठ-दस वर्षों में मैं ज़रूर फिक्शन पर सोच रहा हूँ। जैसे कि उपन्यास क्या है? नाटक क्या है? निबन्ध या फुटकर लेखन के बारे में इस तरह से नहीं सोचा है। उदाहरणार्थ, मेरे सामने प्रश्न है कि फिक्शन—अर्थात् कथा-साहित्य जीवन के अर्थ की खोज करता है यानी क्या करता है? कई वर्षों तक यह प्रश्न दिमाग़ में रहता है फिर कभी तो मुझे सूझता है कि कथा-साहित्य को जीवन के अर्थ की खोज नहीं मिलती तो जीवन के कुछ गुणधर्मों का पता चल जाता है। इस पर मैं एक परिच्छेद लिख देता हूँ। फिर संयोग से ध्यान में आता है कि इसे किसी उपन्यास में डाला जा सकता है। 'बहुत लोग हैं' उपन्यास में कथा-साहित्य से जीवन के गुणधर्मों का पता चलता है, 'को जगह मिल

गयी'। 'प्रेम और बहुत-बहुत बाद में' नाम के आगामी उपन्यास में इसी तरह एक निबन्ध जगह पा गया।

बातों-बातों में मैंने 'जगह पा गया' कहा। उपन्यास में डाला कहना अच्छा नहीं लगा। मन में उचित शब्द खोजा और 'जगह पा गया' जैसी वाक्य-रचना बन गयी। कौन-सी क्रिया का प्रयोग करें इसे लेकर मेरे मन में लगातार ऊभचूभ चलती रहती है।

रिक्शा वाले के पास जाते वक़्त रिक्शा वाले के साथ पहला वाक्य क्या बोलूँगा इसे लेकर उलझनें चलती रहती हैं। 'हाक मारली', (पुकारा), 'मिठी मारली, (गले लगाया), इन मराठी क्रियाओं में 'मारली' (मारना) मन को अच्छा नहीं लगता। मैं इनके लिए विकल्प खोजता हूँ। क्रियाओं को खोजने के इस तरीक़े को ललित ढंग से भी लिखा जा सकता है, लेकिन इस ललित ढंग में बेचैनी नहीं आती। खोज और उसके साथ चलने वाली बेचैनी को गल्प में जगह मिल सकती है। अन्यथा यह बात बहुत मामूली, सामान्य लग सकती है। लेकिन उपन्यास या नाटक में इस मामूली बात को भी सही वजन के साथ रखा जा सकता है।

मतलब कथा-साहित्य से शुरू करें। आपकी कहानियाँ प्रकाशित होने लगीं तब मराठी साहित्य में 'नवकथा', प्रतिष्ठित हो चुकी कहानी-उपन्यास जैसी विधाओं के बारे में आप कितना, क्या जानते थे?

आमतौर पर अनपढ़ भी गानों के बारे में सामान्य जानकारी रखता है। पढ़े-लिखे लोगों को पाठ्य-पुस्तकों से कविता-विधा का परिचय हो चुका होता है। स्कूलों-कालिजों के स्नेह-सम्मेलनों में नाटक या नाट्य-दृश्यों का मंचन होता है। इससे नाट्य-विधा का पता चलता है। प्राथमिक माध्यमिक शिक्षा में आत्मकथात्मक निबन्ध लिखने के लिए कहा जाता है। इससे जीवनी, आत्मकथा की जानकारी हो जाती है। लेकिन मुझे पता नहीं था कि ये साहित्य की विधाएँ हैं। महाराष्ट्र की सभ्यता में साहित्य, साहित्य विधा, नयी कविता, नवकथा जैसे शब्द सुनायी नहीं पड़ते थे। लेकिन अब हालात बदल गये हैं। राज्य नाट्य प्रतियोगिता से नाटक विधा तहसीलों तक पहुँच चुकी है। साठोत्तर युग में कविता बहुत प्रचारित हुई। अब यह भी मानने को हैं कि बड़ा लिखने का मतलब है उपन्यास लिखना।

फिर आपने कहानी लेखन का आरम्भ कब और कैसे किया?

आरम्भ कब किया यह तो मैं नहीं बता सकूँगा। मुझे तारीख़ें याद नहीं रहतीं। मुझे याद नहीं आता कि कौन-से वर्ष मैं आठवीं कक्षा में था। इसकी आवश्यकता भी नहीं लगती। समय के सन्दर्भ में मुझे अपनी ज़िन्दगी याद नहीं आती। जैसे कि मुझे याद नहीं आता कि पहली तनख़ा मिलने पर मुझे तब क्या अनुभव हुआ था।

आज आमतौर पर मेरी माली हालत ठीक हो तो भी ग़रीबी क्या होती है, इसे मैं अवश्य जानता हूँ। मुझे अपने या मित्रों की ग़रीबी याद आती है। स्कूल में पढ़ रहा था तब से आज तक काफ़ी अमीर दोस्त थे। इसलिए अमीरी को भी मैं जानता हूँ। इस तरह कुछ समझने के सन्दर्भ में, मुझे अपनी ज़िन्दगी समझ में आती है। और बचपन से ही मुझे वाक्यों की सही रचना कर मन में कहने की आदत थी। और यह भी कि शब्दों के अर्थ, कैसे क्या होते हैं। अब भी है। किसी भी प्रसंग का दो-चार वाक्यों में वर्णन कर लिख डालने की जानकारी मुझे थी। जो प्रचलित है उसे उलटाकर देखने की आदत थी। यह भी समझ में आ रहा था कि इस तरह उलटाकर देखने की गुंजाइश आसपास के परिसर में नहीं है। लेकिन यह भी समझ में आ रहा था कि ऐसा करके देखना चाहिए। भीतर डर था और आत्मविश्वास भी। लेकिन मेहरबानी करके मुझे अब अतीत में ले जाने वाले सवाल मत करो।

अच्छी बात है, कोशिश करता हूँ। लेकिन आपको इस बात का पता कैसे चला कि आप कहानी या कथा-साहित्य लिख सकते हैं, और इसे आपको करना चाहिए?

प्रश्न आत्मकथापरक ही है। इसका अन्तिम बार उत्तर देता हूँ। लिख रहा था लेकिन मुझे लिखना नहीं था। मैं पढ़ रहा था लेकिन पढ़ाई में मेरा कुछ ध्यान नहीं था। जो पढ़ाया गया वह मुझे आता था। सब लोगों के दिमाग़ में यथार्थ से अधिक फंतासी भरी हुई होती हैं वैसी मेरे भी दिमाग़ में थी। जैसे कि पहलवान बने, दार्शनिक बने, सर्वज्ञ बने लेकिन यथार्थ में दोस्तों की खोज में भटकता रहता था, बातें कर रहा था। हाँ, लेकिन वे बिलकुल फालतू भी नहीं थीं। यारबाश अपने घर की, अपनी भावनिक मुश्किलें बताया करते और मैं यह जानने की कोशिश करता कि उन मुश्किलों का

सही मुद्दा क्या होगा। पक्का कुछ भी नहीं कह सकता था। मुझे अब भी अचरज होता है। जब मैं लोगों को दो-टूक बातें करता देखता हूँ। परसों जो दृढ़ता से बोले वह आज टूट जाता है। आज इसे याद करने पर आदमी को दो-टूक नहीं बोलना चाहिए न?... दो-टूक नहीं बोलता है तो फिर क्या चुप रहना है? तो चुप बैठने का मतलब है आवाज़ मत निकालो लेकिन मन ही मन बोलो। मन ही मन बोलने में भीतर ही भीतर क्या होता है उसके साथ बोलो। मैं इसे फिक्शन कहता हूँ।

> मराठी साहित्य में कहानी विधा के विरोध में भालचन्द्र नेमाड़े जी ने काफ़ी कठोर आलोचना की। अपवाद कमल देसाई और आपकी कहानियों का रखा। आपके दो कहानी संकलन प्रकाशित हैं। 'हे ईश्वरराव, हे पुरुषोत्तमराव', और 'शीतयुद्ध सदानन्द' इन दो उपन्यासों के बाद 'कळ' से लेकर 'शंभर मी' तक के उपन्यासों की लेखन-यात्रा कुछ अलग ही नज़र आती है। प्रयोगशील इन उपन्यासों को उपन्यास नहीं कह सकते, शायद फिक्शन कह सकेंगे। फिक्शन नाम से नयी विधा माननी होगी। आप कैसा देखते हैं?

मुझे आप से सहमत होने में कोई दिक़्क़त नहीं। अँग्रेज़ी शब्द रूढ़ हो चुका है इसलिए फिक्शन का प्रयोग किया जा सकता है। अन्यथा मराठी शब्द ढूँढ़ने में भी कोई आपत्ति नहीं। कहानी या उपन्यास विधा की मूल रचना को बरकरार रखकर उसकी व्याप्ति को विस्तार दिया जा सकता है। साहित्य क्षेत्र के कई उदाहरणों से यह सिद्ध हुआ है। परम्परा से निर्धारित प्रमेयों के आधार पर उपन्यास, कहानी, नाटक लिखना मेरे लिए हमेशा सम्भव नहीं था। इसे मैं जानता था। मुझे उसकी ज़रूरत भी नहीं थी। भाषा है, जीना है, और खोज करनी है। इसके आधार पर खोज करने की अध्ययन-प्रणाली पैदा करनी है या लिखनी है—मेरी आँखों के सामने यह बात रहती है हमेशा। इसलिए कोई आपत्ति नहीं कि अध्ययन-प्रणाली बताकर उसके आधार पर लिखे छोटे-बड़े लेखन को फिक्शन कहा जाय। मराठी साहित्य व्यवहार में कहानी, उपन्यास, कविता, नाटक आदि के बारे में चर्चाएँ हुई हैं लेकिन धातुओं के बारे में बिलकुल ही चर्चा नहीं हुई है। इसलिए लेखकों और पाठकों के सामने लिखने के लिए कहानी, उपन्यास,

कथा, नवकथा जैसे बने-बनाये ढाँचे ही आते हैं। लेकिन कथा-साहित्य लिखना या पढ़ना है कहने पर सहसा बौद्धिक स्वतन्त्रता प्राप्त होती है। बौद्धिक स्वतन्त्रता से, खोज करने के कामों से ही संस्कृति बनती है। प्रार्थना है कि हो सके तो फिक्शन के लिए किसी अन्य शब्द की खोज अवश्य कीजिये। और मुझे उपन्यास, कहानी से आपने मानसिक दृष्टि से मुक्त किया इससे मैं सचमुच मुक्ति का अनुभव कर रहा हूँ।

कथा-साहित्य की रचना पर आप कुछ और रोशनी डाल सकेंगे?

अब तक मानव-जाति ने ज्ञान के निर्माण के तीन तरीक़े खोजे हैं। विज्ञान, कला और फिक्शन। विज्ञान का परिसर है पदार्थ और दिक्काल। कला का परिसर है आकार, रंग, ध्वनि, मिति। इस तरह फिक्शन का परिसर कौन-सा? आम तौर पर समझा जाता है कि अनुभव से ज्ञान मिलता है। तो फिर बुद्धि का क्या उपयोग? तो चिन्तन, मनन, ध्यान से भी ज्ञान मिलता है यह दूसरा सिद्धान्त है।

आम आदमी ज्ञान निर्माण करने की अध्ययन-पद्धतियों से वाकिफ नहीं होता। विज्ञान की अध्ययन-पद्धति के निर्माण में विवेक के अनुशासन की बहुत ज़रूरत पड़ती है। हाँ, लेकिन विज्ञान की खोज में इंट्यूशन का ही उपयोग करना पड़ता है।

कलाओं का ध्यान सौन्दर्य, विवेकवाद, अविवेकवाद, विश्व के अज्ञान का फैलाव, वस्तुओं की अगणितता, मन में समय को लेकर होने वाली कशमकश जैसी कई बातों की ओर होता है। इसमें से इंट्यूशन से चयन करने की अध्ययन-प्रणाली फिक्शन की होती है। 'वेटिंग फॉर गोदो' एब्सर्डिटी को सिद्ध करने वाली अध्ययन-प्रणाली है। आम आदमी के पास भाषा और चिन्तन-मनन की प्रणालियों का उपयोग करके ही ज्ञान तक पहुँचने का अवसर होता है। आम आदमी की इस प्रणाली को ही फिक्शन वाला स्वीकार करता है और अनुभव तथा प्रज्ञा के सहारे खोज करने की अध्ययन-प्रणाली निर्माण करता है। इसलिए विज्ञान और कला की अपेक्षा आम आदमी को फिक्शन ज़्यादा निकट का प्रतीत होता है।

अज्ञात में खोजना अँधेरे में टटोलना होता है। ज्ञात कल्पनाएँ बार-बार सामने आती हैं। ऐसी उतावली भी होती है कि उनमें से कुछ का प्रयोग

करें लेकिन यह भी समझ में आता है कि ये कल्पनाएँ बेकार हैं। इस कशमकश को सहते हुए नयी कल्पनाएँ खोजनी पड़ती हैं। फिक्शन का आरम्भ होता है इसका मतलब सिर्फ़ इतना ही है कि भौतिक रूप से एक पहला वाक्य होता है। इसलिए ऐसा कुछ नहीं है कि पहला भौतिक वाक्य पात्र की मानसिकता, शारीरिक क़द या उसके अतीत के बारे में हो। तो फिर क्या हो ? तो इसकी हज़ार सम्भावनाएँ होती हैं।

> फिक्शन में संवाद होते हैं। क्या ऐसा फिक्शन सम्भव नहीं जिसमें संवाद ही न हो ? इस तरह का प्रश्न उपस्थित किये जाने पर संवाद की अनिवार्यता समाप्त हो जाती है। मनुष्य की दशा, मन, प्रक्रिया, शारीरिक गतिविधियाँ परिसर की चीज़ें, इन सब में ब्योरे दिये जा सकते हैं। क्या ब्योरे देना अनिवार्य हैं ? नहीं ही दें तो इन दो ध्रुवों में कई सम्भावनाएँ होती हैं।

फिक्शन शहर में होता है या देहात में, तो क्या उस शहर या गाँव का वर्णन देना ही चाहिए या बिलकुल नहीं देना चाहिए—के बीच कई सम्भावनाएँ हैं।

खोज करने का मुद्दा कहीं भी आ सकता है। इतना करने पर फिक्शन की रचना याने कि अध्ययन-प्रणाली बन जाती है। हर एक वाक्य लिखते समय दस, पच्चीस या सत्तर प्रतिशत खुलापन रखे। फिर दूसरे वाक्य को आने दें। खुलापन रखते हुए आगे बढ़ना और इतना ही ध्यान में रखना कि क्या कोई नयी खोज हो रही है। नयी खोज न होती हो तो पहले जो काम हुआ है, उसे फाड़कर फेंक देना है।

> कहानी-उपन्यास की तुलना में लेखन-प्रक्रिया में नाटक-विधा की कुछ ज़्यादा ही शर्तें होती हैं। आप उस विधा को कैसे सँभालते हैं ?

नाटक को मैं शारीरिक गतिविधियों में देखता हूँ। 'ड्रामा', शब्द को लेकर मुझे कुछ भी प्रतीत नहीं होता। शारीरिक गतिविधियाँ ऐसी होती हैं कि उन्हें गद्य में सही तरीक़े से व्यक्त करने पर हस्बमामूल ही लगती है लेकिन मेरे ध्यान में आता है कि ऐसी गतिविधियाँ कई तरह से हो सकती हैं तब मैं नाटक-विधा की तरफ़ मुड़ता हूँ। उदाहरणार्थ, सन्तप्त मनुष्य और उसकी

शारीरिक गतिविधियाँ। सन्तप्त मनुष्य की शारीरिक गतिविधियाँ विशिष्ट रूप से ही होती हो तो मैं उन्हें फिक्शन में लिखता हूँ। लेकिन सन्तप्त से कई प्रकार की शारीरिक गतिविधियाँ अर्थपूर्ण भी हो सकती हैं, ऐसा प्रतीत होने पर मैं नाटक की तरफ़ मुड़ता हूँ। इसके अलावा पूछो तो मैं नाटक को भी एक तरह का निवेदन ही मानता हूँ। नाटक की तरफ़ निवेदन और शारीरिक गतिविधियों के रूप में मैं देखता हूँ। इसलिए संघर्ष और समाधान वाली नाटक-पद्धति की ज़रूरत मैं नहीं महसूस करता।

> 'शीतयुद्ध सदानन्द' नाटक को चार विभिन्न निर्देशकों ने रंगमंच पर प्रस्तुत किया। 'कळ' उपन्यास के कुछ अंशों को अलग-अलग निर्देशकों ने रंगमंच पर प्रस्तुत किया। इधर कोल्हापुर के एक ग्रुप ने 'कळ' का एक अंश रंगमंच पर प्रस्तुत किया। आविष्कार देवल क्लब कोल्हापुर को ग्रुप 'शंभर मी' को रंगमंच पर प्रस्तुत कर रहा है। आप की प्रतिक्रिया?

मैं निवेदनात्मक गद्य लिखता हूँ। उसमें भी नाटक होता है।

> आजकल क्या लिख रहे हैं और उसके कब तक प्रकाशित होने की सम्भावना है?

अब उपन्यास के स्थान पर कथा-साहित्य शब्द का प्रयोग करें तो पिछले चार एक वर्षों से तीन कथा-साहित्य का लेखन जारी था। उनमें से एक कथा-साहित्य का पहला मसौदा २००१ में पूरा हुआ था। बाक़ी दो में से एक का दूसरा मसौदा पूरा हो चुका है और एक का पहला चल रहा है। इसी दौरान कुछ अलग सूझा तो इन को दूर रखा और जो कुछ सूझा उसके नोट्स करने लगा तो आगे-आगे बढ़ना पड़ा। उसका चौथा और अन्तिम मसौदा पिछले महीने में पूरा हुआ। उसका नाम है : 'प्रेम और बहुत-बहुत बाद'। इस प्रक्रिया में चन्द्रकान्त पाटील हफ़्ते में एक बार चार-पाँच घण्टों के लिए मेरे पास आया करते थे। हम पढ़ा करते। अन्तिम मसौदा पूरा हो जाने पर चन्द्रकान्त पाटील ने उसे पूरा पढ़ा। मेरे प्रकाशक रामदास भटकल ने ऐसी रीत चलायी है कि मेरे फिक्शन के अन्तिम मसौदे के पूरा हो जाने के बाद हम दोनों उसे एकसाथ पढ़ते। इसके लिए वह पुणे आया करते। अब उनके अस्वस्थ होने के कारण पुणे आना सम्भव नहीं था इसलिए मैं

ही मुम्बई उनके घर चला गया। दो दिनों में रोज़ाना पाँच घण्टे बैठकर पढ़ा और उपन्यास प्रकाशन के लिए दे आया। देखें, अब कब छापते हैं?

> लेखक पर कई तरह के प्रभाव होते हैं। अपने पूर्वजों या समकालीनों के दर्शनों या सामाजिक-राजनीतिक आन्दोलनों के। आपने नीत्शे की रचना 'दस स्पोक ज़रतुष्ट्र' का अनुवाद किया था। जे. कृष्णमूर्ति के चिन्तन के कुछ सूत्र आपके कथा-साहित्य में, विशेष रूप से 'आणि बाकीचे सगळे' और 'बिनमौजेच्या गोष्ठी' इन कहानी संकलनों में दिखायी देते हैं। इस बारे में आपकी राय जानना चाहूँगा।

फिक्शन के दो रूप होते हैं। ज्ञात को ज्ञात रूप में कहना। इसे जनप्रिय फिक्शन कह सकते हैं। अज्ञात की खोज करने वाला और अब तक की प्रचलित अभिव्यक्ति प्रणाली से अलग तरीक़े से लिखने वाला। इसे अकारण ही प्रायोगिक फिक्शन कहा जाता है। प्रायोगिक फिक्शन में अज्ञात की खोज की चुनौती को स्वीकार किया जाता है और चुनौती स्वीकार करने पर पहले जो खोजा गया है उसे उपन्यास में ले सकते हैं लेकिन उसके सहारे या उसके परे जाकर अज्ञात को खोजना होता है। पहले जो खोजा है उसके प्रभाव तो होते ही हैं लेकिन नज़र होती है अज्ञात के कुछ खोजने की ओर। अब एक बात तो यह है कि भारत में जन्म लेने पर कहीं न कहीं से 'अध्यात्म' शब्द कान में आ ही जाता है। उसकी कहानियाँ, सन्त, उनके प्रवचन भी सुनने को मिलेंगे और भरमायेंगे। जैसे कि आजकल प्रौद्योगिकी भरमा रही है। और प्रौद्योगिकी में भरमाये भारतीय फिर अध्यात्म में भी भरमा रहे हैं। भारत की भूमि आध्यात्मिक है। हर एक व्यक्ति आध्यात्मिक है और हवा ऐसी है कि हर एक को कभी न कभी अध्यात्म करना है। इतना कि कोई भी व्यक्ति स्वीकार करता है कि जीवन में अध्यात्म ही अहम है और बाक़ी सबकुछ बाद में है। कोई ओशो की बात करता है तो कोई अरबिंदो की, कोई शंकर महाराज की तो कोई रमण महर्षि की, कोई शंकराचार्य की तो कृष्णमूर्ति के बारे में बोलने वाले तो बहुत हैं। मेरे आसपास कृष्णमूर्ति के काफ़ी मित्र थे। मैंने बाद में कृष्णमूर्ति को पढ़ा भी। मैंने मन में कृष्णमूर्ति के वाक्यों को लेकर मज़ाक़ भी किया और दोस्तों के बीच भी।

ज़माने से मेरे सामने सवाल खड़ा है कि अगर मैं आध्यात्मिक हो गया तो उसमें हास्य को कैसे लाया जाय? और मेरे सामने और भी सवाल हैं— आदमी को मत्सरी नहीं होना चाहिए तो फिर मत्सर को कैसे हटाया जाय– लोभ को कैसे हटाया जाय, संयम का पालन कैसे करे, इनकी प्रक्रिया कोई नहीं बताता। अध्यात्म का बीज प्रश्न हैं, अहंकार को कैसे मिटाया जाय। अहंभाव को मिटाने की प्रक्रिया नहीं बतायी जाती। मैं यहाँ आकर रुक गया हूँ, लेकिन इन प्रश्नों को फिक्शन में लाता हूँ। उदाहरणार्थ, मत्सर को मिटाने का सवाल 'यकृत' नाटक में आता है। और ब्लैक कॉमेडी के ढंग से आता है। मैं पुस्तकें पढ़ता हूँ। अहम मुद्दों को उठाता हूँ। उनका प्रभाव नहीं होता। मैं जाँच–परख के बाद ही उठाता हूँ कि मुद्दे कितने सीरियस हैं और मनुष्य के कितने मूलभूत सवाल हैं। देखता हूँ कि मनुष्य के जीवन में वे कहाँ होते हैं। काल्पनिक प्रसंगों में भी उन्हें उठाता हूँ। देखता हूँ कि मनुष्य मत्सर का क्या करता है। उसके उत्तर के लिए फिक्शन में जितनी दूर जाना सम्भव है उतनी दूर जाता हूँ। इसलिए किसी का भी पढ़ने और उसमें मुद्दे को गम्भीरता से उठाने के लिए मैं प्रतिबद्ध हूँ। लेकिन एक बात है भारतीय समाज में अध्यात्म की ग्रन्थि बनी हुई है।

(साक्षात्कारकर्ता : सुनील ताम्बे)

(२०१५)

२

पढ़ने की संस्कृति

पुरस्कार, पुस्तक, परिवार

साहित्य के क्षेत्र में और अन्य क्षेत्रों में भी महाराष्ट्र में पुरस्कार बहुत हो गये हैं। एक तरफ़ पुरस्कारों को लेकर काफ़ी जोश है तो दूसरी तरफ़ मानो बहुत पुरस्कार हैं, रोज़ाना पुरस्कारों के समाचार आते हैं इसलिए पुरस्कारों को लेकर हँसी-मज़ाक़ का माहौल भी है। ब्लैक कामेडी इस तरह भी हो सकती है : दो अलग-अलग पुरस्कार हैं। एक 'अ' स्थान का, दूसरा 'ब' स्थान का। एक ही साहित्य विधा के लिए उदाहरणार्थ, उपन्यास के लिए। दोनों स्थानों पर निर्णायक भी वही हैं। 'अ' स्थान का पुरस्कार एक उपन्यास को दिया जाता है तो 'ब' स्थान का पुरस्कार दूसरे उपन्यास को दिया जाता है। वही निर्णायक एक स्थान पर एक उपन्यास को सर्वोत्तम मानते हैं, तो दूसरे स्थान पर दूसरे उपन्यास को सर्वोत्तम घोषित करते हैं। जाहिर है कि इस तरह की ब्लैक कामेडी नहीं होनी चाहिए। विभिन्न निर्णायक विभिन्न उपन्यासों को सर्वोत्तम बता सकते हैं। इसमें निकलने वाले साहित्यिक निकषों को दार्शनिकता तक पहुँचना चाहिए। साहित्यिक दर्शन के अनुसार उपन्यासों के घराने भी निर्धारित होने चाहिए।

पुरस्कारों के बारे में आम आदमी को पर्याप्त जानकारी नहीं मिलती। नागरिकों के मन में नहीं आता कि पुरस्कारों की पुस्तकों को जानें, उन्हें पढ़ें। ऐसा नहीं होता कि पुस्तकों को लेकर बहस हो। पुरस्कार प्राप्ति से लेखक को आनन्द होता है, उत्साह बढ़ता है यह तो होता है। यह भी कुछ कम नहीं, कमतर नहीं। कई विचारधाराओं और श्रेणियों के लेखक लिख रहे हैं। कई पुरस्कारों का होना भी लाजमी है। पुरस्कारों से साहित्य के माहौल को जरा-जरा-सी ताक़त मिल जाती है।

पुरस्कार प्रदान करने की रीति में पारदर्शिता लायी जा सकती है। निर्णायकों के नामों की घोषणा पहले से ही की जा सकती है। निर्णायकों की पुस्तक चयन को लेकर हुई चर्चा को टेप किया जा सकता है और उसे शाया भी किया जा सकता है। इसमें बातें साफ़ हो सकती हैं कि किन पुस्तकों पर चर्चा हुई, कौन-से साहित्यिक सामने आये। इसके आधार पर बाद में पुरस्कार प्राप्त पुस्तकें और न-प्राप्त पुस्तकों पर खुलकर चर्चा हो सकती है। पुरस्कार संस्कृति में इस तरह का रेगुलरपन आना चाहिए। इससे पुरस्कारों की शान बढ़ेगी। मराठी भाषिकों में लिखने को लेकर काफ़ी उमंग है। लिखना ही है इस तरह की तीव्र कामना रखने वाले लेखक हैं। लिखने की अनिवार्यता को अनुभव करने वाले लेखक हैं। लिखने का कुछ खोजा नहीं जाता। न खोजा जाता है न प्रस्तुत किया जाता है। विश्वविद्यालयों या महाविद्यालयों में सृजनशील लेखन अध्ययन का विषय नहीं। उपन्यास के रूप या आकृतिबन्ध पर विविध अंगों से प्रस्तुति नहीं हो रही है। इससे विशिष्ट प्रकार का, विशिष्ट अन्तर्वस्तु का उपन्यास श्रेष्ठ होने की बात फैल जाती है। उपन्यास लेखन की विविध पद्धतियाँ होती हैं। विविध घराने होते हैं। उनमें श्रेष्ठ उपन्यास लिखा जा सकता है। उतने घरानों की समीक्षा-प्रणाली बन जाती है। किसी एक बात का स्वीकार सबको करना चाहिए—सृजन के क्षेत्र में यह तो अस्वीकार्य ही होगा।

जीवन क्षणभंगुर है, जीवन एब्सर्ड है, जीवन का अर्थ होता है, जीवन के अनेक अर्थ होते हैं, जीवन सुन्दर है...जीवन के स्वरूप को लेकर इस तरह की कई खोजें बतायी गयी हैं। सृष्टि, समय, सभ्यता, संस्कृति, विविध व्यक्तियों की विविध दशाएँ, प्रयास...इतना बड़े अवकाश को खँगालते हुए जीवन के अन्तर्गत स्वरूप को खोजने वाला ललित साहित्य दरअसल एक ज्ञानशाखा है।

टीवी, रेडियो, टेपरिकार्डर, वीसीआर और समाचार-पत्र, इन चीज़ों के लिए परिवार में जगह है। पुस्तकों के लिए अब भी जगह नहीं है। पारिवारिक परिक्षेत्र में रिश्ते-नाते, अर्थ-व्यवहार, धर्म-विधि और मनोरंजन के लिए जगह है उसी तरह ज्ञान-प्रक्रिया के लिए भी जगह होनी चाहिए। जब धर्म, दर्शन, विविध शास्त्र व ललित साहित्य के पुस्तकों को पढ़ने की प्रक्रिया पारिवारिक परिक्षेत्र में आरम्भ होगी तब परिवार में ज्ञान-

प्रक्रिया का भी आरम्भ होगा। परिवार से ही कवि, लेखक, वैज्ञानिक, कलाकार निर्माण होते हैं। ज्ञान की बातों से जीने में संजीदा मज़ा तो आ ही जाता है।

(२००३)

कथा-साहित्य को क्यों पढ़ें?

हर एक को कभी न कभी ऐसा अनुभव हो जाता है कि कितना बोलूँ और कितना नहीं। मतलब यह कि भाषा का प्रयोग करने की इच्छा हर एक को कभी न कभी होती ही है। भाषा कथा-साहित्य का महत्त्वपूर्ण तत्त्व है। दो दिन पहले पूर्णिमा थी। चाँदनी को देखना आनन्द की बात है। हम चाँदनी का बखान करते हैं। अब ऋतु बदल हो रहा है। जाड़ा जा रहा है। धूप की आहट हो रही है। हम ऋतु बदलाव के बारे में बात कर रहे हैं। हम किसी न किसी के पास बारिश, बाढ़, बारिश में भीगने, मौसम के बावजूद बारिश के न होने, कड़ी धूप आदि का वर्णन करते हैं। सुख का वर्णन करते हैं, दुख का वर्णन करते हैं। मनुष्यों का वर्णन करते हैं, दृश्यों और घटनाओं का वर्णन करते हैं। कथा-साहित्य में इस तरह के वर्णन होते हैं। रोज़मर्रा की ज़िन्दगी में हम औसत भाषा का प्रयोग करते हैं। कथा-साहित्य में लेखक की कोशिश बराबर वर्णन करने की होती है। बराबर वर्णन की परिभाषाएँ और धारणाएँ कई हो सकती हैं। उनकी कई पद्धतियाँ हो सकती है। पद्धति ही भाषाशैली है। भाषाशैली से भाषा के सुख का पता चलता है। जो समाज भाषा के सुख को समझता है उस समाज में कथा-साहित्य फलता-फूलता है। वहाँ पाठक भी अच्छे होते हैं। व्यत्यासः जो समाज भाषा के सुख को समझता नहीं उस समाज में न कथा-साहित्य फूलता-फलता है न वहाँ पाठक भी अच्छे होते हैं। इसमें अपने समाज की पड़ताल की जा सकती है। मनुष्य जीता है घटना-प्रसंगों में। गल्प में प्रसंग होते हैं। मनुष्य कोई एक प्रसंग दूसरे को बताता है। प्रसंग बताता है मतलब जो कुछ घटित हुआ, उसे बताता है। प्रसंग मतलब प्रक्रिया। प्रक्रिया को जानने का मतलब है ज्ञान। कथा, उपन्यास, कविता, ज्ञान की पुस्तकें होती हैं।

जीने के दौरान कई प्रसंग आते हैं। एक जैसे नहीं होते। उलटे-पुलटे भी होते हैं। ऐसे कई प्रसंगों को देखकर हम असमंजस में पड़ जाते हैं। कथा-साहित्य में कई प्रसंग होते हैं। मतलब कई प्रक्रियाएँ होती हैं। कथा-साहित्य की कोशिश होती है कि कई प्रक्रियाओं में एकत्रित ज्ञान को जानने की एक प्रक्रिया को खोजे। मनोविज्ञान, दर्शन, समाज-विज्ञान आदि में भी प्रक्रिया को जानना होता ही है। फिर कथा-साहित्य को ही क्यों पढ़ना ? मनोविज्ञान में चाँदनी नहीं होती। दर्शन में कड़ी धूप का वर्णन नहीं होता। कथा-साहित्य में सबकुछ एकसाथ होता है। सबको एकसाथ देखना हो तो अभी तक तो कथा-साहित्य ही है। कथा-साहित्य में हरएक के लिए जगह होती है। जिस समाज में प्रत्येक व्यक्ति का महत्त्व होता है उस समाज में कथा-साहित्य फलता-फूलता है। वहाँ अच्छे पाठक होते हैं। यथार्थ जीवन में हम किसी कुरूप व्यक्ति की ओर देखना टाल देंगे लेकिन कथा-साहित्य में कुरूप व्यक्ति बिंदास आता है। भाषा का जादू ऐसा होता है कि कुरूप व्यक्ति का वर्णन पढ़कर पाठक सिहर उठेगा लेकिन उसके मन की कुण्ठा चली जायेगी। कुण्ठा के जाने का अर्थ है स्वतन्त्रता। गल्प स्वतन्त्रता प्रदान करता है। मैंने 'भाषा का सुख' शब्दों का प्रयोग किया। इस शब्द प्रयोग को मैं जरा-सा खींचकर अब 'भाषा का ऐश' शब्दप्रयोग करता हूँ। रोज़मर्रा की ज़िन्दगी में हम हदतक जाने की बात को टालते हैं। कथा-साहित्य में हद करने तक जा सकते हैं। भाषा का ऐश और सबकुछ एक साथ देखने का सुख चाहते हो तो कथा-साहित्य की राह पकड़ो। अन्यथा जीवन अमूर्त होता है। कथा-साहित्य जीवन को चेतना देता है। क्या मैंने दृढ़ता से बात की ? मुझे दृढ़ता से नहीं बोलना था। कथा-साहित्य में दृढ़ता को टाला जा सकता है। मैं अपने लेखन के पाँच-पाँच मसौदे बनाता हूँ। 'बहुत लोग हैं' के मैंने पाँच मसौदे बनाये। आज के भाषण को पहला मसौदा कहा जा सकता है। इसके और भी मसौदे मेरे मन में चलते रहेंगे। किसी उपन्यास में भी आ सकते हैं। मेरे लेखन की यह रीत है। पाठकों को भी चाहिए कि कथा-साहित्य के पढ़ने के मसौदे बनायें। भाषा का ऐश करने की चाहत और जीवन की चेतना होने की चाहत को ऊँचा उठाकर पाठक लेखकों को पुकारें।

(२००६)

पढ़ने की प्रक्रिया

पढ़ने की प्रक्रिया के बारे में मैं अपनी राय रखने जा रहा हूँ। उपन्यास में घटना, प्रसंग, पात्र, कथोपकथन और वर्णन होते हैं। कल्पकता एक शक्ति है जो हमें प्राप्त हुई है। मनुष्य का जीना घटना और प्रसंगों में व्यक्त होता है। घटना का अर्थ लगाने पर उस समय के जीने का अर्थ लगाया जा सकता है। तो फिर सभी घटनाओं का अर्थ कैसे लगायेंगे ? सभी घटनाओं का एकत्र आना ही समूचा जीवन है। जीना एक-एक प्रसंग में खुलता जाता है। समूचा जीवन खोजने के लिए पाठक को कुतूहल के पहलू को काम में लाना पड़ता है। उपन्यास को पढ़ते हुए पाठक को चाहिए कि सृष्टि का अर्थ क्या है, जीवन का अर्थ क्या है इस बारे में भी कुतूहल को जागृत रखें। मराठी भाषा को लेकर मैं कुछ नाराज़ हूँ। कुछ वाक्यप्रयोग अब भी ऐसे हैं कि जिनकी निश्चिति नहीं हुई है। किसी ने सहायता की तो हम थैंक्स कहते हैं, धन्यवाद नहीं कहते। मुझे संदेह है कि वर्णन करना हो तो शायद मराठी कम पड़ती है।

सरल वाक्य बनाने, 'व' और 'आणि' (और) जैसे उभयान्वयी अव्ययों को जोड़ने की मराठी की प्रवृत्ति है। ऐसे वाक्य बनाने पर उनके भावनाशील होने की सम्भावना होती है। हूबहू वर्णन करना और निरीक्षण करने वाले की विशेषताओं को भी उसमें सम्मिलित करना इसके लिए भाषा का आनन्द दे सकने वाली भाषा का निर्माण करना होगा। उपन्यासकारों के सामने भाषा तैयार करने की बड़ी चुनौती है। जीने में घटनाओं के अनुभव के बाद भावनाओं को व्यक्त किया जा सकता है।

उपन्यास-कहानी को पढ़ते समय हम घटनाओं को पढ़ते हैं। बाद में विचार आते हैं। पाठक के पास कृति करने के लिए अवसर नहीं होता।

इसमें कल्पकता वृद्धि और भावना का जन्म होता है और वे नष्ट भी हो जाते हैं। पाठक को अपने दर्शन के मन को जागृत रखना होता है, इसलिए कि उसे जीवन का आनन्द लेना है। इसलिए इन कुछ तत्त्वों को पोसना होगा।

अब कुछ व्यावहारिक मुद्दों की बात। 'जहाँ गाँव वहाँ एस्टी' की तर्ज पर हरएक गाँव में एक सुसज्जित मुफ़्त ग्रन्थालय हो। पास में साक्षरता का अभियान चलता रहे। वहाँ जाने की इच्छा होनी चाहिए। दरअसल, इसे पहले से ही होना चाहिए था। पता नहीं क्यों नहीं हुआ? सरकार, उद्योगपतियों, विधायकों, सांसदों को चाहिए कि इसे अमली जामा पहनायें।

(२०१२)

पुस्तक का पढ़ा जाना पहली सीढ़ी है

आज की इस घटना के बारे में मुझे प्राचार्य ठाले-पाटील जी का फ़ोन आया तब मैंने ठाले-पाटील जी से पूछा, "अखिल भारतीय मराठी साहित्य महामण्डल ने अबतक कभी साहित्य अकादेमी पुरस्कार विजेता का सम्मान नहीं किया, तो फिर मेरे ही सम्मान का प्रयोजन क्या है? मैं संकोच अनुभव करता हूँ। यदि महाराष्ट्र साहित्य परिषद, पुणे ने सम्मान करने का विचार किया होता तो मैं उसे एक साधारण-सी बात समझ सकता। वह साधारण बात यह है कि मैं पुणे में रहता हूँ। साहित्य परिषद भी पुणे में रहती है।" तब प्राचार्य ठाले-पाटील ने कहा, "अखिल भारतीय मराठी साहित्य महामण्डल ने यह प्रस्ताव पारित किया है कि इसके आगे अखिल भारतीय मराठी साहित्य महामण्डल साहित्य अकादेमी पुरस्कार विजेता का सम्मान हमेशा करेगी। प्राचार्य ठाले पाटील ने अपने भाषण के दौरान यह बात कही, ठीक है, कि इसका आरम्भ मुझसे हो रहा है। संयोग या भाग्य। किसी से तो शुरू होने वाला था, तो मुझसे ही सही। उम्मीद है कि इसके बाद यह कार्यक्रम नियमित रूप से सम्पन्न होता रहे। जिस लेखक को साहित्य अकादेमी पुरस्कार प्राप्त होगा उस लेखक की साहित्य कृति, अच्छी लगे या न लगे, पसन्द हो या न हो, अखिल भारतीय साहित्य महामण्डल को चाहिए कि वह उसे उचित रीति से निमन्त्रित करे। रूखीसूखी चिट्ठी न लिखे। एक आदमी दूसरे आदमी से कम से कम कितना प्यार करता है, उतने प्यार से सम्मान करें।

समीक्षा लेखन की एक रीत है। पहले साहित्य-कृति की धन विशेषताओं को बताये फिर ऋण विशेषताएँ। पर अभी मैं ऋण बातों को रखता हूँ, मतलब, साहित्य अकादेमी पुरस्कार को जिन्होंने नज़रअन्दाज़ किया उन

तत्त्वों की जानकारी देता हूँ :

१. केन्द्रीय सांस्कृतिक मन्त्रालय

२. महाराष्ट्र शासन

३. राजनीतिक दल–मराठी अस्मिता वाले

४. मराठी सांसद

५. मराठी विधायक

६. पुणे के महापौर

७. पुणे के पार्षद

८. पुणे के मेरे निवास स्थल से सम्बन्धित विधायक, पार्षद।

अब मैं कुछ फुटकर मुद्दे रखता हूँ :

दिल्ली में 'रायटर्स मीट' में मैंने छोटा–सा भाषण पढ़ा, उसमें पुरस्कार प्रक्रिया से सम्बन्धित बातें थीं, जिन्हें मैं यहाँ प्रस्तुत करना चाहता हूँ :

१. निर्णायकों के नाम पहले से ही घोषित किये जायें।

२. शार्टलिस्ट भी पहले प्रकाशित हो।

३. निर्णायकों की चर्चा का टेपांकन हो और उसे भी प्रकाशित किया जाय।

पुरस्कार निर्णायकों पर निर्भर होते हैं। होंगे भी। उनके निकषों का पता होना चाहिए।

प्रा. रवींद्र किंबहुने कहते हैं : अपनी पढ़ने की संस्कृति के क्षीण होने से पुरस्कारों को महत्त्व प्राप्त होता है। सबसे अहम बात है पुस्तकों का पढ़ा जाना। उसके बाद उनकी समीक्षा और अन्त में पुरस्कार। इस तरह का क्रम होना चाहिए। पढ़ने की संस्कृति पर काफ़ी बहस चल रही है। पढ़ने की संस्कृति के बारे में चार मुद्दे रखना चाहता हूँ :

१. पाठकों की श्रेणियाँ होती हैं। उन पर अनुसन्धान होना चाहिए।

२. पाठक श्रेणी के अनुसार पढ़ने की प्रक्रिया का अनुसन्धान होना चाहिए।

३. पाठक की समझ विषय से रूप और भाषा से अन्तर्वस्तु तक कैसी बढ़ेगी इस पर अनुसन्धान हो।

४. साहित्य की पठनीयता पर अनुसन्धान हो।

साहित्य-संस्थानों को चाहिए कि ऐसी परियोजनाओं को अंज़ाम दें।

इस तरह का अनुसन्धानपरक लेखन समाचार-पत्रों में प्रकाशित हो। समाचार-पत्रों को अख़बारी लेखक की धारणा से मुक्त होना चाहिए। लेखन सरल हो, स्पष्ट हो ठीक ही है। किन्तु अन्तर्वस्तु भी आसान हो, यह ठीक नहीं।

५. आलोचना साहित्य के विषय के बारे में बोलती है, अन्तर्वस्तु के बारे में नहीं, रूप के बारे में तो बिलकुल ही नहीं। समीक्षकों को चाहिए कि बुद्धि की बाजी लगाकर समीक्षा के प्रमेयों की खोज करें। सार्वजनिक उपक्रमों को जितना कम से कम आवश्यक हो उतना ही समय दें।

लेखकों को चाहिए कि अपने-अपने छोटे गुटों में ही क्रम, रूप, भाषा, अन्तर्वस्तु का अध्ययन करें। अपने यहाँ आज भी लेखन की तकनीक का अध्ययन, चर्चा नहीं है। ऐसे सम्पादक नहीं हैं। सिनेमा एडिट किया जाता है। उस तरह लेखन को एडिट करने वाले नहीं हैं। ऐसे व्यावसायिक सम्पादकों की आवश्यकता है।

अभी तक ऐसे दिन नहीं आये हैं कि कथा-साहित्य का समाज पर परिणाम हो। साहित्य का व्यवहार अब भी हितसम्बन्धों पर आधारित है। साहित्य समाज की प्रधान धारा है ही नहीं। ऐसा कह सकते हैं कि साहित्यिक उपक्रम समाज की प्रधान धारा में हैं।

सत्य पर हर तरह के दबाव हैं। अकेला कोई व्यक्ति हिम्मत नहीं दिखा सकता। हर एक नागरिक हर रोज़ अवमानित हो रहा है। हर एक कभी न कभी हास्यास्पद हो रहा है। समाज में विविध विषय उभरकर आ रहे हैं। सिर्फ़ मुद्दे रखे जा रहे हैं। मुद्दों को रखते वक़्त हिंस्रता आ रही है। मुद्दों की सिद्धता नहीं की जा रही है। मुझे एक ही रास्ता दिखायी दे रहा है कि दूसरों को समझाने, जीतने या हराने के लिए नहीं तो प्रमेय को सिद्ध करने के लिए इस प्रक्रिया को शुरू होना चाहिए। ज्ञान-क्षेत्र में बस इतना ही होता है कि प्रमेय प्रस्तुत करे और उसे सिद्ध करे। आपको चाहिए कि इस बात पर विचार करें।

(२००५)

पढ़ने की संस्कृति कैसे बढ़े ?

आज मुझे पढ़ने की संस्कृति पर बीज–भाषण देने के लिए निमन्त्रित किया इसलिए मैं आपका आभारी हूँ। मेरे सामने बहुत से मराठी रचनाकार बैठे हुए हैं। उनसे यदि पूछा : क्या महाराष्ट्र में कथा–साहित्य पढ़ा जाता है ? तो प्रायः सभी जवाब देंगे : नहीं।

साफ़ है कि मराठी रचनाकारों के मन में नाराज़गी और डिप्रेशन है। कथा–साहित्य को पढ़ने की संस्कृति के बारे में बात करते समय मेरे सामने मराठी का दायरा है। अन्य भारतीय भाषाओं के कथा–साहित्य के बारे में मुझे जानकारी नहीं। आज के इस अवसर पर भारतीय उपखण्ड के कथा–साहित्य की पढ़ने की संस्कृति की जानकारी और समझ रखने वाले वक्ता चाहिए था। स्पष्ट है कि मैं अपर्याप्त हूँ।

मराठी पढ़ने की संस्कृति का सर्वेक्षण या प्रतिवेदन मेरे देखने में नहीं आया। सुना नहीं कि शासन या किसी साहित्य संस्थान ने या वाचनालय ने इस तरह का कोई अध्ययन प्रकाशित किया हो। या किसी ने पी–एच.डी. की हो। कथा–साहित्य में पुस्तकों की बिक्री के आँकड़े सार्वजनिक हित में प्रकाशित हुए हैं ऐसा देखा नहीं। समाज में बड़ी मात्रा में किसी पुस्तक का ख़ास बोलबाला नहीं होता। मराठी साहित्य जगत में साहित्यिकों के गुट हैं। किसी गुट के किसी रचनाकार की पुस्तक का बोलबाला होता है। यह स्वाभाविक है। गुट के बाहर समाज में इस पुस्तक का बोलबाला नहीं होता।

आजकल समाचार–पत्रों में पाठकों के लिए रोज़ाना एक सवाल पूछा जाता है। हाँ, ना, या तटस्थ के रूप में जवाब माँगा जाता है। इन जवाबों की

फीसदी दूसरे दिन प्रकाशित होती है। पढ़ने में नहीं आया कि कथा-साहित्य के बारे में कभी इस तरह का सवाल किया गया हो। न मेरे जागरूक पाठक मित्रों ने इसके बारे में मुझे कुछ बताया। भारतीय अँग्रेज़ी समाचार-पत्र मार्ख़ेज, योसा, नेरुदा जैसे अभारतीय रचनाकारों की पुस्तकों की समीक्षा, जानकारी, जीवनी आदि छापते रहते हैं। लेकिन भारतीय भाषाओं के महत्त्वपूर्ण रचनाकारों के बारे में कभी नहीं लिखते।

मराठी साहित्य सम्मेलन में पुस्तक प्रदर्शनियाँ होती हैं। समाचार-पत्रों में पढ़ा कि पिछले तीन-चार वर्षों में पुस्तकों की बिक्री अच्छी हुई है। कौन सी पुस्तकें बिकीं ? इसका वर्गीकरण प्रकाशित नहीं होता। सबसे ज़्यादा बिकी पुस्तक का नाम नहीं आता। सबसे ज़्यादा बिके उपन्यास का नाम क्या था ? कहानी संचयन कौनसा था, कविता-संग्रह का शीर्षक क्या था ? इसे प्रकाशित करना चाहिए। बेस्ट सेलर पुस्तकों की सूची प्रकाशित होनी चाहिए। इससे पढ़ने की संस्कृति के स्तर का पता चल जायगा।

इधर कई प्रकाशक अपने हाउस-जर्नल प्रकाशित करने लगे हैं। उसमें भी उनके प्रकाशित कथा-साहित्य की पुस्तकों की बिक्री, पाठकों की संख्या आदि की जानकारी नहीं होती। सिर्फ़ अपनी पुस्तकों के विज्ञापन होते हैं। कुछ पुस्तकों के पाँचवें, ग्यारहवें संस्करण का भी ज़िक्र होता है। एक संस्करण दो हज़ार का मान लो तो ग्यारह संस्करण के बाईस हज़ार होते हैं। यह कहने में कोई हर्ज नहीं कि कम से कम बाईस हज़ार पाठकों ने उसे पढ़ा। फिर भी आम समाज में उस पुस्तक का बोलबाला या ज़िक्र नहीं होता।

मैंने आम समाज कहा। पिछले पाँच-सात वर्षों से मैं मराठी पढ़ने की संस्कृति का निरीक्षण कर रहा हूँ। इसका कोई वैज्ञानिक आधार नहीं है। मैं निरीक्षण कैसे कर रहा हूँ ? विंदा करंदीकर को ज्ञानपीठ पुरस्कार मिलने पर मैंने मैं जिस भवन में रहता हूँ और आसपास के तीन भवनों के सात जाने-पहचाने परिवारवालों से पूछा, 'विंदा करंदीकर की कविताएँ पढ़ी हैं ? पढ़ने वाले हैं ?' फिर लेखक-मित्रों के दसएक परिवार, कुछ मेरे रिश्तेदार, मैं जहाँ पढ़ता था उस कालिज के निकट के प्राध्यापक और उनके परिवार, मेरे दो घरेलू सामान के दुकानदार, उनके परिवार नहीं—दो दवाइयों के दुकानदार—उनके भी परिवारों को छोड़ दीजिये—तीन सब्ज़ी वाले, दो फल वाले, पान ठेले वाले, लांड्री वाला, मिठाई वाला, नज़दीकी छात्र, यह मेरा परिसर है। निरीक्षण के लिए इसी को मैं आम

समाज कह रहा हूँ। इस प्रकार आमतौर पर दो सौ के क़रीब लोगों के निरीक्षण के आधार पर मैं बात कर रहा हूँ...

मेरा रिश्ते में एक गॅजेटेड अफ़सर है। उसने पाठशाला–महाविद्यालय के पाठ्यक्रमों में जितना कथा–साहित्य पढ़ा बस उतना ही। मेरे पास दस–बारह लेखक–लेखिकाओं का हिसाब है। एक लेखक–मित्र है उसकी पत्नी भी लिखती है। अतः दोनों अच्छे पाठक हैं। एक कवयित्री मित्र है उसका पति मैनेजर है। अब अच्छा पाठक है। बाक़ी बचे हुए लेखकों की बीबियाँ पढ़ती नहीं। मेरे मित्रों में तीन असली अमीर हैं। अर्थात् कार, बंगला, विदेश यात्रा, जैसे अमीरी लक्षणों से ज़्यादा अमीर हैं। उनमें से एक परिवार पढ़ाकू है। वह अँग्रेज़ी उपन्यास पढ़ता है। दूसरे परिवार में इंटीरिअर डेकोरेशन, गार्डनिंग, रेसिपीज, ओशो जैसी किताबें ख़रीदकर पढ़ी जाती हैं। तीसरा परिवार कुछ नहीं पढ़ता। उसके पास अख़बार पढ़ने की भी फुर्सत नहीं है। उनका कपड़ों का कारोबार है। मेरे पहचान के एक सेवानिवृत्त इरिगेशन इंजीनियर निजी वाचनालय के सदस्य हैं, यह पूछने पर कि आजकल क्या पढ़ रहे है? उनका जवाब होता है, 'आपसे कहने योग्य नहीं।' मेरे पहचान के चार परिवार ऐसे ग्रन्थालय के सदस्य हैं। पढ़ने के बारे में वे स्वयं कुछ नहीं बताते। यह अच्छा नहीं है कि पुस्तकों के बारे में यूँ ही बात न हो। मेरे एक मित्र की बुज़ुर्ग बीवी दोपहर में बोर हो जाती है। मैंने उसे पढ़ने के लिए एक उपन्यास दे दिया। एक वर्ष बीत जाने पर भी उसने उसे नहीं पढ़ा। मैंने पूछा तो कहा, 'नहीं होता।' फिर कहा, 'मेरे पिताजी पढ़ने के शौक़ीन थे।' स्पष्ट है कि पढ़ने का संस्कार पिता से बेटी की ओर नहीं आया। पढ़ना व्यक्ति का अपना ही शौक़ होता है। मेरा एक युवा मित्र है। गणित का लेक्चरर, उसने एक बार मुझसे कहा, 'आपकी पुस्तकों का अँग्रेज़ी में अनुवाद कीजिये।' मैंने कहा, 'अनुवाद करूँगा लेकिन मेरी एक शर्त है'। उसने कहा 'बताइए, मैं सारी सहायता करूँगा।' मैंने कहा, 'शर्त यह है, कि तुम अपनी सास को पुस्तकें पढ़ने के लिए कहोगे।' उसकी शादी हाल ही में हुई थी। मेरे व्यंग्य की उसे आदत थी। वह हँस पड़ा। जोर–जोर से हँसते हुए उसने कहा, 'यह सम्भव नहीं।' कोई युवा किसी बुज़ुर्ग से नहीं कह सकता कि पुस्तक पढ़िए।

पुणे आकाशवाणी से फ़ोनगीत का एक कार्यक्रम होता है, 'हैलो फर्माइश'। उसमें कई बार संवाद होता है। श्रोता कहता है, 'मुझे यह गाना सुनना है।'

कार्यक्रम निवेदिका कहती है, 'सुनेंगे, अपने बारे में बताइए। आपका शौक़ क्या है?' श्रोता कहता है, 'पढ़ने का शौक़ है।' 'क्या पढ़ते है?' 'ऐसे ठीक से तो नहीं कह सकता।' श्रोता को ढर्रे पर जाते हुए निवेदिका कहती है, 'पढ़ने का शौक़ है।' श्रोता को सँभालते हुए निवेदिका कहती है, 'पढ़ना जारी रखिए। पढ़ने से ज़िन्दगी ख़ुशहाल हो जाती है।' और गाना सुनाती है। श्रावण में शहरों-गाँवों में चौराहों पर सत्यनारायण की सार्वजनिक पूजाएँ होती हैं। ब्राह्मण पोथी का पाठ करता है स्पीकर लगाकर। लेकिन पोथी कोई नहीं सुनता। आजकल लांड्रीवालों, सब्ज़ीवालो, रिक्शावालों, ठेलेवालों तक अख़बार पहुँच गया है।

एक ज़माना था जब फड़के-खाण्डेकर-साने गुरुजी का कथा-साहित्य पढ़ा जाता था, ऐसा कहा जाता है। यह बात शहर और ब्राह्मण परिवार तक सीमित थी। आज फड़के-खाण्डेकर नहीं पढ़े जाते। साने गुरुजी की 'श्यामकी आई' के संस्करण निकलते रहते हैं। प्रतिवर्ष कथा-साहित्य की दो-एक किताबें, लेखकों, समाचार-पत्रों और पाठकों के बीच चर्चा का विषय बन जाती हैं। स्वाधीनता प्राप्ति के बाद विविध समाज-घटकों में कथा-साहित्य लिखा जाने लगा। परिवर्तनवादी साहित्य आया। दलित साहित्य आया। बहसें हुईं, सेमिनार सम्पन्न हुए। समीक्षाग्रन्थ लिखे गये। कथा-साहित्य के इतिहास की पुस्तकों में महत्त्वपूर्ण कथात्म पुस्तकों को अधोरेखित किया गया। फिर भी ऐसी कोई सार्वजनिक सूची नहीं बन पायी कि जो कहे कि अमुक पुस्तकों को समाज के हर साक्षर को पढ़ना ही चाहिए।

फिर भी प्रकाशन व्यवसाय चल रहा है। कथा-साहित्य की पुस्तकें प्रकाशित हो रही हैं। ऐसा नहीं है कि कथा-साहित्य के पाठक हैं ही नहीं। कौन हैं ये पाठक? जो लेखक हैं और लिखना चाहते हैं, बौद्धिक क्षेत्र से सम्बद्ध हैं, अन्य कला-विधाओं से जुड़े हुए हैं, शिक्षा-क्षेत्र और सामाजिक आन्दोलन में काम कर रहे हैं, जिनको यह अहसास है कि उन्हें कथा-साहित्य पढ़ने की ज़रूरत है, किसी भी क्षेत्र में नौकरी, व्यवसाय करने वाले हैं, युवा, प्रौढ़, वृद्ध...सब कथा-साहित्य के नियमित और गम्भीर पाठक हैं। ऐसे पाठक महाराष्ट्र के कोने-कोने में हैं। और उनकी तादाद लक्षणीय है। और बढ़ती जा रही है। कथा-साहित्य के रूप, संरचना, कारीगरी, सौन्दर्य-मूल्य, कला-मूल्य, कथन-प्रणाली, निवेदक का स्थान और स्वरूप, वर्णनों

का स्थान और स्वरूप, मनुष्य की आधिभौतिक समस्याओं का स्थान और स्वरूप आदि के बारे में मराठी में सैद्धान्तिक चर्चा अपेक्षाकृत न होने के कारण इन पाठकों की पढ़ने की संस्कृति, कोई साहित्य प्रगतिशील है या प्रतिगामी है इस विचार तक ही महदूद रह जाती है। इन पाठकों की, पढ़ने की संस्कृति सारे समाज में उतरती नहीं। महाराष्ट्र में इस समस्या को कभी गम्भीर चर्चा या चिन्तन के स्तर पर उठाया नहीं गया। पढ़ने के विषय पर कथा-साहित्य की रचना नहीं हुई है। निबन्ध और ग्रन्थ भी पर्याप्त मात्रा में नहीं लिखे गये। कभी-कभार अख़बारों में लेख आते हैं। सम्भवत: यही अवस्था भारतीय उपखण्ड में है।

भारतीय समाज परिवारों से बना है। परिवारिकता को परिवार के घटकों को एक-दूसरे से जोड़कर रखने की भावना को पोसना यही बड़ी ज़रूरत होती है। दूसरी ज़रूरत आर्थिक है। राजनीतिक स्वतन्त्रता के बाद समाज की आर्थिक दशा को सुधारने का मुद्दा समाज और शासन के सामने अहम था। शिक्षा को इसी दृष्टि से देखा गया।

शिक्षा किसलिए? तो नौकरी पाने या व्यवसाय करने के लिए। शिक्षा आर्थिक आय का साधन बन गया। इससे प्रौद्योगिकी को प्रधानता मिल गयी। प्रौद्योगिकी का बढ़ना प्रगति है। राष्ट्रीय विकास का यही समीकरण बन गया। इंजीनियर, डाक्टर बनने की आकांक्षा आम हो गयी। अब आयटी वाला और मैनेजर बनना। आजतक किसी सभ्यता ने ऐसी व्यवस्था की खोज नहीं की है कि कथा-साहित्य के पढ़ने पर आर्थिक लाभ होगा। परिवार की अन्य ज़रूरतें हैं। धार्मिक विधियाँ, त्योहार, उत्सव, समारोह और मनोरंजन। मनोरंजन के लिए गाने सुनना, गाना, टीवी देखना, सिनेमा-नाटक जाना, रिश्तेदारों या साथी, सहेलियों के साथ पार्टी करना, आजकल ख़रीदारी याने शापिंग, होटलिंग जैसे विषय पहले आते हैं। उसके बाद आती है किताब, गल्प। परिवार का सदस्य मनोरंजन, दिल बहलाने के लिए कथा-साहित्य पढ़ता है। संजीदा होने पर पारिवारिक समस्याओं का साहित्य पड़ता है। अभिजात साहित्य की ओर नहीं मुड़ता।

सारांश, मराठी साहित्य पाठकों के समक्ष प्रस्तुत हो इसलिए महाराष्ट्र में पूरे वर्ष में विविध उपक्रम चलते हैं। महाराष्ट्र में छोटे गाँवों में भी पुस्तक विमोचन समारोह होते हैं। प्रकाशन संस्थान साहित्यिक बातचीत जैसे कार्यक्रम करते हैं। मजिस्टक बातचीत विख्यात है। राजहंस प्रकाशन भी

ऐसे कार्यक्रम करता है। साहित्य अकादेमी, मीट द आथर, कथासन्धि जैसे उपक्रम करती है। पूरे वर्ष संगोष्ठियाँ होती रहती हैं। स्वर्गीय साहित्यकारों की स्मृति और उनके साहित्य पर व्याख्यान होते हैं। महाविद्यालयों में साहित्य मण्डल होते हैं। पॉपुलर प्रकाशन ने दो वर्ष पहले मराठी उपन्यास के पाठकों की एक कक्षा ली थी। पाठकों के निजी क्लब हैं। नागपुर का माग्रस क्लब बरसों से चल रहा है। पुस्तकों की प्रदर्शनियाँ होती हैं। दीवाली में महाराष्ट्र में दीपावली विशेषांक प्रकाशित होते हैं। पिछले चालीस-बयालीस वर्षों से 'ललित' पत्रिका चल रही है। 'ग्रन्थपरिवार' है। और भी महाराष्ट्र के साहित्य सम्मेलन तो पूरे भारत में विख्यात है। उसके अलावा गाँवों में कई सम्मेलन होते हैं। इसके बावजूद आम साक्षर आदमी को प्रेरणा नहीं होती कि अकेले में पुस्तक पढ़े।

और भी कई उपक्रम सुझाये जा सकते हैं। घर में पढ़ने के लिए जगह नहीं होती। विस्तृत, आतिथ्यशील, आनन्दप्रद, वाचनालय होने चाहिए। भारत में अमीरों की तादाद बढ़ रही है। वे ऐसे वाचनालय बनवा सकते हैं। मराठी पुस्तकों की विस्तृत आनन्दप्रद दुकानें बनायी जा सकती हैं। इधर पुणे, मुम्बई में अँग्रेज़ी पुस्तकों की ऐसी विस्तृत आनन्दप्रद दुकानें बड़ी मात्रा में दिखायी देने लगी हैं। पुणे में मराठी पुस्तकों की 'पाथफाइंडर' नामक बढ़िया दुकान है। फ़िल्म एप्रिसिएशन की कक्षाएँ चलती हैं। उसी तरह कथा-साहित्य के रसग्रहण की कक्षाएँ विश्वविद्यालयों, महाविद्यालयों, साहित्य-संस्थानों में चलनी चाहिए। प्रमाणपत्र भी दिये जायें और उसे नौकरी के लिए स्वीकृत किया जाय। जैसे क्रीड़ा के स्वीकार किये जाते हैं। विभिन्न डिपार्टमेंट की परीक्षाएँ होती हैं। उनमें कथा-साहित्य को स्थान मिले। समाचार-पत्र और इलेक्ट्रॉनिक मीडिया नये-पुराने कथा-साहित्य की विस्तृत समीक्षाएँ प्रकाशित करें। विभिन्न दृष्टियों से बार-बार समीक्षा प्रकाशित हो। ऐसा नहीं कि किसी पुस्तक पर एक बार समीक्षा आ गयी तो बस। ग्रन्थप्रदर्शनियों की प्रस्तुति और भी बेहतर और सुन्दर हो। राजनीतिक दलों को चाहिए कि वे अपने कार्यकर्ताओं को पुस्तकें और कथा-साहित्य पढ़ने के लिए प्रेरित करें। रा.स्व. संघ जैसा सांस्कृतिक संगठन स्वयंसेवकों को कथा-साहित्य पढ़ने की उत्तेजना पैदा करे। जो स्वयं प्रेरणा से कथा-साहित्य पढ़ रहा है उसे दूसरों को पुस्तकों के बारे में अवश्य बताना चाहिए। आजकल बाज़ार में दो पैंटपीस पर एक सूटकेस

फ्री या चार साबुन की टिकियों पर एक बालपेन फ्री दिया जाता है, उसी तरह किसी वस्तु के ख़रीदने पर कोई उपन्यास फ्री ऐसा होना चाहिए। महिलाओं की किटी पार्टी चलती है वहाँ पाठ हो।

भविष्य में ऐसी योजनाएँ चलेंगी कि रामदास स्वामी के दासबोध ग्रन्थ में एक अध्याय की पंक्ति है, 'प्रसंगी अखंडित वाचीत जावे' अर्थात् यथासमय निरन्तर पढ़ना चाहिए। क़रीब चार सौ वर्ष पहले की पंक्ति है। इन चार सौ वर्षों में पाठ संस्कृति का पूरा विकास होना चाहिए था। रामदास स्वामी सतारा ज़िले में सज्जनगढ़ पर रहते थे। निरन्तर पाठ की प्रणाली सतारा ज़िले में, सतारा में तो भी चलनी चाहिए थी। पुणे ज़िले में देहू गाँव में तुकाराम महाराज रहते थे। मराठवाड़ा में पैठण गाँव में सन्त एकनाथजी का निवास था। महाराष्ट्र के कोने-कोने में सन्त पैदा हुए। सन्तों के वचन महाराष्ट्रियों की जबान पर रहते हैं। पाठसंस्कृति निर्माण हुई ? महाराष्ट्र सौ प्रतिशत साक्षर हो गया ? रामदास स्वामी, तुकाराम महाराज के बाद क़रीब ढाई सौ वर्ष पश्चात म. जोतिबा फुले ने लिखा : 'अँग्रेज़ बहादुर के राज्य के प्रताप से अज्ञानी शूद्रादि अतिशूद्र को थोड़ा-थोड़ा पढ़ना-लिखना आने लगा।' डॉ. बाबासाहेब अम्बेडकर के ग्रन्थ-प्रेम, पाठ और अध्ययन की जानकारी पूरे भारत को है। फिर भी महाराष्ट्र में पाठ-संस्कृति विकसित नहीं हुई, न सौ प्रतिशत साक्षरता आयी।

९ सितंबर २००६ के 'लोकसत्ता' पत्र में एक चिट्ठी 'लोकमानस' स्तम्भ में प्रकाशित हुई है। उसका कुछ अंश इस प्रकार है : "मराठी पुस्तकें बिकती नहीं। मराठी की कथा, उपन्यास, जीवनी, आत्मकथा, ललित, काव्य, नाटक आदि साहित्य धूल चाटता रहता है। इसलिए मराठी रचनाकार अँग्रेज़ी भाषा के रचनाकारों की तरह मालामाल नहीं हुए हैं। हैरी पॉटर की तरह उनका साहित्य लोकाभिमुख या दृश्यरूप नहीं होने वाला। इसका बुनियादी कारण है मराठी में पाठक का न होना। इसलिए बाज़ार में बिक्री नहीं। पुरस्कार प्राप्त पुस्तकें भी भारी मात्रा में नहीं बिकतीं। कारण मराठी पाठक उदासीन है। अतः मराठी साहित्य विफलताग्रस्त।"

२००६ में यह हाल है।

करें तो क्या करें ?

स्पष्ट है कि पाठक-संस्कृति को कायम करने के जो भी उपाय महाराष्ट्र

में हो रहे हैं वे पर्याप्त नहीं हैं। इस सन्दर्भ में पाठ–प्रक्रिया का मुआयना करना चाहिए।

अक्षर एक चिह्न है। 'रो' अक्षर एक चिह्न है। 'टी' अक्षर एक चिह्न है। दो या अधिक अक्षर साथ में आने से शब्द बनता है। जैसे 'रोटी' शब्द एक चिह्न है। 'भाकरी' शब्दचिह्न पढ़कर रोटी नाम की चीज़ पाठक मन में समझ जाता है।

आम मराठी आदमी को शायद आम भारतीय आदमी को भी देखने–सुनने की आदत ज़्यादा है। बुनियादी सवाल है कि क्या अमूर्त बातों को समझने में मुश्किल आ जाती है? कथात्म साहित्य में अमूर्त बातें तो होती ही हैं। फिर से पाठ–प्रक्रिया की तरफ़ आते हैं।

वाक्य अनेक शब्दों से बनता है। हर एक शब्द का अर्थ जानकर फिर वाक्य के सभी शब्दों का मिलकर एक ही अर्थ समझा जाता है। फिर दूसरा वाक्य पढ़ा जाता है। दूसरे वाक्य का अर्थ किया जाता है। तब उसी समय पहले और दूसरे वाक्य का एकत्रित अर्थ किया जाता है। फिर तीसरा वाक्य, चौथा वाक्य, पाँचवाँ वाक्य...पूर्ण अनुच्छेद पढ़ा जाता है और पहले और अन्तिम वाक्य का एक ही अर्थ किया जाता है। इस प्रक्रिया में बुद्धि का प्रयोग होता है।

सुनने की प्रक्रिया में औसत अर्थ निकाला जाता है। पाठ–प्रक्रिया में पूरा अर्थ करना होता है। पाठ–प्रक्रिया में बुद्धि के प्रयोग के साथ बुद्धि की यात्रा भी होती है और समझने के लिए मन का खुलापन भी चाहिए होता है। धर्मग्रन्थ पढ़ने में बुद्धि का प्रयोग, बुद्धि की यात्रा, मन का खुलापन जैसी शक्तियों की मात्रा कम होती है। धर्मग्रन्थ के पाठ की प्रेरणा श्रद्धा होती है। प्रौद्योगिकी के ग्रन्थ पढ़ने में बुद्धि ज़्यादा लगती है। लेकिन मन की यात्रा एक ही दिशा में होती है। एक ही विषय को समझना होता है। अतः मन के खुलेपन की दिशा भी एक ही होती है। मनोरंजनात्मक साहित्य के पाठ में उपर्युक्त शक्तियाँ मानो प्रतिक्षिप्त क्रिया की तरह काम करती हैं। कारण, मनोरंजनात्मक कथा–साहित्य में विषयवस्तु, आशय, रूप, भाषा, नाट्य, तन्त्र, कथन–प्रणाली आदि परिचित होते हैं।

कालजयी कथा–साहित्य में विषयवस्तु, अन्तर्वस्तु, रूप, तन्त्र, नाट्य आदि पूर्णतः नवीन तथा अपरिचित होने से बुद्धि को प्रयोगाधिक मात्रा में करना

पड़ता है। अभिजात कथा-साहित्य में विविध विषय होते हैं। दुनिया में जो कुछ है वह सब हो सकता है। अत: बुद्धि की मात्रा विश्वात्मक होती है। अत: मन का खुलापन तो बेहद ज़रूरी होता है।

आम आदमी प्राय: कालजयी शब्द को नहीं जानता। कालजयी के बदले वह कहता है दिमाग़ को परेशान करने वाली किताब! क्या आम आदमी बौद्धिक रूप से आलसी होता है? आम आदमी को बौद्धिक यात्रा से तकलीफ़ होती है? क्या आम आदमी मन का खुलापन नहीं चाहता? मेरे मन में ऐसे संगीन सवाल उभरते हैं। कालजयी गल्प के बारे में एक मुद्दा प्रस्तुत करना है। कालजयी साहित्य में सामान्य परिचित दृश्यों, जैसे सूर्यास्त, मनुष्य की क़दकाठी, या मनुष्य की कोई दशा...या स्थान का पाँच-पाँच पृष्ठों, दो सौ पंक्तियों या एक हज़ार शब्दों तक का, हो सकता है। ऐसे वर्णनों, कथन-प्रणालियों से भाषा का आनन्द मिल जाता है। आम आदमी, अन्नसेवन, पोशाक, चीज़ों के इस्तेमाल का आनन्द जानता है। क्या वह भाषा का आनन्द नहीं जानता? अँग्रेज़ी गल्प के पाठ में डूबा पाठक मातृभाषा के आनन्द को नहीं जानता?

धर्मग्रन्थ पढ़ने की प्रेरणा है श्रद्धा। प्रौद्योगिकी पुस्तकें पढ़ने की प्रेरणा है उपयोगिता। कालजयी कथा-साहित्य की प्रेरणा है अस्तित्व का कुतूहल। किसी भी आम आदमी को ज़िन्दगी में कभी न कभी सकारण या अकारण धर्मग्रन्थ, दर्शन के पढ़े जाने के परे अस्तित्व का कुतूहल होता है, प्रश्न होता है। क्या आम आदमी इस कुतूहल और प्रश्न को रोक रखता है?

आम आदमी का ज्ञान का मतलब होता है—१. जो पैसा देता है, जीने के काम आता है। २. जो धर्म-ग्रन्थ में होता है। अर्थात् आध्यात्मिक ज्ञान को लेकर यही उसकी सोच है। इधर प्रकृति का ज्ञान अर्थात् विज्ञान के ज्ञान को वह स्वीकार कर रहा है। क्या वह नहीं जानता कि कालजयी का भी ज्ञान होता है और वह कालजयी कथा-साहित्य ही दे सकता है। अँग्रेज़ी कथा-साहित्य पढ़ने वाले को क्या पता नहीं है कि मराठी कथा-साहित्य यह ज्ञान दे सकता है? कालजयी कथा-साहित्य को अकेले में सोचते हुए पढ़ने जैसा दूसरा आनन्द नहीं है। मराठी और भारतीय समाज का एकान्त का मूल्य खो गया है। क्या आम आदमी एकान्त से डरता है?

यह भी एक संगीन सवाल है। गणित के अध्ययन के लिए बुद्धि की रुचि

होती है। शल्यचिकित्सक के लिए बुद्धि की अनुकूल रुचि चाहिए। कथा-साहित्य लिखने के लिए बुद्धि का वैसा अनुकूल रुझान चाहिए। क्या ऐसा है कि कथा-साहित्य को पढ़ने के लिए भी बुद्धि का वैसा रुझान चाहिए?... मुझे यह सवाल सूझ रहा है।

हमारी संस्कृति की यह तत्काल ज़रूरत है कि हम अपने आम पाठक की बौद्धिक मानसिक दशा, अपने अँग्रेज़ी पाठक के व्यक्तित्व की बुनावट और पाठ-प्रक्रिया का अनुसन्धान करें और उपायों की खोज करें। अपनी समस्याओं का अनुसन्धान हमें ही करना होगा। अपनी समस्याओं का हम ही अनुसन्धान करें, इसी का नाम स्वाधीनता है। संस्कृति की ताक़त प्रतिभावान् और आम आदमी की बौद्धिकता के रेज़ोनन्स पर निर्भर करती है।

अब मैं अन्तिम मुद्दा प्रस्तुत करता हूँ।

एक रचनाकार की हैसियत से पिछले पाँच-सात वर्षों से मेरे मन में एक प्रश्न उठ रहा है। क्या मेरा लेखन ऐसा है कि किसी पाठक ने पढ़ने के लिए लिया और उसने इतना बाँध रखा कि उसे पूरा पढ़ा बग़ैर वह नहीं रह सकता? क्या मेरे लेखन में ऐसा कुछ है कि जो किसी उदासीन साक्षर को भी चार पंक्तियाँ ग़लती से पढ़ जाने पर पूरी पुस्तक पढ़ने की प्रक्रिया में खींच ले जायगा?

अब मैं इस प्रश्न को समूचे मराठी कथा-साहित्य के सन्दर्भ में उपस्थित करता हूँ।

क्या मराठी कथा-साहित्य में पठनीयता है? मराठी कथा-साहित्य पाठक को भाषा का आनन्द देता है या नहीं? क्या मराठी रचनाकार सूर्यास्त जैसी आम रोज़मर्रा की घटना का या किसी पात्र की क़दकाठी का, पाठक को आनन्द देने वाला वर्णन पाँच पन्नों, दो सौ पंक्तियों या हज़ार शब्दों तक कर सकता है? रूपात्मक कथन-प्रणाली जैसे कथा-साहित्य के तत्त्वों के पाठक को आकर्षित करने वाले नये भेद मराठी कथा-साहित्य में कितने होते हैं? इतिहास, भूगोल, अर्थविज्ञान, दर्शन आदि विविध ज्ञात ज्ञानशाखाओं के अस्तित्व के सन्दर्भ में विचार, विवेचन मराठी कथा-साहित्य में कितना होता है? मराठी कथा-साहित्य में अपरिचित का कुतूहल जगाने-बढ़ाने वाला कितना होता है? मराठी कथा-साहित्य पाठक को ज्ञानात्मक कुछ देता है या नहीं? नयी अवधारणाएँ, नये प्रयोग, नया भाष्य, कितना देता

है? जीवन के बारे में कितना देता है? बुद्धि के प्रयोग और यात्रा के लिए, मन के खुलेपन के लिए क्या प्रेरणा देता है? मराठी कथा-साहित्य में पाठक को चकित कर देने वाला अद्‌भुत कितना होता है? रचनाकार चाहे किसी भी विचारधारा के तहत लिखे, मासेस के लिए लिखे या क्लासेस के लिए लिखे, स्वान्तः सुखाय लिखे, हर पाठक को कुछ न कुछ मिले इतना अपरम्पार उसके लेखन में होता है या नहीं?

पाठक और कथा-साहित्य को लेकर उठाये प्रश्नों के उत्तर एक वाक्य में भी दिये जा सकते है। मराठी पाठक में कमी है। मराठी कथा-साहित्य में भी कमी है। अन्य भारतीय भाषाओं के बारे में भी यह सच होगा। मराठी कथा-साहित्य के बौनेपन की चर्चा मराठी सारस्वत बार-बार करते हैं। स्वातन्त्र्योत्तर काल में मराठी कथा-साहित्य बड़े पैमाने पर लिखा जा रहा है। नये प्रश्न, नये सिरे से प्रश्न, अब तक दुर्लक्षित लोग, दुर्लक्षित समस्याएँ, नये विषयों से मराठी कथा-साहित्य भर आया है। मैं आवाहन करता हूँ कि आम पाठकों और अँग्रेज़ी कथा-साहित्य में डूबे पाठकों को इसे ज़रूर पढ़ना चाहिए। विद्वानों, अध्ययनकर्ताओं, सर्जनशील रचनाकारों और आम आदमी को भी कथा-साहित्य की श्रेष्ठता के लक्षणों पर निरन्तर बहस जारी रखनी चाहिए और दर्शन के स्तर पर भी जारी रखनी चाहिए। यूँ तो हर क्षेत्र के श्रेष्ठत्व के लक्षणों पर निरन्तर बहस ज़रूरी है। मनुष्य की कितनी भी बदहाली हो, श्रेष्ठत्व क्या होता है इसे वह जानना चाहता है क्योंकि वह जीवन का गुणधर्म है। है ना?

(२००७)

साहित्यिक गतिविधियाँ : तीस प्रश्न

महाराष्ट्र के साहित्य क्षेत्र पर नज़र डालने पर दिखायी देता है कि साहित्य क्षेत्र और आम नागरिक के बीच कोई सम्बन्ध ही बचा नहीं है। साहित्य नागरिकों की आवश्यकता नहीं रही है। किसी पुस्तक के बारे में बेहद उत्सुकता, उसे ख़रीदना, आतुरता से पढ़ना, पुस्तकों से होश खो बैठना जैसे दृश्य विरल हो गये हैं। बीस पच्चीस वर्ष पहले क़रीब-क़रीब हर मध्यवर्गीय परिवार किसी न किसी ग्रन्थालय का सदस्य हुआ करता था। पुस्तकें बाकायदा बदली जाती थीं, पढ़ी जाती थीं। अब बड़े शहरों में भी ग्रन्थालयों की तादाद कम हो गयी है। साहित्यकार को सिर्फ़ साहित्य क्षेत्र के लोग ही जानते हैं। आम नागरिक तक बहुत कम नाम पहुँचते हैं।

इसके क्या कारण होंगे? इसमें दोष किसका है? आम नागरिकों का या साहित्य क्षेत्र से सम्बन्धित लेखकों, प्रकाशकों, विक्रेताओं का? क्या लेखक ऐसा नहीं लिख रहे हैं कि जिससे नागरिकों का ध्यान उनकी तरफ़ खींचा जाय और वे उनको आकर्षित करें या फिर नागरिकों के ही वरीयता क्रम में परिवर्तन आया है? उनकी जीवन शैली बदल गयी है? क्या उनकी साहित्य-विमुखता का कारण यह तो नहीं है कि उनका रुझान सस्ते, आसान मनोरंजन करने वाले, ग्लैमर, चमक-दमक वाले, दिमाग़ को कम परेशान करने वाले 'टाइम पास' कार्यक्रमों की तरफ़ ज़्यादा बढ़ा हुआ है? या फिर प्रकाशक बेहतर पुस्तकों से पाठकों की संवेदनाओं को समृद्ध

करने के स्थान पर खपाऊ और बिकाऊ 'माल' का उत्पाद नागरिकों के माथे पर थोप रहे हैं? या फिर दोयम-तियम दर्जे के लेखक, कवि अपने ही पैसों से, शौक़ की खातिर उसी श्रेणी की पुस्तकें लिखकर, छापकर पाठकों में साहित्य के बारे में घिन पैदा कर रहे हैं? हक़ीक़त क्या है? इन सब का इलाज क्या है? यह गतिरोध कैसे टूटेगा?

महाराष्ट्र की साहित्यिक गतिविधियों के बारे में एक साथ ही कान उमेठने वाले, आँखों में अंजन डालने वाले और अन्तर्मुख होकर सोचने के लिए विवश करने वाले बराबर तीस प्रश्न यहाँ प्रस्तुत किये जा रहे हैं। उन पर कुछ ठोस उपाय भी सुझाये जा रहे हैं। महाराष्ट्र की साहित्यिक गतिविधियों पर मैं कुछ प्रश्न उपस्थित कर रहा हूँ :

१. साहित्यिक ग़पशप, चर्चा, भाषण, परिसंवाद, संगोष्ठी, उपन्यास का पाठ, कथाकथन, काव्यपाठ, नाट्यपाठ, नाट्य प्रतियोगिताएँ, साहित्य सम्मेलन जैसे कई उपक्रम महाराष्ट्र में बरसों से चल रहे हैं। क्या कभी ऐसा पाठक दिखायी दिया जिसे पुस्तक पढ़ने की तालाबेली लगी हों?

२. साहित्य नागरिकों ज़रूरत कहाँ तक हैं?

३. ग्रन्थालय कितने हैं? मॉल, मल्टीप्लेक्स, होटल, कपड़ों की दुकानें जैसी पॉश हैं क्या ग्रन्थालय भी पॉश हैं? क्यों न हों?

४. साहित्य की कितनी दुकानें हैं? पॉश हैं? क्यों न हों?

५. पुस्तकों का निर्माण कहाँ तक ठीक है?

६. प्रकाशन प्रबन्ध कैसा है? प्रकाशन प्रबन्ध की जानकारी सभ्यता में स्पष्ट है? खुली है? कितनी खुली है?

७. सम्पादक कितने जानकार हैं?

८. साक्षर नागरिक को देखकर निरक्षर नागरिक को ऐसा क्यों नहीं लगता कि वह साक्षर बने? साक्षर स्वयं होकर क्यों नहीं चाहता कि वह पढ़े?

९. कोई व्यक्ति पाठक है तो क्या परिवार के अन्य सदस्यों को पढ़ी हुई पुस्तक के बारे में, पढ़ने के बारे में बताता है? पारिवारिक प्रबन्ध में पढ़ने

की संस्कृति कहाँ तक आती है?

१०. राजकीय नेता बार-बार भाषण देते हैं। साहित्य सम्मेलनों में अहम भूमिका निभाते हैं। क्या उनके अन्य भाषणों में कथात्म साहित्य से कुछ उद्बोधित किया जाता है? इनके उत्तरों का मतलब क्या होता है?

११. पुराने गीत गाये-सुने जाते हैं। पुराने भावगीत गाये-सुने जाते हैं। क्या पुराने उपन्यास, कहानियाँ, कविताएँ आदि साहित्य पढ़ा जाता है? पुराने नाटक क्या बार-बार मंचित होते हैं? साहित्य की परम्परा क्यों नहीं बनती? महाराष्ट्रीय क्या दरअसल नये के ही चहेते हैं?

१२. टीवी पर, समाचार-पत्रों में पुराने साहित्य पर क्या कुछ आता है? पुराने साहित्य की क्या आलोचना होती है?

१३. क्या साहित्यिक अपने रोज़मर्रा के जीवन में समाज, परिवार, सम्बन्धियों के बीच साहित्यिक बनकर घूम-फिर सकता है? साहित्यिकों के मतों का समाज, परिवार और सम्बन्धियों पर कितना असर होता है?

१४. पूर्ण समय देकर लिखने वाले लेखक कितने हैं? क्या भारत के आर्थिक महासत्ता बन जाने के बाद ही सही पूर्ण समय देने वाले लेखक पैदा होंगे?

१५. इंजीनियर के साथ शादी, डाक्टर के साथ शादी, राजनीतिक कार्यकर्ता के साथ शादी, अभिनेता के साथ शादी, निर्देशक के साथ शादी...इस तरह की अवधारणाएँ हैं समाज में। लेखक के साथ शादी, कवि के साथ शादी...क्या इस तरह की अवधारणाएँ हैं?

१६. तीन प्रकार के आलोचक होते हैं। एक पुस्तकों के, नाटकों के मंचन के परीक्षण करने वाले। दूसरे—लेखक-आलोचक। तीसरे मात्र आलोचक।

परीक्षण करने वालों की बहुत सीमाएँ होती हैं। लेखक का लेखन के रंग, रूप, विचारधारा आदि को लेकर नज़रिया काफ़ी हद तक बन चुका होता है। इसके आधार पर ही लेखक-आलोचक आलोचना का व्यवहार करता है। लेखक-आलोचक साहित्य का व्यक्तिगत इतिहास रचता है। ऐसा व्यक्तिगत इतिहास साहित्य की परम्परा और इतिहास रचने में सहायक हो सकता है।

तीसरा प्रकार : शुद्ध आलोचक। इस पर साहित्य की पूरी परम्परा और

इतिहास रचने का दायित्व होता है। शुद्ध आलोचक ही साहित्य की श्रेष्ठता की कसौटियों की जाँच करता है। सिद्धान्तों को परखता है, निर्माण करता है। यह वैयक्तिक इतिहास नहीं बताता तो सार्वकालीन सार्वत्रिक इतिहास रचता है और पूर्णरूप से सिद्ध करता है। मराठी में शुद्ध आलोचक कितने हैं?

१७. मराठी साहित्य में क्या कुछ ऐसा है या नहीं कि जिसकी तरफ़ पाठक आकर्षित हो, खिंचा चला आय, उसमें खो जाय?

१८. इधर माना जा रहा है कि इक्कीसवीं शती ज्ञान की शती है। क्या भारतीय समाज ज्ञानोन्मुख हुआ है? हो रहा है?

१९. ज्ञान का अर्थ क्या है? इस पर समाज में कुछ चर्चा हो रही है?

२०. विज्ञान, दर्शन, भाषा, चित्रकला, शिल्पकला, संगीत...आदि शास्त्रों और कलाओं में हो रही गतिविधियाँ क्या समाज में प्रसूत हो रही हैं? क्या प्रसूत होना आवश्यक नहीं है?

२१. क्या हमारे समाज की सभ्यता ज्ञान उत्पन्न करने, ज्ञानात्मक व्यवहार के लिए सहायकारी है या नहीं?

२२. क्या नागरिकों को भाषा का आनन्द चाहिए? क्या उन्हें मिलता है?

२३. राजनीतिक वक्ताओं की भाषा कहाँ तक ठीक होती है? क्या उससे भाषा का आनन्द मिलता है?

२४. अन्य वक्ताओं की भाषा कहाँ तक ठीक होती है? क्या उससे भाषा का आनन्द मिलता है?

२५. रोज़मर्रा के कामों के लिए लगने वाली भाषा कितनी मात्रा में सक्षम है? क्या वह आनन्द देने वाली है?

२६. नाटक मंचन और फ़िल्मों में सौन्दर्य-मूल्य कितना होता है?

२७. क्या पढ़ने की प्रक्रिया पर कुछ अनुसन्धान हुआ है? ज़रूरी है या नहीं?

२८. कुल मिलाकर समाज की अभिरुचि कैसी है? क्या अभिरुचि बनाने, बदलने की प्रक्रिया का अनुसन्धान हुआ है? क्या इस तरह का अनुसन्धान ज़रूरी है?

२९. भारतीय व्यक्ति कितना कल्पक और स्वयंस्फूर्त है?

३०. जान–बूझकर एक सवाल : क्या काम जीवन सम्बन्धों की भाषा बन गयी है?

> उपर्युक्त प्रश्नों के उत्तरों से महाराष्ट्र की साहित्यिक गतिविधियों की जो तस्वीर उभरेगी, जाहिर है कि वह पर्याप्त सन्तोषजनक नहीं होगी।
>
> भारतीय समाज के बारे में मैं अपने कुछ निरीक्षण यहाँ प्रस्तुत करता हूँ :

१. पिछले सौ–डेढ़ सौ वर्षों में भारतीय समाज के सामने प्रमुख प्रश्न दो तरह के हैं। (i) समाज सुधार, (ii) आर्थिक दशा में सुधार। इनके अलावा अन्य प्रश्नों को दोयम स्तर पर देखा जाता है। मराठी साहित्य भी इन दो प्रश्नों से सम्बन्धित है।

२. भारतीय नागरिक प्रौद्योगिकी के कौशलों को सहज पा सकता है लेकिन तर्कशास्त्रीय कौशल नहीं। इससे प्रौद्योगिकी के क्षेत्र में विकास हो रहा है, बौद्धिक क्षेत्र में विकास नहीं हो रहा है। बौद्धिक व्यवहार में गड़बड़ी है।

३. परिणामस्वरूप कर्मकाण्डों पर जोर।

४. परिणामस्वरूप टालमटोली।

५. एकान्त की आदत नहीं है। नहीं मानते कि एकान्त में भी काम करना ज़रूरी होता है।

६. अमूर्त चिन्तन की आदत नहीं।

७. सोच इस तरह की है कि अगर दूसरे सही बर्ताव करेंगे तो ही मैं सही बर्ताव कर सकूँगा।

८. प्रतिकूल माहौल का सामना करना मुश्किल हो जाता है।

९. समाज या व्यक्ति की अपनी कल्पना नहीं होती है।

स्थूल नमूना : इतने दिनोंतक अपना समाज पाश्चिमात्यों की तरफ़ देख रहा था अब चीन की तरफ़ देखता है। पहले कोंकण को कैलिफोर्निया

करने की बात थी अब मुम्बई को शांघाय करने की बात। नाटक, सिनेमा के बीज भी बाहर से लिए जाते हैं।

अब मैं कुछ उपाय सुझाना चाहता हूँ :

१. सृजन के क्षेत्र में जो काम कर रहे हैं उन्हें चाहिए कि यह बिलकुल नक़ल नहीं करेंगे।

२. खोज ही करनी है। इस चुनौती को स्वीकार करना होगा।

३. लिखने वाले दोस्तों के अपने-अपने गुट होते हैं। सृजनशीलों की छोटी-सी दुनिया होती है। इस छोटे से विश्व को चाहिए कि गॉसिप को जल्दी से ख़तम करें और भाषा, रंग, रूप के बारे में बहस कर हर एक को अपने लिए उनके मायने साफ़ कर लेने चाहिए। ख़ुद ही अधिक से अधिक शंकाएँ उपस्थित करें। उनके उत्तरों की खोज करें। टालमटोल न करें, कारणमीमांसा को बढ़ाएँ। जब कोई कल्पना या प्रयोग सूझता है तब उसके प्रति प्रेम उत्पन्न होता है। प्रेम का विस्तार होने दें। और सूझे हुए प्रयोग की विश्वसनीयता, श्रेणी की जाँच करें। श्रेणी जाँचने के निकष स्वयं ही निर्धारित करें। इन्हीं निकषों को श्रेष्ठ साहित्य कृतियों पर आजमाकर उनकी भी परीक्षा करें। यूँ तो यह सब अन्तर्मन में होता है। सर्जनशीलता के लिए अन्तर्मन का विश्लेषक और समझदार होना ज़रूरी है। सूझी हुई कल्पनाओं, प्रयोगों तथा उनसे सम्बन्धित सभ्यता के अंगों-विषयों की स्पष्टता करवा लेना, उनकी श्रेणी जाँचना, इसके लिए निकष बनाना, निकषों की परीक्षा करना कठोर बौद्धिक और भावनिक ऊभचूभ है जिससे अन्तर्मन विश्लेषक व समझदार हो सकता है। और फिर अन्तर्मन के विश्लेषण व समझदार होने की प्रक्रियाओं की खोज स्वयं ही करनी होती है।

४. खोज क्वचित ही होती है। उसके लिए कोशिश, उम्मीदवारी।

५. अन्त में एक व्यावहारिक और गम्भीर उपाय बताता हूँ। अपना लेखन, सृजन यदि किसी को पसन्द आय तो उसके साथ झगड़ा करें। देखें कि क्या इसके बावजूद फिर भी सृजन उसे पसन्द आता है? यह भी एक अच्छी परीक्षा है।

(२००८)

बेहतर पढ़ने की ओर...

और बाक़ी सब लोग जो संशोधन करना चाहते हैं अवश्य करें, मुझमें जो विचार आ रहे हैं वह इस प्रकार हैं :

जहाँ गाँव वहाँ सड़क, वहाँ राज्य परिवहन, वहाँ ग्राम पंचायत, वहाँ क्या चौड़ा, साफ़-सुथरा, सुन्दर, पुस्तकों से समृद्ध, मुक्त, दिन में अठारह घण्टे खुला पुस्तकालय नहीं चाहिए? चाहो तो पड़ोस में सस्ती चाय की छोटी-सी गुमटी हो। स्कूल से विश्वविद्यालय तक पढ़ाई होती है तो समानान्तर रूप से पुस्तकालयों में भी शिक्षा होती है। स्वयं होकर अध्ययन करने, समझ लेने की बातें होनी चाहिए। पान की दुकान वाले, टपरी वाले, छोटे दुकानदार, मज़दूर, युवा, महिलाएँ, किसान, राजनीति करने वाले, सबके सब नागरिक पुस्तकालय में आ रहे हैं, पाठक बन रहे हैं, ऐसी बातें होनी चाहिए।

ऐसी बातें होनी चाहिए कि महाराष्ट्र के अमीर लोग ग्रन्थालय निर्माण में आगे आ रहे हैं। पढ़ना मनुष्य की भूख, प्यास की तरह प्राकृतिक क्रिया नहीं है। पढ़ना कौशल का काम है और उसे कमाना पड़ता है। जैसे तैरना, ड्रायविंग करना, निराई करना आदि। किसी भी तरह का कौशल हो, उसे प्राप्त करने के लिए लगन, प्रौद्योगिकी की शिक्षा, ध्यान देना, बुद्धि का प्रयोग करना जैसे गुण ज़रूरी हैं। पढ़ने के कौशल का अनुसन्धान होना चाहिए। पढ़ने के कौशल पर कहानी, उपन्यास, कविता, नाटक भी लिखा जा सकता है। आदर्श पाठक कोई भी नहीं होता। इस तरह ज़िद पकड़ने में कोई मतलब नहीं कि पढ़ा हुआ शत-प्रतिशत एकसाथ ही समझ में आना चाहिए। जितना समझता है उतना समझकर पढ़ना जारी रखना चाहिए। कैसे

समझ में आता रहता है इस बात का भी अनुसन्धान किया जा सकता है, कहानी लिखी जा सकती है। पाठक होने का मतलब है अध्ययनशील होना। पढ़ने की क्रिया में हिस्सा लेने वाली और दो बातें होती हैं : (१) पाठ में पठनीयता का होना, (२) पाठ को समझा देने वाला कोई होना।

मराठी की सभी तरह की पुस्तकों में दरअसल कितनी पठनीयता होती है? क्या ऐसा होता है कि पाठक पढ़ने लगता है तो पढ़ता ही जाता है? समाचार-पत्रों के पाठ में कितनी पठनीयता होती है?

पठनीयता के तत्त्व क्या होते हैं?

क्या इसका अनुसन्धान होना आवश्यक नहीं?

इस पर भी कहानी बन सकती है।

पाठ की शैली होती है। शैली के अनुसार अर्थ आता है। शैली से अर्थ तक की प्रक्रिया को जो समझाता है वह है आलोचक। जो अर्थ निष्पन्न होता है उसका बड़प्पन भी आलोचक बताते हैं। बड़प्पन को निश्चित करना ज्ञानमीमांसा का काम है। आलोचक को दार्शनिक होना पड़ता है। ऐसे दार्शनिक आलोचकों के न होने पर पाठक अनाथ हो जाता है। लेखक अनुशासनहीन हो जाते हैं।

किसी भी समाज में बहुसंख्य नागरिक सेकण्ड क्लास होते हैं। इसलिए पाठक लेखक और आलोचक भी प्राय: सेकण्ड क्लास वाले बहुसंख्य होते हैं। इस विवशता पर दुख जताने की ज़रूरत नहीं।

सेकण्ड क्लास नागरिकों में बौद्धिक ऊर्जा कम और मानसिक ऊर्जा ज़्यादा होती है। इसलिए वे मौज, मेले, उत्सव टाइप काम करना चाहते हैं। मौज, मेले, उत्सव को आपत्ति क्यों हो ? नहीं होनी चाहिए। बुद्धिमान लोग सेकण्ड क्लास नागरिक की तरह बरतने लगते हैं, तब बौद्धिक क्षेत्र भ्रष्ट हो जाता है। फिर सेकण्ड क्लास नागरिकों में भी मनोवैज्ञानिक समस्याएँ उत्पन्न होती हैं। साहित्य बौद्धिक क्षेत्र है।

जो वास्तव में बुद्धिमान है और फर्स्ट क्लास वाले हैं उन्हें ऐसे समाज में जिम्मेदारी से बरतना पड़ता है। सेकण्ड क्लास वाले फर्स्ट क्लास वालों के साथ निकटता प्राप्त कर अपने लिए जगह बनाने की कोशिश करते हैं। फर्स्ट क्लास वाले गाफिल रहकर सेकण्ड क्लास वालों के साथ हिलमिल

गये तो भ्रष्टाचार अवश्य बढ़ जाता है। फर्स्ट क्लास वालों को चाहिए कि वे सेकण्ड क्लास वालों से दूर रहे। हम सबको एक साथ तो रहना ही है। असल बात तो यही है कि सबसे प्रेम होना चाहिए। इस बात को कृत्रिमता से आचरण में लाने पर हास्योत्पादक बन जाती है। इस बात का व्यक्तित्व का, जीने की प्राकृतिक प्रक्रिया का हिस्सा होना बेहद तपश्चर्या से ही सम्भव है। इस तरह की तपस्या करते रहे। उस एक हिस्से के रूप में फर्स्ट क्लासवालों को चाहिए कि सेकण्ड क्लास वालों को लगातार बताते रहें कि बड़ी रचना क्या होती है। सेकण्ड क्लास वालों को यह भी शास्त्रीय तरीक़े से स्पष्ट करते रहें कि अपने से बड़ी रचना का निर्माण नहीं होता है इसे स्वीकार करने में स्वतन्त्रता है। सेकण्ड क्लास वालों के साथ जीते हुए फर्स्ट क्लास वालों को चाहिए कि अपने एकान्त की हिफ़ाज़त करे, उसे बनाये रखें और फर्स्ट क्लास रचना करने की पीड़ा को स्वीकार करे। फर्स्ट क्लास वालों को इस बात को ध्यान में रखने की आवश्यकता है कि फर्स्ट क्लास वाला फर्स्ट क्लास वाला होता है न कि शत-प्रतिशत वाला। फर्स्ट क्लास वालों को चाहिए कि खोज करने की प्रेरणा से बेहद ईमानदार रहते हुए कठोरतापूर्वक सेल्फ असेसमेंट करते हुए सृजन करें। लोगों को नज़रअन्दाज़ करने से दुखी हो सकते हैं लेकिन शर्मिन्दा होने की कोई बात नहीं।

फर्स्ट क्लास वालों को और एक बात करनी चाहिए। चार फर्स्ट क्लास वाले एकसाथ तो आते ही हैं। उनका एक बेबी यूनिवर्स बने, लघु विश्वविद्यालय बने, और वे बड़ी रचना के लक्षण और उनकी साक्षात् निर्मिति में पैशनेटली खो जायें। ऐसे सात-आठ यंग स्कूल काफ़ी शान पैदा कर सकते हैं।

लेखकों और आलोचकों के ऐसे छोटे-छोटे विश्व तैयार तो होते हैं लेकिन लगता है कि टिकते नहीं हैं। इसका कारण है बड़ी रचना की खोज करने की पैशन से उनका ध्यान हटता है। और भी एक कारण सम्भव है, बड़ी रचना के लक्षणों के बारे में मुद्दे ही न सूझते हों। या फिर खोज करने की रीत ही न मिलती हो और फिर हम जो सोचते हैं वही सही है कहते हुए रचना करते रहते हैं। फिर एक गुट टूट जाता है। दूसरा बनाया जाता है। वह भी टूटता है। फिर तीसरा या फिर अपने ही गुट में एक-दूसरे की तारीफ़ करते रहना या उसकी राय अलग, मेरी राय अलग कहते रहना।

ऐसे ही जवानी गुज़र जाती है। रचना की पटरियाँ बन जाती हैं। रचना में सार्वकालीनता नहीं आती। लेखक ख़त्म हो जाता है—ख़त्म होता है मतलब देह से भी ख़त्म होता है। लेखक के सम्बन्धियों को आगे बढ़कर उसकी स्मृति को जगाना पड़ता है। लेखक के बारे में लिखा जाता है, बोला जाता है, उसमें बार-बार वही मुद्दे आते हैं, नया कुछ नहीं मिलता।

फर्स्ट क्लास वालों को चाहिए कि अन्यों के साथ फर्स्ट क्लास वाला होकर बरतें और जो बात सामने आये उसका मुक़ाबला करें। अपने आप को हरदम टेस्ट करते रहें। सिर्फ़ क़ानून के सामने नागरिक की तरह पेश आयें।

अब कुछ व्यावहारिक बातें :

कुछ प्रकाशक कॉन्ट्रैक्ट, रॉयल्टी को लेकर ढीले होते हैं। ऐसे भी उदाहरणों के बारे में बोला जाता है कि प्रकाशक लेखकों से रकम ऐंठते हैं। इसका क्या करें?

पुस्तकों के मुद्रण, वर्तनी, रचना आदि को लेकर सुधार के लिए काफ़ी गुंजाइश है। इस सब को कहानी में लिख सकता तो कितना मज़ा आता। कहानी में पात्र होते हैं और वे सही या ग़लत दोनों प्रकार से बर्ताव कर सकते हैं। कहानी के बाहर विचारों को व्यक्त करने में सही होने का टेंशन और दिखावा दोनों मज़ेदार होते हैं।

(२०११)

कविता को पढ़ने के तरीक़े

कविता को पढ़ने के कई तरीक़े होते हैं। एकाधिक कवियों की कविताएँ एक साथ सुनने को मिलती हैं। कभी-कभी एक ही कवि की कविताएँ सुनने का अवसर मिलता है। कवि से साक्षात्कार होता है तब उसकी अपनी और अन्य कवियों की कविताओं के अंश कवि उद्धृत करता है। 'कविता' विषय पर किसी पढ़ाकू का व्याख्यान होता है जिसमें वह कई कवियों की कविताएँ या उनका अंश उद्धृत करता है। कविता-संग्रह का विमोचन, कवि को प्राप्त पुरस्कार जैसे समारोहों में कविताएँ सुनने को मिलती है। अपने रिश्ते के या पहचान के कोई शौक़ से कविताएँ लिखते हैं, पढ़कर सुनाते हैं। कविता या साहित्य के ही सन्दर्भ में जो सार्वजनिक उपक्रम होते हैं उनके कर्मकाण्ड में न उलझने के लिए जान-बूझकर प्रयास करने पड़ते हैं।

समाज में कविता सुनी जाती है। हमारे यहाँ श्रोता-वृत्ति की पक्की परम्परा है।

हमारी सभ्यता में धार्मिक ग्रन्थ-पाठ की परम्परा है इतना ही नहीं धार्मिक ग्रन्थ-पाठ के लिए निमित्त भी पैदा किये गये हैं।

हमारी सभ्यता में कविता का इतिहास है। प्राचीन कविता, सन्त कविता, रीति कविता, नयी कविता, साठोत्तरी कविता के रूप में कविता के इतिहास ग्रन्थ प्रकाशित हुए हैं। लेकिन साधारण नागरिक तक कविता का इतिहास नहीं पहुँचा है।

हमारी सभ्यता में कविता पढ़ने की परम्परा नहीं है। विभिन्न कालखण्डों के कुछ विशिष्ट कवि या विशिष्ट कविताओं को नागरिक को पढ़ना ही चाहिए इस तरह की धारणा हमारी सभ्यता में स्थिर नहीं हो पायी है। मानो

कविताएँ अपने ही कालखण्ड तक सीमित हैं। विशिष्ट कालखण्ड में कुछ कवि, कुछ कविताएँ मशहूर हो जाती हैं, अगले कालखण्ड में उन कवियों और कविताओं को भुला दिया जाता है। इससे परम्परा नहीं बनती। कोई नागरिक कविता पढ़ता है, बहुत-सी कविताएँ पढ़ता है और अपनी रुचि के अनुसार कुछ कविताओं को पसन्द करता है। नागरिकों में रुचि भिन्नता होगी। यह स्वाभाविक ही है लेकिन इससे कविता को पढ़ने की परम्परा नहीं निर्माण होती। जाहिर है कि सभी कालखण्डों की सभी या अधिक-से-अधिक या थोड़ी-सी भी कविताएँ साधारण नागरिक नहीं पढ़ पायेगा। यह भी जाहिर है कि सभी कालखण्डों की सभी या अधिक-से-अधिक कविताओं को कविता का अध्ययन करने वाले को पढ़नी चाहिए। कविता के जानकारों को इसे करना होता है।

कविता क्या है ? इस प्रश्न के साथ अन्य कई प्रश्नों को उठाकर, बुद्धि को दाँव पर लगाकर चर्चा-बहस कर विशिष्ट कालखण्ड की श्रेष्ठ, उच्च श्रेणी की कविता और कवि को निर्धारित किया जा सकता है। इससे समाज में अभिरुचि पैदा होती है। अभिरुचि के पैदा होने का मतलब है परम्परा का पैदा होना। परम्परा में साधारण नागरिक अपनी रुचि से काम लेता है लेकिन अभिरुचि तक पहुँच सकता है। ऐसी परम्परा में साफ़ पता चलता है कि कालातीत कविता कौन-सी है। परम्परा की बार-बार जाँच-पड़ताल होती रहती है। साधारण नागरिक कविता के प्रति जागरूक रहता है। परम्परा के बनने में कवि का कविता के बारे में या अन्य किसी भी विषय के बारे में चिन्तन अहम् भूमिका बनाता है। इतना ही नहीं तो कवि के जीने, बरतने से सम्बन्धित बातें भी परम्परा के बनने में महत्त्वपूर्ण हो सकती हैं। परम्परा के कवियों की बातें साधारण नागरिक को कविता की ओर आकर्षित करती हैं।

सिनेमा देखना, नाटक देखना, गाने सुनना नागरिक की ज़रूरतें बन गयी हैं। कविता को पढ़ना ज़रूरत नहीं बनी है। सिनेमा, नाटक, गानों में मनोरंजन का मूल्य होता है। कविता में मनोरंजन का मूल्य नहीं होता। नहीं होता ?

सिनेमा का बोलबाला होता है। गाने टीवी पर, रेडियो पर चौबीस घण्टे चलते रहते हैं। कविता को नागरिक तक पहुँचने की कोई रीत नहीं है। अख़बार नागरिक की ज़रूरत बनी हुई है। अख़बारों में कविता को शायद ही जगह मिलती है। आजकल कविता-संग्रह बहुतायत में शाया हो रहे

हैं। क्या सभी नागरिकों को इसका पता भी है?

कविता छोटा साहित्य-रूप है। पुस्तक में छोटी जगह पाता है। पढ़ने के लिए कम समय लगता है। आम लोगों को थोड़ी देर के लिए कुछ भी करना मनोवैज्ञानिक दृष्टि से भाता नहीं। कविता में जाहिरा तौर भी कुछ होता हुआ दिखायी नहीं देता। आम लोगों को लगातार काफ़ी कुछ होते रहना, दिनभर जाय या टाइमपास हो जाय ऐसा कुछ चाहिए होता है और क्रमशः क़दम-दर-क़दम होते रहने वाला और होते रहने के तर्क को स्पष्ट करने वाला चाहिए होता है।

कविजन, कवि-मित्रों का वर्तुल, समीक्षक, पढ़ाकू, सम्पादक, साहित्य के अध्यापक, छात्र और जवानी के शौक़ के रूप में पढ़ने वाले लोग हैं जो कविता को पढ़ते हैं। साधारण नागरिक को कविता को पढ़ना चाहिए क्या ऐसा कहना असाधारण है?

दरअसल, अनुसन्धान होना चाहिए कि समाज के कितने प्रतिशत लोगों के कविता पढ़ने पर उस समाज को विकसित कहा जा सकता है! साधारण नागरिक को कविता को लेकर कुछ आपत्तियाँ होती हैं। आजकल की कविताएँ समझ में नहीं आतीं। आजकल की कविता में अजीबोगरीब शब्द होते हैं। श्लील-अश्लील, सुन्दर-कुरूप, सुबोध-दुर्बोध के द्वन्द्व अभी तक समाप्त नहीं हुए हैं।

कविता के जानकार पाठकों, पढ़ाकुओं के मन में कविता के भेद होते हैं। दलित कविता, ग्रामीण कविता, विद्रोही कविता, भाव कविता, नयी कविता, साठोत्तरी कविता, नब्बे के बाद की कविता—साधारण नागरिक को कविता के भेदों का शायद ही पता होता है।

इसके बावजूद नागरिक को चाहिए कि समय निकालकर अकेले में अवश्य ही कविता को पढ़े। अकेले में कविता को पढ़ने का दृश्य गुप्त होने के बावजूद जब कई नागरिक करेंगे तब सभ्यता में जाहिर ही होगा।

साहित्य का लघु भेद होने के कारण कविता को तुरत-फुरत पढ़ डालने का मोह होता है। 'डालना' क्रिया को एकबारगी ठीक से समझ लेना ज़रूरी है। चाय पी डालते हैं, काम कर डालते हैं। ऐसा? काम कर डालते हैं मतलब काम करने में रस नहीं है? डालना का मतलब है सम्बन्ध छोड़ देना। काम कर डालने से मतलब है काम से सम्बन्ध छोड़ देना। कविता

को पढ़ डालना नहीं, सम्बन्ध छोड़ देना नहीं।

हम राह चलते दुकानों के बोर्ड पढ़ते जाते हैं। टीवी पर विज्ञापन, छोटी पट्टी पर आने वाले इश्तहार पढ़ते हैं। अख़बार पढ़ते हैं, कहानी-उपन्यास पढ़ते हैं। पढ़ने के अलग-अलग प्रकार हैं उसके अनुसार पढ़ने के अलग-अलग कौशल्य होते हैं। पढ़ने के कौशल्यों पर अनुसन्धान होना चाहिए। यह हमारी सभ्यता का प्रश्न है। प्रगत सभ्यता के अनुसन्धानों का हमें अध्ययन करना चाहिए। अपनी सभ्यता के प्रश्नों को हमें ही उठाकर उनका अनुसन्धान करना चाहिए। तब तक नागरिकों को पढ़ने के कौशल्यों को स्वयं ही धीरज से हस्तगत करना होगा।

कविता को पढ़ना शुरू करें। कविता मुक्तछन्द में हो तो भी जब हम पहले शब्द से कविता को पढ़ना शुरू करते हैं तब हम उसे गद्य की तरह नहीं पढ़ते। गद्य से अलग तरह से पढ़ते हैं। जब हम गाना सुनते हैं तब हमारा ध्यान अपने आप गाने की तर्ज की ओर जाता है। हम पर यही संस्कार काम करता है कि गाने यानी तर्ज। कविता का रिश्ता गाने के साथ होता है। इसलिए हम मुक्तछन्द में होने पर भी कविता को गद्य की तरह नहीं पढ़ते। उसे एक तर्ज में पढ़ते हैं। कविता में शब्दों और पंक्तियों की विशिष्ट रचना होती है। उस रचना से ही कविता की तर्ज समझ में आती है। तर्ज का मतलब है शब्दों के पंक्तियों के रुकने के कम या ज़्यादा गति लेने के मुकाम। कविता के प्रथम पढ़ने में ये मुकाम कुछ हलके-से समझ में आते हैं। कविता के प्रथम पढ़ने में कुछ शब्द, कुछ उपमाएँ, कुछ सन्दर्भ, कुछ पंक्तियाँ अपना ध्यान आकर्षित करती हैं। हम दंग रह जाते हैं। हम सोचते हैं कि हमें पहले यह क्यों नहीं सूझा? कभी-कभी कविता की कुछ पंक्तियों, शब्दों, उपमाओं से हम हैरान हो जाते हैं, कभी-कभी नफ़रत-सी हो जाती है। कविता के प्रथम पढ़ने में कुछ अर्थ समझ में आता है।

पूरी कविता अपनी समझ से परे है ऐसा सोचकर हम कविता को पढ़ना बन्द कर देते हैं। हमें लगता है कि एक बार पढ़ने पर सब कुछ समझ में आना चाहिए। पहले ही झटके में सब कुछ समझ में आये ऐसा क्या दुनिया में कुछ होता है?

हम स्कूलों, महाविद्यालयों में कई सारे विषय पढ़ते हैं, परीक्षा देते हैं, पास हो जाते हैं। शत-प्रतिशत अंक नहीं मिल पाते। अर्थात् हमें सब कुछ नहीं

आता। कोई भी विषय झट से समझ में आया, पूर्ण रूप से समझ में आया हो ऐसा होता नहीं। जिसे आठवीं कक्षा में पढ़ा उसे नौवीं, दसवीं में समझ पाते हैं। ग्रेज्युएशन को जो पढ़ा उसे चार-पाँच वर्षों बाद समझ पाते हैं। अपने मित्रों, रिश्तेदारों, परिवार वालों, समाज इतना ही नहीं हम ख़ुद अपने आपको कभी भी पूरी तरह से जान नहीं सकते।

अरबों बरस बीत गये, मौतें होती आ रही हैं, मौत की पहेली अभी भी बरकरार है। सब कुछ बिना पूरी तरह से समझ में आये हम जिये जाते हैं।

इस धारणा से पाठक को मुक्त होना चाहिए कि कविता को पहली बार पढ़ने पर वह समझ में आनी चाहिए।

कुछ-कुछ समझना अपने आप होता है। दृष्टि है तो देखना अपने आप होता है। सूर्योदय को देखा जाता है। सूर्योदय अपने आप समझ में आता है। श्रवणेन्द्रिय हैं, सुनना अपने आप हो जाता है। पंचेन्द्रियों के मार्फ़त अपने आप कुछ-कुछ समझ में आता है। दृष्टि से सूर्योदय का सौन्दर्य अपने आप समझ में आता है। श्रवणेन्द्रियों से गाने का सौन्दर्य अपने आप समझ में आता है। यह प्रकृति का वरदान है।

सूर्योदय हुआ; पंछियों को अपने आप समझ में आता है। पंछी उड़ने-फिरने लगते हैं। बसन्त ऋतु आयी, कोयल को अपने आप पता चलता है। कोयल कुहु-कुहु करने लगती है। पंछियों को प्रकृति का वरदान है।

सूर्योदय यानी क्या ? आकाश में कितने रंग हैं, कौन-से हैं ? क्या सूर्य पृथ्वी की प्रदक्षिणा करता है ? मनुष्य के मन में ऐसे सवाल आते हैं। पशु-पक्षियों के नहीं।...या आते भी हों ? ऐसा सवाल भी मनुष्य के मन में ही आता है।

प्रकृति ने समझने के लिए जितना दिया है उतने पर ही जीते जाना पशु-पक्षियों के लिए पर्याप्त है। प्रकृति ने समझने के लिए जितना दिया उतने पर ही मनुष्य नहीं जीता। प्राकृतिक रूप से अपने आप कुछ समझ में आता है। वह थोड़ा होता है। न समझने वाला बहुत होता है। मनुष्य अनेक जिज्ञासाओं और प्रश्नों के साथ जीता है। मनुष्य सब कुछ जानना चाहता है। इसके लिए प्रकृति ने मनुष्य को एक देन दी है जो सभी जीवों में सिर्फ़ मनुष्य को ही दी है थोक रूप में। बुद्धि !

मज़े की बात यह है कि प्रकृति ने मनुष्य को जिज्ञासा दी है, जिज्ञासा शमन

के लिए बुद्धि दी है लेकिन ऐसी प्रेरणा नहीं दी है कि बुद्धि का इस्तेमाल करना ही चाहिए। मनुष्य बुद्धि का इस्तेमाल करेगा या नहीं करेगा। प्रकृति ने मनुष्य को इतनी एक ही आज़ादी दी है।

अपने आप थोड़ा समझ में आता है। अपने आप के विरोधी शब्द हैं जान-बूझकर—इरादतन। अपने आप जो समझ में नहीं आता उसे जान-बूझकर समझना पड़ता है। जिज्ञासाओं का शमन अपने आप नहीं हो जाता। उसके लिए जान-बूझकर प्रयास करने पड़ते हैं। जान-बूझकर बुद्धि का इस्तेमाल कर मनुष्य ने विज्ञान, शास्त्र कलाएँ निर्माण कीं। समझने के लिए मनुष्य को जान-बूझकर बुद्धि के इस्तेमाल करने का योग करना पड़ता है। कविता को भी जान-बूझकर बुद्धि का इस्तेमाल कर समझना होता है।

हमें पता है कि हमें सब कुछ का पता नहीं है और जिसका पता नहीं है उसका पता करने के लिए हम उत्सुक होते हैं। कौतूहल होना, उत्सुक होना जीने की सर्वोत्तम स्थिति है।

हम कविता को फिर पढ़ते हैं, बार-बार पढ़ते हैं, अलग-अलग स्थानों पर अकेले में पढ़ते हैं। तर्ज कुछ और समझ में आती है, लय का कुछ अधिक अहसास होता है।

कविता में वस्तुएँ होती हैं, प्राणी हो सकते हैं, मनुष्य के सुख-दुख होते हैं, ऋतुएँ होती हैं, समय होते हैं, काम होता है, विभिन्न कालों के टुकड़ों के सन्दर्भ हो सकते हैं। कविता में सभ्यता का कुछ होता है तो संस्कृति का भी कुछ होता है। इससे कविता का विषय समझ में आता है।

कविता में वस्तुओं, प्राणियों, मनुष्यों, मनुष्यों के सुख-दुखों, सभ्यता और संस्कृति के विशेषण होते हैं। क्रिया के क्रिया विशेषण होते हैं। इससे कविता के विषय का कविता में क्या है इसका पता चलता है। कविता आगे-आगे बढ़ती जाती है, कविता की राह होती है। कविता कौन-सी राह से जा रही है इसका पता चलता है।

कवि भी जानने को उत्सुक होता है। जो समझ में नहीं आया, अज्ञात का जानने को उत्सुक होता है। कविता के मार्फ़त वह खोजता है। कविता का तात्पर्य है खोजने की प्रणाली।

कविता को पढ़ते समय हमें उत्सुकता रहती है कि कविता क्या कहना

चाहती है। विषय खुलता जाता है। हम मगन हो जाते हैं। कविता ख़त्म हो जाती है।

श्रेष्ठ कविता सृष्टि, विश्व जीवन में जो अज्ञात है ऐसा कुछ तो खोज लेती है। यही कविता की अन्तर्वस्तु है।

सृष्टि, विश्व, जीवन के बारे में कुछ-न-कुछ आकलन हो इसके सिवाय मनुष्य को अन्ततः और क्या चाहिए होता है ? हम गम्भीर आनन्दित हो जाते हैं। गम्भीर आनन्दित होना जीने की दुर्मिल स्थिति है। और फिर कविता हमें भाषा अर्क़ देती है। भाषा के अर्क़ को जानने के लिए कविता बेहद उपयुक्त साहित्य-रूप है। भाषा का आनन्द मिलता है। यह और आनन्द है।

कविता अपने अन्दर हिलती रहती है। गाना भावना, बुद्धि के स्तरों पर जाता है पर वहाँ रुकता नहीं। गाना शारीरिक स्तर पर असर करता है। कविता भावना, बुद्धि के स्तर पर रहती है। शारीरिक स्तर पर असर नहीं करती।

हम गाना सुनते रहते हैं और शारीरिक स्तर छोड़कर बौद्धिक भावनिक स्तर पर जीने के लिये कविता भी पढ़ते हैं। अपने दायरे के भीतर के लोगों को कविता को पढ़ने का अनुरोध करते हैं। कविता को पढ़ना अपनी ज़रूरत बन जाती है।

इस तरह से परम्परा का आगाज़ होता है।

कविता के पढ़ाकू, समीक्षक, प्राध्यापक जैसे चुनिन्दा लोग जब कविता को पढ़ते हैं तब कविता का इतिहास बन जाता है। साधारण नागरिक जब कविता को पढ़ता है तब परम्परा बन जाती है। परम्परा वही होती है जिसमें व्यक्ति और समाज के भीतर कला, शास्त्र, दर्शन आदि के गहन प्रश्नों के बारे में कौतूहल कार्यरत होता है।

राजाशाही थी तब प्रजा के जीवन और समाज में राजा के केन्द्र स्थान में होने की व्यवस्था थी फिर भी बुद्धिमान लोग कला, शास्त्र, दर्शन के गहन प्रश्नों का सन्धान करते थे। इससे राजाशाही नष्ट हो गयी और लोकशाही आ गयी।

लोकशाही में नागरिकों को समाज के जीवन में राजनेताओं के केन्द्र स्थान में होने की व्यवस्था बनायी जा रही है। बुद्धिमान लोगों को चाहिए कि कला, शास्त्र, दर्शन जैसे गहन प्रश्नों का सन्धान कर सीधे नागरिकों तक पहुँचना चाहिए तभी लोकशाही सिद्ध होगी। (२०१८)

पाठक, लेखक, आलोचक

तीन लोग थे। एक लेखक, एक पाठक, एक आलोचक। सहसा तीनों का एक साथ एक छोटा-सा विश्व बन गया था। ऐसा नहीं कि तीनों बुद्धिमान थे। ऐसा भी नहीं कि तीनों बहुत सिन्सिअर थे। चिन्तनशील थे ऐसा भी नहीं था। सहसा किसी समय एक छोटे-से कालखण्ड में लोग काफ़ी सिन्सिअर हो जाते हैं, जितनी है उतनी बुद्धि का पूरा इस्तेमाल करने लगते हैं, कुछ जाने-समझे, एक-दूसरे का साथ शेअर करें ऐसा उन्हें लगने लगता है, वैसा लेखक, पाठक और आलोचक के बीच एक बार हो गया।

अब एक बार वे तीनों अपने छोटे विश्व में लेखक, पाठक और आलोचक की दशा में कार्यरत हो गये तो स्वाभाविक ही साहित्य पर बातें करने लगे।

वे कुछ अपने आप के साथ बोल रहे थे तो कुछ बाक़ी दोनों से। ऐसी बढ़िया बात हो रही थी। पाठक ने कहा, ''यूँ तो मैं पढ़ता था लेकिन इधर मुझे पढ़ने में दिलचस्पी हो गयी है। पहले मैं प्रायः समाचार-पत्र, साप्ताहिक पढ़ा करता था, इधर मैं कहानी-उपन्यास पढ़ने लगा हूँ। मन में आता है कि कविताएँ पढ़ूँ लेकिन कविता पढ़ने को मन नहीं कर रहा है।''

लेखक ने कहा, ''नौकरी करते हुए लिखा-पढ़ी करना, इसलिए मेरा पढ़ना चौतरफ़ा नहीं है। इधर मुझे एक उपाय सूझा है। कोई साधारण पुस्तक, जैसे कि इतिहास, भूगोल, सायंस, चाहो तो रसोई-व्यंजन की या बिलकुल दर्शन की पुस्तक, एक-दो कविता संकलन, कोई एक विदेशी उपन्यास, एक-दो अपने इधर के उपन्यास मैं अपने पास रखता हूँ। लेखन करते-करते पढ़ता हूँ। मतलब चाहा तो पढ़ता हूँ चाहा तो लिखता हूँ। थोड़ा लिखता हूँ थोड़ा पढ़ता हूँ।... इस तरह। नौकरी, घर काम से बचे हुए समय

में सालभर मैं इकट्ठी की हुई पुस्तकें पढ़ता हूँ। एक बार, दो बार... कितनी ही बार पढ़ता रहता हूँ। ऐसा नहीं करता कि एक बार ही सब समझ में आये। जितना समझ में आयेगा उतना ही सही। इस तरह सालभर बाद... यानी बिलकुल सालभर बाद ऐसा भी नहीं...मैं पुस्तकों को बदलता हूँ। दोस्त मुझे अच्छे मिले हैं। वे मुझे पुस्तकें देते हैं। सुझाते हैं।'' आलोचक ने कहा, ''दरअसल मुझे दर्शन की पुस्तकों को पढ़ना है। पढ़ना क्या है, अध्ययन करना है। पोलिटिकल थियरीज को भी पढ़ना है। ख़ास समय निकालकर पढ़ना है। लेकिन फ़ुरसत ही नहीं मिल रही है। संगोष्ठियों के कारण ही मेरा बहुत कुछ पढ़ना होता है। या फिर किसी पत्रिका या समाचार-पत्र के लेख माँगने पर। इधर मुझे कुछ महसूस हो रहा है दरवाज़ा अधखुला जैसा लग रहा है, लेकिन पूरा दरवाज़ा नहीं खुलता।''

पाठक ने कहा, ''मैं सिर्फ़ पाठक हूँ। मनोरंजन के लिए, कहानी के लिए, लोग—यानी कहानी के किरदार—कौन हैं, उनका क्या होता है, क्यों होता है—इसकी उत्सुकतावश—उत्सुकता अवश्य चाहिए—इसलिए मैं पढ़ता हूँ। हाँ, और एक बात, कभी-कभी वर्णनों को पढ़ते हुए भाषा का आनन्द आता है। जो पढ़ा है, उसका कुछ न कुछ वाक्य, कोई वाकया, या कोई शब्द अपने आप से या दूसरे किसी से कह सकना चाहिए। बिलकुल दस वर्षों बाद भी याद आना चाहिए।'' आलोचक की ओर देखकर पाठक ने कहा, ''आप जो पढ़ते हैं हम भी वह पढ़ते हैं। आलोचक भी तो पाठक होता ही है। और भी कुछ होता है। मन में आता रहता है कि अन्तर्वस्तु कितनी महान है और महानता के निकष क्या हैं? इस बात पर पुनः पुनः नये ढंग से सोचना पड़ता है। एक बारगी दृढ़ मत करके नहीं चलता। मन में आता है कि रचना कैसी है और क्यों महान है? बड़ी बात यह कि महान का अर्थ क्या है? इसकी परिभाषा को बार-बार ढूँढ़ना पड़ता है। महानता के निष्कर्षों का पता लगना बहुत कठिन बात है। युद्ध जीतने वाला योद्धा भी महान लगता है और परमशान्ति वाला मानव भी महान लगता है। इतिहास को देखें तो महानता के लक्षणों से सर चकरा जाता है।''

पाठक ने कहा, ''लेखक का पढ़ना कैसा होता है?''

आलोचक ने जल्दी से कहा, ''मैं बताता हूँ। लेखक आम पाठक भी होता है, और आलोचक भी होता है।''

लेखक ने संकोच से कहा, ''मैंने अपने तईं एक बात कुछ अलग तय की है। यानी देखिये, किसी पुस्तक में किसी बात का वर्णन आया है, तो उसे पढ़कर मैं सीखने की कोशिश करता हूँ कि वह वर्णन चाहे कितना भी बढ़िया हो, उसे अन्य कितने तरीक़ों से किया जा सकता है। इसी नज़रिये से सब तरफ़ देखता हूँ। हाँ, अब महानता के लक्षणों की बात से तो सर चकरा जाता है। मैंने अपने तईं यह तय किया है कि महानता के लक्षणों को निर्धारित करने में उतावलापन किसी काम का नहीं।''

पाठक मानो अपने आप से बुदबुदा रहा था, ''मैं सोचता हूँ कि अपने यहाँ अध्यात्म का इतना चल रहा है, इतने गुरु, बाबाजी हैं, इतने आध्यात्मिक शिविर हो रहे हैं, तो कहानी में, उपन्यास में, अध्यात्म का कुछ न कुछ तो करना ही चाहिए।''

लेखक ने पूछा, ''और क्या-क्या आना चाहिए?''

''बहुत है।'' पाठक ने कहा।

आलोचक ने कहा, ''क्यों न हम, हमें जो-जो सूझता है उसकी एक सूची बनायें? इस तरह नहीं कि क्या है, क्या नहीं है बल्कि कभी अपने मन मैं जो बातें आ रही हैं, उनकी सूची। तीनों ने याद कर करके सूची बनायी।

१. अध्यात्म, २. धर्म, ३. इस धर्म की मनुष्य की अपने धर्म से सम्बन्धित धारणा, ४. व्यवसाय, ५. विचारधाराएँ, ६. भ्रष्टाचार, ७. आन्दोलन ८. शहर, गाँव, उनका सौन्दर्य, गन्दगी, ९. रूढ़ियों, १०. क़ानून : पालन और तोड़ना, ११. रिश्तेनाते, १२. अन्य प्रान्तों, विदेशियों से सम्बन्ध, १३. आदमी की क़दकाठी, १४. आदमी का अनाड़ीपन, स्थूल बुद्धि, समझदारी, १५. आदमी कितना भारतीय कितना प्रान्तीय, कितना आदमी, १६. आदमी की जीने की प्रक्रियाएँ और अवस्थाएँ, १७. आदमी कब, किस तरह, किसे आधार बनाकर जीता है, १८. आदमी की बौद्धिक, मानसिक प्रक्रिया, १९. महानता के बारे में आदमी की धारणा, २०. आदमी की कल्पनाशक्ति, २१. भाषा वापरने की रीत, २२. आर्थिक व्यवहार, २३. अस्मिता, २४. जीवन की अद्‌भुतता।

पाठक ने कहा, ''बस हो गया, और भी सूझ रहा है, लेकिन अब बस हो गया। एक वक़्त पर इतना सब सोचना नहीं होता। रुक-रुककर सोचना हो सकता है।''

लेखक ने मन में कहा, ''रुक-रुककर सोचना हो सकता है, इस प्रक्रिया को, आदमी की इस गति को लेखन में लाना चाहिए। आदमी की सैकड़ों पीढ़ियों ने रुक-रुक कर ही विचार किया है। आदमी फटाफट कब सोचता है इसे भी लेखन में लाना होगा।'' आलोचक ने हँसकर कहा, ''बस हो गया तो ठीक है, बस हो गया। लेकिन मैं इस तरह की सूची फिर कभी बनाऊँगा। मुझे इस एक्सरसाइज को तो करना ही होगा।'' आलोचक ने सूची पर नज़र डालकर कहा, ''वर्गीकरण करना पड़ेगा। देखते हैं बाद में।''

लेखक ने मन में कहा, ''जीने में कुछ विषय एक के बाद एक लगातार आते रहते हैं। उनके इस तरह आने में अन्य विषय भी कैसे भी, कहीं भी, किसी भी तरह से आते हैं।...आदमी की अतार्किकता...बड़ी अद्‌भुत होती है।''

आँखें आधी मूँदते हुए पाठक ने अप्रत्याशित रूप से अपने आप से ही कहा, ''और एक विषय सूझ रहा है।''

''हाँ ?'' लेखक ने उत्सुकता से पूछा।

''शक्ति।'' बड़ी-बड़ी आँखों से पाठक ने कहा, ''जीते हुए आदमी को अन्दर से शक्ति महसूस होनी चाहिए। हालत किसी भी तरह की हो, जीने की शक्ति महसूस होनी चाहिए। जीने में, हर एक काम में, व्यवहारों में देखिये कि चिड़चिड़ाहट होती है...कहीं कोई बात ठीक नहीं। चिड़चिड़ाहट होती है, अपसेट होना होता है, बिखर जाता है, किरकिरी होती है...अन्दर जीने की शक्ति होनी चाहिए कि नहीं ? यानी देखिये, यह परेशानी का जीना, किरकिरी...कहानी में आने दो, आयेगा ही। लेकिन लेखन में कुछ ऐसी शक्ति होनी चाहिए जो, मैं ठीक तरह से नहीं कह पा रहा हूँ। लेकिन लेखक को पढ़ते हुए क्या लेखन में समझने का मज़ा होना चाहिए कि नहीं ? समझना भी तो मज़ा होता है ना ? इस तरह की कुछ बात मुझे करनी है। इसे अपनी सूची में ले लो।''

आलोचक ध्यान से सुन रहा था, रुककर, सूची पर नज़र डालकर बोला, ''मज़ेदार शक्ति—यहाँ इसे इस तरह नोट कर देता हूँ। और कोई सही शब्द सूझा तो देखेंगे।''

लेखक मन में बुदबुदाया, ''समझना। मज़ा। शक्ति। मज़ा। समझने का मज़ा। मज़ेदार शक्ति। लेखन का लक्षण तो अच्छा है।'' आलोचक ने

कहा, ''पाठक की पढ़ने की प्रक्रिया इस विषय पर भी उपन्यास हो सकता है।''

हँसते हुए पाठक ने कहा, ''तो फिर आलोचक आलोचना की प्रक्रिया इस पर भी उपन्यास हो सकता है।

आलोचक ने कहा, ''हज़ारों विषय हैं।''

लेखक मन में मगन हुआ।

पाठक ने कहा, ''आज की हमारी बातों पर भी कुछ ना कुछ लेखन हो सकता है।'' रुक-रुक कर पाठक ने कहा, ''लेकिन अब बस, इससे ज़्यादा सहन नहीं होता। और दूसरी बात, मुझे माँ के लिए दवाई लानी है। चलेंगे? मज़ा आ गया आज।''

इस तरह उन की छोटी से अनायोजित महफ़िल समाप्त हो गयी। लेखक ने मन में कहा, ''पाठक फुरसत से पढ़ सकता है, लेखक भी फुरसत से लिख सकता है, लेकिन भीतर से वह हरदम लेखक ही होगा। लेखक का परिवार होगा, नौकरी होगी...फिर भी वह भीतर से हरदम लेखक। घरवालों को, समाज को समझना चाहिए कि लेखक हरदम लेखक होता है। लेखक किसी का नहीं होता। अपना भी नहीं।''

आलोचक ने मन में कहा, ''बहुत काम करना होगा। अपने ख़ुद के प्रश्न होने चाहिए। हर एक प्रश्न को स्वयं को ही उठाना होगा और उत्तर सबके होने चाहिए।''

अगले दो दिनों तक लेखक के मन में इस अनायोजित छोटी मीटिंग पर विचार आते रहे।

कभी तो लेखक के मन में आया : व्यक्ति विशिष्ट होता है। व्यक्ति को आम नहीं कहा जा सकता। फिक्शन हो भी सकता है।

कभी तो—फिक्शन के बारे में ढीला ही सोचना चाहिए। कभी तो—लेखक का अपने वैचारिक, मनोवैज्ञानिक व्यूहों को ढीला-सा ही रखना ही ठीक होगा। अज्ञात आकलन के लिए अस्तित्व में गुंजाइश होनी चाहिए ना। कभी तो—

अपनी मीटिंग की कहानी में तीनों पुरुष हैं। वाक्य-रचना पुरुषवाचक है।

पुरुष क्यों?

शंका तो करनी ही होगी।

जो साक्षात् है उसी को क्यों लेना?

फिर क्या?

तीनों महिलाएँ?

या, दो महिलाएँ, एक पुरुष।

या, एक महिला, दो पुरुष।

महिला को (दो हो तो)' महिलाओं को : लेखक बनायें, पाठक बनायें या आलोचक? कौन-सी कसौटी?

केवल यथार्थ की कसौटियों को ही क्यों काम में लाना?

झमेला हो रहा है।

होने दो झमेला।

जीने में होता ही है न झमेला।

हाँ, लेकिन समूचा जीना झमेला नहीं होता। जीने का कुछ हिस्सा तो निश्चित, तैशुदा होता है। झमेला भी तैशुदा होता है। जीने के तैशुदा हिस्से का तैशुदा आकार होता है। हर एक झमेले का आकार जुदा होता है।

कुल मिलाकर फिक्शन का शिल्प : तैशुदा आकार। झमेले का बिना तैशुदा आकार। इसलिए हरएक फिक्शन का अलग शिल्प। झमेले को प्रसंग, संवाद, वर्णन, शिल्प और भाषा में आज़माना। कभी तो लेखक के मन में आया : ठेठ लेखक-व्यक्ति, पाठक-व्यक्ति, आलोचक-व्यक्ति जैसा प्रयोग करें, लिंग-झमेला मिट जायगा।

इस कहानी की हद तक लिंग-झमेला मिट जायगा। अन्य स्थानों पर के लिंग झमेलों को मिटाने के लिए अलग-अलग मुक्तियों/तत्त्वों को खोजना पड़ेगा। ऐसा नहीं कि अन्य झमेले मिट जायेंगे। झमेलों से तो निपटना होगा। जीने में और फिक्शन में। कभी तो लेखक के ध्यान में आया : झमेलों से निपटाने के लिए ऊर्जा चाहिए।

कैसी ऊर्जा? विशेषण क्या?

अरे, पाठक-व्यक्ति ने कहा था न, मज़ेदार ऊर्जा।

जीने में मज़ेदार ऊर्जा हो तो, जीने का मज़ा। फिक्शन में तो मज़ेदार ऊर्जा होनी ही चाहिए। पाठक-व्यक्ति ने कहा था, समझना मज़ेदार होता है। फिक्शन में समझना तो होता ही है।

पूरा का पूरा समझना?

लेखक ख़ामोश हो गया।

कभी तो लेखक ने मन में कहा : कभी तो कुछ न कुछ तो समझना होना ही चाहिए।

फिर भी लेखक को मन में अच्छा नहीं लग रहा था। और फिर सहसा : लगता है, जीने के लिए सबकुछ समझने की शर्त तो है ही नहीं।

लेखक जरा-सा मुस्कुराया।

बाद में लेखक इन मुद्दों के साथ चुप हो गया।

कभी तो लेखक ने मन में कहा : "फिक्शन में खोज होनी चाहिए।"

जल्दी-जल्दी से लेखक ने मन में कहा, "खोज करने की ऊर्जा मज़ेदार होती है।"

और लेखक को सूझने लगा : जो भी है, उसी में से खोजा जाता है। खोजना मुश्किल होता है। सृजन आसान होता है। सृजन के साँचे बन जाते हैं। फिर साँचों से प्रोडक्शन होता है। खोज करने वाला लेखन कम होता है। प्रोडक्शन आसान होता है।

कभी तो लेखक ने मन में कहा, "इस दृष्टि से अब हम अन्य भाषी और मराठी भाषी लेखन को फिर से पढ़ेंगे। हमें भी तो सीखना है।"

(२०११)

भाषा का आनन्द

भाषा मनुष्य की सबसे बड़ी खोज है। दुनिया में कुल मिलाकर कितनी भाषाएँ हैं? उन भाषाओं को बोलने वालों की तादाद कितनी है? कौन-सी भाषाएँ अब व्यवहार में नहीं हैं? यह भाषाएँ व्यवहार से कब और कैसे नामशेष रह गयी हैं? मराठी भाषा को व्यवहार में लाने वाले कितने लोग हैं दुनिया में? मराठी भाषा की आयु क्या है? भाषा और मराठी भाषा के बारे में इस तरह कई सवाल पूछे जा सकते हैं, ऐसे सवाल पूछने भी चाहिए और उनके जवाब भी पाने चाहिए।

भाषा मनुष्य को हर घड़ी चाहिए।

भाषा कहाँ काम में लायी जाती है?

१. रोज़ाना के व्यवहार, २. स्व को व्यक्त करने, ३. जानने, ४. चिन्तन करने।

आम आदमी के बारे में : रोज़ाना के व्यवहार के लिए ही भाषा का ज़्यादा से ज़्यादा इस्तेमाल होता है। इसी में मैं ग़पशप को भी शामिल करता हूँ। उसके बाद अपने आप को व्यक्त करना, उसके बाद जानना और क्वचित ही चिन्तन के लिए। भाषा के इस्तेमाल के तरीक़ों को देखेंगे : १. संवाद, २. निवेदन, वर्णन, ३. विश्लेषण/साक्षात्कार। रोज़ाना के व्यवहार प्राय: संवादों में होते हैं। दरअसल, संवाद के तरीक़े में ही आम आदमी निवेदन, वर्णन भी काम में लाता है।

संवाद को दो तरह से देखा जा सकता है : १. जानकारीपरक संवाद, २. भावना, विकारपरक संवाद।

जानकारीपरक संवाद : हम कुछ जानकारी पूछते या बताते हैं।

भावना विकारपरक संवाद : प्रेम, ममता, ग़ुस्सा, चिढ़ के साथ भाषा का प्रयोग करना।

संवाद में निवेदन का तरीक़ा भी अपनाया जाता है। किसी घटना प्रसंग का निवेदन किया जाता है। संवाद में वर्णन का तरीक़ा भी अपनाया जाता है। किसी व्यक्ति या दृश्य का वर्णन करना, अपने बारे में कहना, स्व को व्यक्त करना। किसी अनुभव का सारांश या तात्पर्य कहना चिन्तन ही है। किसी व्यक्ति के बर्ताव के बारे में बोलना विश्लेषण करना ही है। हमने कुछ सोचा, समझा या जाना है उसे बताने का मतलब है साक्षात्कार को बताना है। संवाद करते समय हम जानकारीपरक, भावविकारपरक, स्व को व्यक्त करने, निवेदनपरक, वर्णनपरक, विश्लेषणपरक, चिन्तनपरक या साक्षात्कारपरक आदि भिन्न-भिन्न प्रकारों से भाषा का प्रयोग करते हैं। इन सभी प्रकारों में भाषा का प्रयोग हम किस तरह से करते हैं? इसे देखना महत्त्वपूर्ण है कि कैसे देखना?

संवाद मित्रमण्डली के साथ होता है।

संवाद घर के बाहर होता है।

जानकारीपरक संवाद को याद कीजिये।

भावना युक्त संवाद को याद कीजिये।

निवेदन वाले संवाद को याद कीजिये।

वर्णनपरक संवाद को याद कीजिये।

अपने आप को व्यक्त करने वाले संवाद को याद कीजिये।

पृथक्करणयुक्त संवाद को याद कीजिये।

चिन्तनपरक संवाद को याद कीजिये।

और भी कुछ स्पष्ट दिशानिर्देश करता हूँ।

रिक्शा वाले के साथ हुए संवाद को याद कीजिये।

किसी कचहरी में हुए संवाद को याद कीजिये।

कचहरी में आप काम करते हैं, तब के संवाद को याद कीजिये। कैसी होती है अपनी भाषा? मतलब वाक्य की संरचना कैसी होती है? क्या

ठीक होती है? क्या शब्दों का चयन ठीक होता है? क्या जो कहना है उसी को भाषा में पेश किया जाता है? ब्यौरे अचूक होते हैं? भाषा का इस्तेमाल करने में ऊबना होता है? आलस्य होता है? या फिर मुद्दे को छोड़कर बात होती है? या फिर बकबक ज़्यादा होती है?

प्रश्न से प्रश्न पूछा जाता है, मुझे ऐसा नहीं कहना था, भाषा को ठीक तरह से काम में लाइए—क्या ऐसी बातें होती हैं?

—क्या यह निरीक्षण सही है?

एक घर का संवाद सुनाता हूँ : छोटा भाई (७ वर्ष) और बड़ी बहन (१६ वर्ष) के बीच हुआ संवाद है।

'मंदार, ठीक से बैठो ना।' बहन कहती है।

'ठीक से बता ना।' भाई कहता है।

'ठीक से हो तो बता रही हूँ ना?' बहन कहती है।

'देखो, कैसे बोल रही हो।' भाई कहता हैं।

'कैसे भी बताया तो तुम्हें टेढ़ा ही लगता है।'

'न, ना...' जैसे शब्दों का प्रयोग अधिक मात्रा में होता है 'क्या ये शब्द ज़रूरी हैं?' इन शब्दों का प्रयोग किये बिना बोलकर देखना चाहिए।

रिक्शा वाले, बस कंडक्टर, दुकानदार, कचहरी के कर्मचारी आदि के साथ होने वाले संवाद त्रासद होते हैं। घर के संवाद भी सहज या लयपूर्ण नहीं होते। मात्र संवादों से कितने झगड़े होते हैं, कभी इसका प्रतिशत निकालना चाहिए।

बातचीत करते हुए भी झगड़े होने के कई उदाहरण हैं। ऐसा क्यों होता है?

इसके उत्तर की ओर जाने से पहले मैं एक प्रश्न बताता हूँ। मराठी आदमी को मराठी भाषा कितनी आती है?

क्या यह प्रश्न सही है?

हम अँग्रेज़ी भाषा पढ़ते हैं। हम कहते हैं : ऐरे-ग़ैरों को अँग्रेज़ी मामूली आती है, कामकाजी आती है या कहते हैं : ऐरे-ग़ैरे का अँग्रेज़ी पर अधिकार है।

किसी मराठी आदमी को मराठी भाषा मामूली, कामकाजी आती है—ऐसा कहेंगे तो क्या होगा? उसे ग़ुस्सा आयेगा। वह कहेगा, मुझे मराठी भाषा आती ही है। मराठी मेरी मातृभाषा है। लेकिन कितनी आती है?

हम औसत आयु, औसत लम्बाई, औसत आर्थिक आय जैसे शब्दप्रयोग करते हैं। हम कहते हैं, मराठी आदमी की औसत आयु साठ वर्ष है। अमरीकी आदमी की औसत आयु सत्तर वर्ष है। उस तरह मैं औसत भाषा जैसा शब्द प्रयोग करूँगा।

औसत भाषा को कैसे नापा जाय? दो बातों से नापा जा सकता है : १. शब्द संयम, २. वाक्य-रचना के प्रकार।

मराठी आदमी का औसत शब्द-संयम कितना है और वह औसत वाक्य-प्रयोग कितने करता है इससे निश्चित किया जा सकता है कि मराठी आदमी को मराठी भाषा कम आती है, मध्यम आती है या ज़्यादा आती है।

मैं आपके सामने सोचने के लिए एक सवाल रखता हूँ : आम मराठी भाषिक मराठी भाषा के बारे में ग़रीब है, मध्यम है या अमीर है? भाषा की अमीरी के लिए शब्द-संयम को बढ़ाना होगा। उसके लिए आदत होनी चाहिए शब्दकोशों का इस्तेमाल करने और विविध विषयों की किताबें पढ़ने की। पढ़ने में कई शब्दों का पता चलता है और वाक्य-रचना के भेदों का भी पता चलता है।

अब अगला प्रश्न करता हूँ : आम मराठी भाषिक को क्या अच्छी मराठी आती है? हम कहते हैं : अमुक को अँग्रेज़ी आती है लेकिन अच्छी अँग्रेज़ी नहीं आती। उसी तरह कोई अन्य भाषी मराठी बोलने लगे तो हम कहते हैं : उसे अच्छी मराठी नहीं आती।

मराठी मातृभाषा है, उसको लेकर क्या इस तरह प्रश्न पूछा जा सकता है कि उसे अच्छी मराठी नहीं आती?

क्या यह सच है कि मातृभाषा अच्छी ही आती है?

अच्छी मराठी क्या होती है? इसे समझना होगा।

अच्छी मराठी मतलब—१. अचूक शब्दों का प्रयोग, २. उचित वाक्य-रचना, निश्चित बराबर वाक्य-रचना, ३. अनेक वाक्यों को एक के बाद

एक को जोड़ते समय इस तरह से जोड़ना कि उनसे अलग अभिप्राय व्यक्त हो, सभी वाक्यों का मिलकर अभिप्राय व्यक्त हो।

हमने देखा कि घटना प्रसंग का निवेदन करना भाषा के प्रयोग का एक प्रकार है। वर्णन करने में भाषा के प्रयोग की कसौटी लगती है। वर्णन करने में प्रसंगों, दृश्यों या घटनाओं के ब्यौरे आते हैं, उसी तरह जिसका वर्णन कर रहे हैं उसकी तथा वर्णन करने वाले की भावनाएँ भी आती हैं। इसके लिए ढंग से वाक्य-रचना करनी पड़ती है। उचित ढंग से वर्णन या निवेदन करने पर ही भाषा का आनन्द उत्पन्न होता है। यहाँ तक कि दुःख का वर्णन करने पर भी भाषा का आनन्द आता है। इसे अच्छी भाषा कह सकते हैं।

आम तौर पर मराठी भाषिक कितनी अच्छी मराठी का प्रयोग करता है इस प्रश्न को उपस्थित कर हम अच्छी मराठी के लिए सावधान होकर अगले मुद्दे की तरफ़ मुड़ेंगे।

अगला मुद्दा है भाषा का ज्ञान-भाषा होना।

मराठी भाषा को आध्यात्मिक ज्ञान के लिए तैयार करने का काम ज्ञानेश्वर ने 'ज्ञानेश्वरी' के माध्यम से किया। फिर सभी सन्तों ने आध्यात्मिक ज्ञान के लिए मराठी भाषा को परिणत किया। लावणियों के कारण शृंगार की भाषा भी बन गयी। विविध व्यंजनों और उन्हें बनाने की विधि के कारण रसोई की भाषा भी बनी हुई है। कृषि और सम्बन्धित कामों के लिए भी मराठी भाषा बनी है।

क्या हम कह सकते हैं कि अध्यात्मशास्त्र, शृंगारशास्त्र, कृषिशास्त्र का हमने शास्त्ररूप में अनुसन्धान नहीं किया इसलिए इन बातों में मराठी भाषा का विकास ठप हो गया? अन्य ज्ञान-क्षेत्रों की खोज हमने नहीं की। फिर समयान्तर में पाश्चात्यों से ज्ञान-क्षेत्र हमारे यहाँ पहुँच गये, लेकिन हम उन ज्ञान-क्षेत्रों को मराठी में नहीं ला सके। अब भी मराठी भाषा ज्ञान-भाषा नहीं बन पा रही है। मराठी भाषी चाहे जो अन्य भाषाओं को सीखे। अँग्रेज़ी, हिन्दी, फ्रेंच, कन्नड़, पंजाबी कोई भी भाषा सीखे और उस पर अधिकार प्राप्त करे। फिर भी सब तो अधिकार प्राप्त नहीं कर सकेंगे। कुछ अवश्य होंगे जिनका मराठी भाषा पर अधिकार होगा। ऐसे लोगों को चाहिए कि वे निश्चयपूर्वक ज्ञान का निर्माण करते रहें। किसी भी भाषा से

प्रेम होना इतना महत्त्वपूर्ण नहीं है। भाषा पर अधिकार होना अधिक महत्त्व का है। उसके लिए श्रम को पर्याय नहीं है।

हम जायकेदार अन्न खाते हैं और अन्न का आनन्द पाते हैं। हम अच्छी पोशाक पहनते हैं और पोशाक का आनन्द पाते हैं। हम अच्छी भाषा का प्रयोग करेंगे और भाषा का भी आनन्द पायेंगे। भाषा का आनन्द होता है।

(२०११)

रुचि और अभिरुचि

मनुष्य को किसी ख़ास व्यंजन में रुचि होती है। किसी व्यक्ति को श्रीखण्ड अच्छा लगता है दूसरे को नहीं लगता या उतना स्वाद उसे नहीं आता। उसे जलेबी ख़ास पसन्द आती है। रुचि के कारणों को विज्ञान से खोजकर बताया जा सकता है... लेकिन बताने के बावजूद इसमें कोई फ़र्क़ नहीं पड़ेगा कि पसन्द आती है। श्रीखण्ड श्रेष्ठ या जलेबी, यह मुद्दा तो बेमानी ही है, ऐसा कोई झगड़ा भी नहीं है। व्यक्ति की उसकी अपनी साहित्यिक रुचि भी होती है। किसी व्यक्ति को कोई एक कविता (या कविता विधा) पसन्द आती है तो दूसरे को दूसरी ही कविता पसन्द आती है। बहुत सारे व्यक्तियों की इस तरह की विविध रुचियों से समाज की सभ्यता भरी हुई होती है। दो व्यक्तियों या समाज में बहस होती है कि श्रेष्ठ कविता किसे कहा जाय? ऐसी बहस विस्तार के साथ पुस्तकों में होनी चाहिए। इससे श्रेष्ठ कविता के लक्षणों की खोज की जानी चाहिए। खोजने की इस प्रवृत्ति से अभिरुचि उत्पन्न होती है। रुचि से अभिरुचि की ओर जाना ही संस्कृति है। रचना और खोज की प्रक्रिया में कइयों को उम्मीदवारी और प्रयास करना होता है। किसी की ओर से खोज होती है। संस्कृति को रचने वाली रचना बन जाती है। इस समझ में स्वतन्त्रता है। रसिकों, पाठकों को चाहिए कि वह अपनी व्यक्तिगत रुचि अवश्य रखें और अभिरुचि के लिए स्वतन्त्रता की गुंजाइश भी रखें।

किसी भी क्षेत्र में श्रेष्ठ क्या है? संस्कृतिजनित इस प्रश्न के उत्तर के लिए स्वतन्त्रता की ज़रूरत होती है।

(२०१३)

३

सभ्यता और संस्कृति

सभ्यता का उपन्यास और संस्कृति का उपन्यास

सभ्यता का उपन्यास और संस्कृति का उपन्यास

आज मैं यहाँ पर कथा-साहित्य और साहित्य व्यवहार के दो मुद्दों के बारे में सामान्य रूप से बोलना चाहता हूँ। मैंने अपना गृहपाठ किया है। इसलिए नहीं कि आज बोलना है। मैंने अपने लेखन के बहाने किया है। पहले मैं कथा-साहित्य के बारे में कुछ बोलता हूँ।

कथा-साहित्य के बारे में मराठी में कुछ अधिक बहस नहीं हुई है। उपन्यास और कहानी की विधाओं पर बहस होती है। कथा-साहित्य शब्दप्रयोग रूढ़ नहीं हुआ है। कथा-साहित्य कुछ लम्बोतरा शब्द है। संयुक्ताक्षर हैं। उच्चारण में जबान को कुछ ज़्यादा ही हलचल करनी पड़ती है। उपन्यास शब्द आसान है। रूढ़ है। मैं उपन्यास शब्द का प्रयोग करूँगा। हाँ, लेकिन जो बोलूँगा वह हर कथा विधा के लिए भी उपयुक्त होगा। ब्यौरे में फ़र्क़ तो रहेगा ही।

अब मुद्दों की तरफ़ बढ़ने की मेरी तैयारी हो चुकी है। मुद्दों, उनके तर्कों और वाक्य-रचना के साथ मेरी बुद्धि की गति को देखते हुए लगता है कि मैं धीरे से बोलूँगा। मेरे बोलने में टीका-टिप्पणी, आवाहन, चुनौती आदि नहीं होंगे। मतलब भावनाएँ नहीं होंगी। इसलिए सम्भव है कि मेरा बोलना रूखासूखा होगा। देख सकेंगे शायद कि क्या रूखेसूखे की भी कोई भाषाशैली होती है? जो भी मालूम है, ज्ञात है, उसमें से कुछ चुनकर मनुष्य जीने के लिए व्यवस्था निर्माण करता है। इसे सभ्यता कह सकते हैं। ज्ञान से चयन के लिए या चयन करते हुए मनुष्य मूल्य बनाता है। बचे हुए को मनुष्य असभ्य कहता है। असभ्य को नष्ट करने को कोशिश आदमी करता है। बचा हुआ सब कुछ नष्ट नहीं होता। जो नष्ट नहीं होता उसे

मनुष्य छिपाता या दबा कर रखता है। खुल जाने पर उसकी निन्दा करता है। यह बार-बार होता रहता है। जिसे सभ्यता में लिवा गया है उसमें कुछ असभ्य है इसको लेकर बहस होती है। इस तरह भी बहस होती है कि जिसे असभ्य कहा गया है, उसमें कुछ सभ्य भी है। सभ्यता में अज्ञात के बारे में कुछ कल्पनाएँ होती हैं। इन कल्पनाओं को आम सहमति दिलाने के प्रयास भी होते रहते हैं और कल्पनाओं के सच-झूठ के बारे में भी बहस होती है। सभ्यता इस तरह डाँवाँडोल होती रहती है। इसलिए यह बहुत नाट्यपूर्ण होता है और कथा-साहित्य को आवाहन करने वाला होता है। जो उपन्यास ज्ञात को अपनाता है उसे सभ्यता का उपन्यास कहा जा सकता है।

विश्व में अज्ञात बहुत कुछ है। अज्ञात की खोज के लिए कई एक शास्त्र निर्माण हुए हैं। कथा-साहित्य भी अज्ञात की खोज करता है।

अज्ञात की खोज करने वाले उपन्यास को संस्कृति का उपन्यास कहा जा सकता है। संस्कृति मनुष्य की खोजी वृत्ति से सम्बन्धित है।

खोजा हुआ फिर सभ्यता में शामिल हो जाता है। हाँ, लेकिन यह आसानी से नहीं होता। फिर भी अज्ञात को खोजना बाक़ी रहता है। फिर संस्कृति का उपन्यास बन जाता है। संस्कृति का उपन्यास अज्ञात को खोजने की प्रक्रिया को ठेठ प्रस्तुत करता है या फिर सभ्यता से संस्कृति तक की प्रक्रिया को प्रस्तुत करता है। यह प्रक्रिया ही है संस्कृति का उपन्यास। लेकिन इस प्रक्रिया में जो खोजा गया है उसे सिद्ध होना पड़ता है। अज्ञात खोज की सिद्धता ही होती है वह।

सभ्यता के उपन्यास का रूप, भाषा, प्रक्रिया नयी या निराली हो सकती है लेकिन वह जो कुछ खोजता है वह ज्ञात में से ही होता है।

सभ्यता का कथा-साहित्य विपुल होता है। संस्कृति का कथा-साहित्य क्वचित होता है। सभ्यता का कथा-साहित्य मन-बुद्धि को ऊर्जा दे सकता है। संस्कृति का कथा-साहित्य सन्त तुकाराम के शब्दों में 'जीव का जीवन' होता है। जीव का जीवन संस्कृति में होता है। जिसका मैं अब सभ्यता में प्रयोग कर रहा हूँ। मैं जानता हूँ कि मुझे इन मुद्दों को ब्यौरेवार जाँचकर रखना चाहिए। मैं कथा-साहित्य लिखने वाला हूँ। किसी उपन्यास में इन्हें उठाऊँगा।

अब मैं दो अन्य मुद्दों को रखता हूँ। यूँ तो दोनों सभ्यता के ही हैं।

पहला मुद्दा पुरस्कारों के बारे में है।

पहला उपमुद्दा : पुरस्कार के निर्णायकों के नाम पहले से ही घोषित किये जायें।

दूसरा उपमुद्दा : निर्णायकों की चर्चा को टेप किया जाय, लिखा जाय और प्रकाशित किया जाय। इससे चयन प्रक्रिया में पारदर्शिता आ जायेगी। इसके पहले दो पुरस्कार समारोहों में मैंने यह बात कही है। इसके पूर्व मैंने अपने एक साहित्यिक मित्र से इस बारे में बात की थी। मित्र ने कहा, ''निर्णायकों के नाम पहले से घोषित करने का रिवाज दुनिया में कई जगहों पर है। मित्र ने बुकर का उदाहरण दिया। फिर कहा टेप कर प्रकाशित करने का रिवाज कहीं नहीं है। मैंने कहा, ''भारत में पहला हमेशा दुनिया के बाद का होता है। अब यह हुआ तो भारत दुनिया में पहला होगा। सभ्यता में इस तरह के जवाब देने की सुविधा होती है।''

दूसरा मुद्दा लेखकों के बारे में है। भारत आर्थिक महासत्ता होने वाला है। मार्ग पर है। ऐसा सर्वत्र सुनायी दे रहा है। मेरे सामने सवाल खड़ा हुआ : क्या भारत के आर्थिक महासत्ता होने पर मराठी या भारतीय लेखक पूरे समय का लेखक होगा? लेखक पर पहले से ही सभ्यता के बन्धन हैं। क्या आर्थिक महासत्ता और बन्धन डालेगी? और इसका व्यत्यास : लेखक पूरे समय का लेखक बनने का, वह जो खोज रहा है उसी को लिखने का और पूर्ण रूप से भरपूर लिखने का साहस क्या लेखक कभी दिखायेगा?

(२००७)

सभ्यता के प्रश्न

आइए, हम एक फिक्शन रचते हैं। फिक्शन में चुनाव हैं। 'क्ष' दल के नेता सभाओं में बताते हैं कि हम पैदल चलने वाले हर एक को साइकिल देने वाले हैं। हमारी सरकार ग़रीबों के लिए काम करेगी। हमें चुनाव जिता दो।

'क्ष' दल चुनाव जीतता है।

पाँच वर्ष बीत जाते हैं। फिर चुनाव आते हैं।

'क्ष' दल के नेता सभाओं में बताते हैं, हमने देश के पैदल चलने वालों को साइकिलें दी हैं। हमने वचन का पालन किया है। आगे भी हम ग़रीबों के लिए काम करेंगे। हमें ही जिता दो।

विरोधी दल के नेता सभाओं में जोर-शोर से कहते हैं, सड़क पर मोटरसाइकिलें दिखायी देती हैं, कारें दिखायी देती हैं, इतना ही नहीं आसमान में निजी हेलिकाप्टर भी दिखायी देते हैं। साइकिलें बिलकुल ही नहीं दिखायी देतीं और पैदल चलने वालों की तादाद बढ़ गयी है। 'क्ष' दल झूठ बोल रहा है। साइकिलों की रकम 'क्ष' दल के मन्त्रियों की जेबों में चली गयी हैं। भ्रष्टाचार हुआ है। अमीर ज़्यादा अमीर हो गये हैं, ग़रीब ज़्यादा ग़रीब हुए हैं। ग़रीबी बढ़ गयी है। 'क्ष' दल को नष्ट करो।

'क्ष' दल के नेता पलटकर जवाब देते हैं। विरोधी दल अन्धा हो गया है। ग़रीबों को साइकिलें मिल चुकी हैं। भ्रष्टाचार बिलकुल भी नहीं हुआ है। हम ग़रीबों के लिए ही काम करने वाले हैं। विरोधी दल को नष्ट करो। राजधानी में हम साइकिल रैली निकालने वाले हैं। विरोधी दल को चाहिए कि आँखें खोलकर देखे। 'क्ष' दल की रैली, बड़ी ब्लैक कामेडी, समाचार-

पत्रों की हेडलाइन बन जाती है। उसमें मजमून होता है, 'क्ष' दल की रैली में मोटरसाइकिलें थीं, कारें थीं, आसमान में हेलिकाप्टर थे, साइकिल एक भी नहीं थी। पैदल चलने वाले भी नहीं थे। विरोधी दल आवेश में आता है।

'क्ष' दल के नेता विरोधी दल के नेताओं को गालीगलौज करते हैं। फिक्शन में आगे जनता एक बार इस दल को जिताती है तो दूसरी बार उस दल को जिताती है। फिर दोनों दलों के बागी नेताओं और कुछ अन्य नवोदित नेताओं का तीसरा दल बन जाता है। जनता उसे जिताती है।

जनता में कानाफूसी होने लगती है कि राजनीति वाले सारे एक जैसे ही होते हैं।

राजनीति करने वालों को कैसे सुधारें? इस प्रश्न पर फिक्शन समाप्त होता है।

भारतीय पर्यावरण में उन्नीसवी शताब्दी से समाज प्रबोधन का आरम्भ हुआ वह अब राजनीति करने वालों का प्रबोधन कैसे करें, यहाँ तक पहुँचा है।

जनता में कानाफूसी होती है, सब राजनीति करने वाले एक जैसे। सब राजनीति करने वाले एक जैसे इस बात को राजनीति करने वाले बिलकुल नहीं मानते।

कुछ राजनीति करने वाले कहते हैं, हम वाम हैं।

कुछ राजनीति करने वाले कहते हैं, हम दक्षिण हैं।

वामवालों की आकांक्षा होती है, समूचे समाज को वाम बनाने की। दक्षिण पन्थियों को आकांक्षा होती है समूचे समाज को दक्षिणी बनाने की। आकांक्षा इतनी तीव्र हो जाती है कि, दक्षिणपन्थियों में से कुछ लोगों को लगता है कि वामपन्थियों को शरीर से ही नष्ट करना चाहिए। वामपन्थियों में से कुछ सोचते हैं कि दक्षिणपन्थियों को शरीर से ही नष्ट करना चाहिए। हक़ीक़त में ऐसी कुछ हत्याएँ होती हैं। फिक्शन में यह आता है।

वामपन्थियों में गुट, उपगुट होते हैं, उनमें संघर्ष होता है। दक्षिणपन्थियों में गुट उपगुट होते हैं, उनमें भी संघर्ष होता है। यह फिक्शन में आता है।

कोई भी शत-प्रतिशत एक विचारधारा का नहीं हो सकता। राजनीति करने वाले इसे नहीं समझते। कोई भी शत-प्रतिशत किसी धर्म का हो नहीं सकता, राजनीति करने वालों की समझ में यह नहीं आता। फिक्शन में यह

नहीं आता। मनुष्य बेहद जटिल होता है। इसे फिक्शन में आना चाहिए। दुनिया की वाम-दक्षिण वाली गुत्थी ख़तम हो गयी है। भूमण्डलीकरण, मुक्त बाज़ार, शरणार्थी, इस्लामी आतंकवाद, सभ्यता में सार्वजनिक कर्मकाण्ड का स्थान जैसे मुद्दे प्रासंगिक हो गये हैं। विचारधारा के बिना भी जीने का कुछ हिस्सा होता है। इस बात की ओर समाज के नेताओं का ध्यान नहीं है, इतना ही नहीं, उनको इसका भान भी नहीं है। विगत कुछ वर्षों से मैं सभ्यता और संस्कृति पर सोच रहा हूँ।

मनुष्य की दिलचस्पी दो अहम बातों में होती है : १. सही तरह से जीना, २. जानना। सही तरह से जीने के लिए जो व्यवस्था होती है उसे सभ्यता कह सकते हैं।

भारतीय वातावरण में सभ्यता शब्द का प्रयोग विशेष रूप से नहीं होता। कुल मिलाकर संस्कृति शब्द का ही प्रचलन है। जानने की मनुष्य की प्रेरणा के लिए मैं संस्कृति शब्द का प्रयोग करता हूँ। मनुष्य को कुतूहल होता है। मनुष्य बहुत, बहुत कुछ बल्कि सबकुछ जानना चाहता है। स्वातन्त्र्योत्तर काल में कारखाने बन रहे हैं। स्कूल, कालिज, विश्वविद्यालय बन रहे हैं। मोटरसाइकिल, रिक्शा, कार, रेल, हवाई जहाज...यात्रा के साधन बन गये हैं। घर, ऊँचे भवन बन रहे हैं। कम्प्यूटर आ गया है। नेशनल लॅबोरेटरियाँ हैं। फ़िल्मोत्सव हो रहे हैं। खेल चल रहे हैं। मनोरंजन के साधनों में इज़ाफ़ा हो रहा है।

पर्याप्त कुछ भी नहीं है। जो विकास हो रहा है वह अनुशासन से परे है। शहरों को स्मार्ट करने की भाषा बोलनी पड़ रही है। सबको बिजली, शुद्ध जल, स्वास्थ्य की सुविधाएँ देने की बात राजनीति करने वालों को सभाओं में करनी पड़ रही है। किसान आत्महत्याएँ कर रहे हैं। नागरिक व्याधिग्रस्त हैं। किसी भी काम में अनुशासन नहीं है। अपराध, दुर्घटना, बलात्कार, हमले...हो रहे हैं। बारिश से मौत, धूप से मौत, जाड़े से मौत, कुपोषण से मौत, ...मौत के कई तरीक़े बन रहे हैं। अभिव्यक्ति की स्वतन्त्रता को सब मानते हैं, असल में देता कोई नहीं है। सामान्य नागरिक तक अभिव्यक्ति की स्वतन्त्रता की अवधारणा सही ढंग से पहुँची नहीं है। मनुष्य में आत्मसम्मान नहीं है। फिर मनुष्य अहंकारी बनकर जीने की लड़ाई लड़ने लगता है। कोई भाषा का ठीक ढंग से इस्तेमाल भी नहीं करता। लोकसभा में गड़बड़ होती है। क्या इसे सभ्यता कह सकते हैं?

सभ्यता के तीन भेद बताये जा सकते हैं : १. आदर्श सभ्यता, २. प्रगत सभ्यता, ३. विकसनशील सभ्यता।

आदर्श सभ्यता अभी तक किसी भी मानव समूह ने प्राप्त नहीं की है। यूरोपीय सभ्यता को प्रगत सभ्यता कहा जाता है। तीसरी दुनिया के विकसनशील राष्ट्रों की सभ्यता विकसनशील सभ्यता है। भारतीय सभ्यता को विकसन-शील सभ्यता कहा जा सकता है। भारतीय समाज को ध्यान देना है कि सभ्यता को प्रगत बनाना है। ऐसा नहीं है कि माली हालत सुधारने से सभ्यता में सुधार होता है। तीसरी दुनिया के राष्ट्रों में यूरोपीय सभ्यता के स्वीकार को विरोध हो रहा है। तीसरी दुनिया के राष्ट्रों का दावा है कि उनकी सभ्यता महत्त्व की है। बल्कि यूरोपीय सभ्यता से मुक़ाबला है। देशीयता (नेटिविज्म) का जोर दिखाया जाता है। देशीयता सभ्यता के बारे में है या संस्कृति के बारे में ? इसे साफ़ करना होगा। मेरी राय में देशीयता का मुद्दा सभ्यता के बारे में है। संस्कृति के बारे में नहीं है। जानना ही संस्कृति है। जानने की उत्सुकता में ही प्राकृतिक विज्ञान, सामाजिक विज्ञान, कला शाखाएँ, जैसी ज्ञानशाखाएँ बनी हुई हैं। ये ज्ञानशाखाएँ विश्व में सर्वत्र एक जैसी हैं। गणित ज्ञानशाखा विश्व में एक जैसी ही होगी। भौतिकी ज्ञानशाखा विश्व में एक जैसी ही होगी। संस्कृति विश्व में एक जैसी ही होगी। हाँ... हर एक राष्ट्र की सभ्यता अलग बनने में दो राय नहीं होनी चाहिए।

विश्व में हरएक राष्ट्र बहुसभ्यता का (मल्टिसिविलेजशनल) होगा। और ज्ञानशाखाओं के सन्दर्भ में सभी राष्ट्र एक संस्कृतीय (यूनिकल्चरल) होगा। अब यदि किसी राष्ट्र ने वस्तुओं या अन्तरिक्ष का अध्ययन कर अभी अस्तित्व में भौतिकी की ज्ञानशाखा के लिए नया विकल्प ढूँढ़ा हो तो कहा जायगा कि उस राष्ट्र ने नयी संस्कृति का निर्माण किया। उस वैकल्पिक ज्ञान शाखा का स्वीकार सारी दुनिया करेगी। दुनिया में कहीं भी फिक्शन का नया प्रकार (जॉन्र) निर्माण हुआ तो ऐसा नहीं कि वह उस राष्ट्र का होगा। सारी दुनिया साहित्य के उस प्रकार का स्वीकार करेगी। मुक्तछन्द की कविता को दुनिया ने स्वीकार किया ही ना ? वह किस देश में, किस सभ्यता में पहली बार उत्पन्न हुआ इस प्रश्न का विचार कविता के इतिहास में होगा। सभ्यताएँ एक जैसी नहीं होंगी, संस्कृति एक जैसी ही होगी। संस्कृति के दो खण्ड होते हैं :

१. मनुष्य के लिए जो पूर्वज्ञान है उसे जानना। हर पीढ़ी इसे स्कूल,

महाविद्यालय, विश्वविद्यालय, ग्रन्थ–पाठ, भाषण आदि से प्राप्त करती है।

२. मनुष्य जाति को अब तक जो अज्ञात है, उसे जानना, अज्ञात को जानने का अर्थ है खोजना, अनुसन्धान करना। आधुनिक मनुष्य का यह नया व्यवसाय (ऑक्यूपेशन) हुआ है। ऋण (निगेटिव) चर्चा बराबर जारी है कि भारत में ऊँचे दर्जे का अनुसन्धान नहीं होता है। सामाजिक विज्ञान, गणित शास्त्र, इतिहास, दर्शन, कला मीमांसा आदि में ऊँचे दर्जे का अनुसन्धान नहीं हो रहा है। ऐसी आलोचना या चर्चा नहीं मिलती—समाज–विज्ञान, गणितशास्त्र, इतिहास, दर्शन और कलामीमांसा आदि में ऊँचे दर्जे का अनुसन्धान क्यों नहीं हो रहा है कि क्या सिर्फ़ विज्ञान ही महत्त्वपूर्ण है? विज्ञान को महत्त्वपूर्ण माना जाता है। इसलिए कि उससे प्रौद्योगिकी का निर्माण होता है। प्रौद्योगिकी से विकास होता है। भारत में प्रौद्योगिकी को ही विज्ञान कहा जाता है। तकनीशियन को वैज्ञानिक कहा जाता है।

अनुसन्धान करना हो तो अनुसन्धान की प्रणाली निर्माण करनी पड़ती है। प्रकृति में यह प्रणाली नहीं होती। अनुसन्धान की प्रणाली ही ज्ञान है। प्रणाली से जो निष्कर्ष निकलते हैं वह होती है जानकारी। पृथ्वी गोल है यह जानकारी है। पृथ्वी गोल है इसे सिद्ध करने की प्रणाली है ज्ञान।

नदियों को स्वच्छ करना है। कैसे करें? प्रणाली निर्माण करनी पड़ेगी। अपराधी को खोजना है। प्रणाली निर्माण करनी पड़ती है। बलात्कारों को रोकना है। प्रणाली निर्माण करनी पड़ती है। दुर्घटनाओं को रोकना है। प्रणाली निर्माण करनी पड़ती है।

भारतीयों की समस्या है कि प्रणाली निर्माण करने में हम बहुत पिछड़े हुए हैं। प्रणाली हम दूसरों से लेते हैं। बहुत हुआ तो दूसरों की प्रणाली से हम अपनी कोई प्रणाली बना लेते हैं। इसे पुनर्शोध (Research) कह सकते हैं। प्रणाली निर्माण करने को शोध या अनुसन्धान (Research) कह सकते हैं।

भारत में पुनर्शोध होता है, शोध नहीं।

भारत में साहित्यिक सिद्धान्तों का पुनर्शोध होता है। शोध नहीं होता। फिक्शन का शोध नहीं होता। सीधे उपन्यास, कविता, नाटक आदि साहित्य विधाओं का पुनर्शोध जारी है। खोजने, निर्माण करने के लिए बुद्धिमत्ता (टैलेंट) ज़रूरी है। और बेहद मेहनत (हार्ड वर्क)। इसमें असीम बौद्धिक, मानसिक तनाव होते हैं। शरीर पर भी उसके परिणाम होते हैं। यह बहुत

वेदनादायक होता है। इसमें अमूर्त चिन्तन होता है। अमूर्त को समूर्त करने की प्रणाली को निर्माण करना होता है।

खोजने में भारतीयों के पिछड़े रहने पर प्रत्युत्तर दिया जाता है कि पहले हमारे यहाँ सबकुछ था।

इस पर प्रत्युत्तर तो नहीं, लेकिन कहा जा सकता है : पहले था, ओके, अब नहीं है।

भारत में बहुत समय से किसी भी क्षेत्र में अज्ञात की खोज (डिस्कवरी) करने की प्रणाली निर्माण करना हुआ ही नहीं है। शोध है ही नहीं, पुनर्शोध जारी है।

भारत में क्या सचमुच प्रतिभावान् नहीं हैं?

एक प्रमेय इस तरह रखा जाता है कि पहले माली हालत में सुधार होना चाहिए। बाद में खोज की जा सकती है। फिर प्रतिभावान् पैदा होंगे। यह अफ़वाह है। इतिहास गवाह है कि प्रतिभावान् के पैदा होने से माली या समाजी हालत का कोई सम्बन्ध नहीं होता।

बीसवीं शती में भारत में गणित के प्रतिभावान् रामानुजन हुए। उनका जन्म १८८७ का और निधन १९२० का। रामानुजन का घर बहुत दरिद्र था। हाफ स्टार्वेशन ही कहिए। गणित के अध्ययन के लिए उन्हें उस ज़माने की वे मामूली किताबें मिली थीं। गणित पर चर्चा करने की तो क्या, बात करने के लिए भी कोई नहीं था। ऐसे हालात में रामानुजन ने गणित में, महान अनुसन्धान किया। सारी दुनिया उन्हें जीनियस ऑफ़ मैथेमेटिक्स ऑफ़ ऑल टाइम्स कहती है।

रामानुजन के व्यक्तित्व का अध्ययन भारत में होना चाहिए। रामानुजन की कहानियाँ हमारी सभ्यता में फैलनी चाहिए।

वाम या दक्षिण?...इसमें हमारा समाज क्यों उलझा हुआ है? क्या ऐसी कोई बात है कि वाम हो तो बड़ा गणितज्ञ होगा। क्या ऐसी कोई बात है कि दक्षिण हो तो बड़ा गणितज्ञ होगा।

बीच-बीच में कहा जाता है कि इक्कीसवीं शती ज्ञान की शती है। लेकिन भारतीय पर्यावरण में केन्द्रस्थान में ज्ञानशाखाएँ नहीं हैं। भारतीय पर्यावरण में राजनीति केन्द्रस्थान में है। राजनीति करने वाले शोधक (सीकर्स) नहीं

होते न अन्वेषक (डिस्कवर्स) होते हैं, उपयोजन (एप्लिकेशन) करने वाले प्रबन्धक (मैनेजर्स) होते हैं। राजनीति वाले संस्कृति का निर्माण नहीं कर सकते। शोधक और अन्वेषक संस्कृति निर्माण करते हैं। मनुष्य में कुतूहल होता है। कुतूहल का मतलब है प्रश्न का निर्माण होना। कुतूहल के दो भेद होते हैं। एक है मामूली प्रश्नों का जैसे पड़ोस के घर में क्या चल रहा है? कुतूहल का दूसरा भेद गहन (प्रोफाउण्ड) प्रश्नों का, जैसे विश्व क्या है? गहन प्रश्नों के उत्तरों की खोज में ज्ञानशाखाओं का निर्माण होता है। गहन प्रश्न दार्शनिक होते हैं। जीवन का अर्थ क्या है? यह भी गहन है और दार्शनिक भी है। ज्ञान क्या होता है? यह भी प्रश्न बन जाता है उसमें ज्ञानमीमांसाशास्त्र निर्माण होता है। इतिहास का अध्ययन क्यों करना चाहिए? इससे इतिहास के दर्शन की ज्ञानशाखा बन जाती है। विज्ञान का दर्शन, दर्शन का दर्शन, साहित्य का दर्शन, भाषा का दर्शन, इस तरह से ज्ञानशाखाओं का विस्तार हो जाता है। नयी-नयी ज्ञानशाखाएँ निर्माण होती रहती हैं।

भारतीय पर्यावरण में गहन प्रश्नों की ओर ध्यान ही नहीं दिया गया है। या तो वे उत्पन्न ही नहीं हुए हैं। इसीलिए उच्च अनुसन्धान का अभाव है। उच्च अनुसन्धानकर्ता नहीं हैं। राजनीति करने वालों में गम्भीरता का अभाव है। राजनीति करने वाले बेताल हो गये हैं। समाज यतीम हो गया है।

जो बुद्धिमान हैं उन्हें ज्ञान-क्षेत्र में मगन होकर अनुसन्धान करना, शोध करना, सिद्ध करना, निर्माण करना चाहिए और सिर्फ़ यही करना चाहिए। इस तरह मगन होकर काम करने वालों की कहानियाँ परिवार में पड़ोसियों में, गली में, नगरों में, पूरे राष्ट्र में फैलनी चाहिए। समाज को मालूम होना चाहिए कि ऐसे भी लोग होते हैं जो सुख-दुख की परवाह न करते हुए सृजन की पीड़ाओं को सहन करते हैं। राजनीतिवालों को भी पता होना चाहिए। अनुसन्धानकर्ताओं, शोधकों, अन्वेषकों की सभ्यता में धूमधाम होनी चाहिए। फिक्शन भी शोध करता है।

जो फिक्शन मात्र सभ्यता की खोज करता है उस फिक्शन को सभ्यता का फिक्शन कह सकते हैं। जो फिक्शन सभ्यता के साथ-साथ गहन प्रश्नों की भी खोज करता है, उस फिक्शन को संस्कृति का फिक्शन कहा जा सकता है। संस्कृति का फिक्शन अभिजात (क्लासिकल) होता है। अभिजात फिक्शन अध्यात्म को धर्म से, कर्मकाण्ड से बाहर निकालता है। धर्म के

बिना अध्यात्म आज की दुनिया की ज़रूरत तो है ही। सभी ज्ञानशाखाएँ विवेक पर आधारित होती हैं। फिक्शन ही एकमात्र ऐसी शाखा है, जिसका उपयोग मनुष्य के विवेक और अविवेक दोनों पहलुओं की खोज करने में होता है। फिक्शन गहन प्रश्नों के उत्तरों को खोजने की अध्ययन-प्रणाली (मेथडॉलॉजी) है।

बुद्धिमानों को दायित्व का स्वीकार करना चाहिए कि ज्ञानशाखा में मगन होकर कार्य करते हुए शोध की प्रणाली निर्माण करें। संस्कृति का आरम्भ होते ही सभ्यता प्रगत होने लगती है। मुझे और एक मुद्दे की तरफ़ बढ़ना है।

पहला विश्वसमर हुआ। दूसरा विश्वसमर हुआ। महाभारत के ज़माने से युद्ध हो रहे हैं। अब इस्लामी आतंकवाद जारी है। इस्लामी आतंकवाद से निपटने की योजनाएँ सारी दुनिया बना रही है।

राज्य को बढ़ाना, सत्ताकांक्षा, धर्मश्रेष्ठता, वंशश्रेष्ठता, विचारधारा की श्रेष्ठता के लिए मनुष्य मनुष्य की हत्या कर रहा है। मामूली बोलचाल से ख़ून हो रहे हैं।

हिंसा। मनुष्य में हिंसा है ही। किसी न किसी वजह से मनुष्य की हिंस्रता उबल पड़ती है। हिंस्रता के कारणों की चर्चा हो रही है। हिंस्रक पर कठोर कार्रवाई की बात हो रही है। हिंसाचार करने वालों को कठोर दण्ड भी दिया जा रहा है। हिंसाचार के अंदेश पर पहले से ही खोज कर उसका बन्दोबस्त करने की योजनाएँ कार्यान्वित हो रही हैं। मनुष्य में हिंस्रता की प्रवृत्ति है। उसका अध्ययन होना चाहिए। मनुष्य की हिंस्रता का अध्ययन करने की बात पर आधुनिक शास्त्र ने अभी तक सोचा नहीं है। जितनी गम्भीरता से गॉड पार्टिकल की खोज को महत्त्व दिया जा रहा है उतनी ही गम्भीरता से हिंस्रता का अध्ययन करने की बात को आधुनिक शाखों को अहमियत देनी चाहिए। भारतीयों ने इसे गम्भीरता से अंज़ाम देना चाहिए। इसे शास्त्र को भी करना है और कथा-साहित्य को भी। कथा-साहित्य-संस्कृति की बात तो है ही क्या मनुष्य हिंस्रता से पूरी तरह से मुक्त हो सकता है? कैसे हो सकता है? कब से ही इस गहन प्रश्न को अध्ययन के लिए उठाने का वक़्त हो चुका है। जब मनुष्य ने मनुष्य की हत्या की थी तब से ही।

संस्कृति के प्रश्न

गणित, प्राकृतिक विज्ञान, समाजशास्त्र, इतिहास, कृषि, पर्यावरण–विज्ञान, अध्यात्म सभी ज्ञान–क्षेत्र हैं। सभी कलायें, साहित्य, कथा, उपन्यास, कविता भी ज्ञान–क्षेत्र हैं। गणित का क्या तत्त्व होता है? क्या हमारे समाज में इस तरह तत्त्वों की चर्चा होती है? गणितज्ञ, इतिहासकार, शास्त्रज्ञ, कलाकार, आध्यात्मिक व्यक्ति, लेखक, कवि...कैसे होते हैं ये लोग? कैसे काम करते हैं? उनका मन, बुद्धि कैसी होती है? क्या हमारे समाज में इसके बारे में चर्चा होती है?

वामपन्थी–दक्षिणपन्थी की चर्चा राजनीति में होने दीजिए...ज्ञान याने क्या? इसकी चर्चा नहीं होनी चाहिए? श्रेष्ठ अनुसन्धान, श्रेष्ठ कविता, श्रेष्ठ उपन्यास, श्रेष्ठ आध्यात्मिकता...इनके क्या लक्षण हैं, क्या निकष हैं? क्या इसकी चर्चा हमारे समाज में होती है? ज्ञान याने क्या इसकी चर्चा, मीमांसा क्या साहित्य, उपन्यास, कविता में नहीं होनी चाहिए?

अध्यात्म ज्ञान–क्षेत्र का एक प्रमेय है? अहं, मैं, मेरा–मेरे पूरी तरह से जाना चाहिए—क्या यह प्रमेय समाज के सामने स्पष्ट रूप से नहीं होना चाहिए? किसी भी ज्ञान–क्षेत्र में प्रतीक, कर्मकाण्ड पर्याप्त नहीं होता। ज्ञान ही महत्त्वपूर्ण होता है। ज्ञान को सिर्फ़ सम्पादित करना नहीं होता, ज्ञान को निर्माण भी करना पड़ता है। क्या हमारे समाज में ऊँची श्रेणी का ज्ञान निर्माण हो रहा है? गणित के ऊँची श्रेणी का अनुसन्धान हो रहा है? ऊँची श्रेणी का उपन्यास, कविता लिखी जा रही है?

ऊँची श्रेणी का ज्ञान निर्माण करना बेहद मुश्किल काम है। इस तरह का भ्रम समाज में फैलने से काम नहीं चलेगा कि ज्ञान को कमाना आसान है।

गड़बड़ घोटाला ही हो जायेगा ना?

आस्तिक-नास्तिक का वाद सनातन है सारी दुनिया में। आस्तिकों की नास्तिकों को आस्तिक बना डालने की कोशिश संघर्ष होती है। नास्तिकों की आस्तिकों को नास्तिक बनाने की कोशिश संघर्ष होती है। जीत की बाजी लगती है। रचनाकार भी होता है। आस्तिकों को चाहिए कि वे आस्तिकता का तत्त्व समाज को बतायें। सिर्फ़ बतायें। नास्तिकों को चाहिए कि वे नास्तिकता का हल समाज को बतायें। सिर्फ़ बतायें। सिर्फ़ बताना मुश्किल होता है। फिर भी सिर्फ़ बताने की तपश्चर्या करें। जीतने का मुद्दा क्यों हो? आस्तिकों को चाहिए कि वे अपने जीने में परमात्म स्वरूप को साक्षात् जाने, जीवन के अर्थ की खोज करे और समाज को बतायें...नास्तिकों को चाहिए कि वे सृष्टि तत्त्व, जीवन तत्त्व व जीवन के अर्थ की खोज करे और समाज को बतायें।

बतायें...बतायें कहना पर्याप्त नहीं होता। लिखें। ग्रन्थ ही चाहिए। कथा, कविता, उपन्यास चाहिए। उनसे ज्ञानमार्ग पैदा होते हैं, ज्ञान निर्माण के कई भेद होते हैं। ज्ञान विशिष्ट प्रकार से ही पैदा होना चाहिए। इस प्रकार के दुराग्रह या जिद को चबाने से ज्ञान तोतारटन्त बन जाता है। विश्व-रहस्य, जीवन-रहस्य, जीवन का अर्थ, मृत्यु, हिंसा, कामजीवन, छिछलापन, पवित्रता, दहशत, सत्ताकांक्षा, जीने की ऐसी विविध अवस्थाओं के बारे में गहन प्रश्नों को उपस्थित करना चाहिए, समाज के सम्मुख लाना चाहिए। गहन प्रश्न और उनके उत्तरों को प्राप्त करने के पीढ़ी-दर-पीढ़ी अविरत प्रयास...समाज के प्रौढ़ होने के लिए इसकी आवश्यकता है। गहन प्रश्नों से संस्कृति का आरम्भ होता है और उत्तरों की खोज करने के प्रयासों से संस्कृति जीवित रहती है।

आदमी अच्छा होता है, बुरा होता है। आदमी बना होता है, बिगड़ा होता है। आदमी विवेकी होता है, अविवेकी होता है। आदमी सीधा होता है, टेढ़ा होता है। गहन प्रश्नों से जुड़ जाने पर आदमी का टेढ़ापन नरम पड़ जाता है। ग्रन्थों में, उसी तरह कविता, उपन्यास आदि साहित्य-रूपों में गहन प्रश्न प्रस्तुत किये जाते हैं। इस तरह के साहित्य की आवश्यकता है ना? ग्रन्थों को, साहित्य को पढ़ने की आदत तो होनी ही चाहिए। अख़बार पढ़ना या टीवी देखना, सुनना पर्याप्त नहीं है। समाज में किताबघर तो होने ही चाहिए। मुफ़्त होने चाहिए। सुन्दर और प्रशस्त होने चाहिए। सभी

प्रकार की किताबों से समृद्ध। ऐसे हों कि जहाँ जाने को जी करे। शहरों, कस्बों, गाँवों, बस्तियों में भी हो, अपना वतन किताबघरों का वतन बने। क्यों नहीं बनते ऐसे किताबघर? आज़ादी के इतने बरसों के बावजूद?

आनेवाले चुनाव में क्या राजनीतिक दल अपने घोषणा–पत्र में सुन्दर, विस्तृत ग्रन्थ समृद्ध किताबघर का मुद्दा समाविष्ट करेंगे? उसे निभायेंगे?

क्या समाज को गणितज्ञ, इतिहासकार, कलाकार, लेखक, कवि, दार्शनिक आदि की आवश्यकता है? जवाब तुरन्त आयेगा कि हाँ, आवश्यकता है? ...गणितज्ञ, लेखक, कवि आदि की आवश्यकता के लिए क्या समाज सचमुच तड़पता है? आज़ादी मिल गयी इसे सत्तर साल हो गये। क्या ऐसी परिस्थिति पैदा हो गयी है कि जिसमें लेखक मात्र लेखन पर अपनी जीविका चला सके? ऐसी परिस्थिति क्यों नहीं है जिसमें काश्तकार और साहित्यकार अपने काम से जी पायें?

साहित्य के प्रकाशन समारोह, सम्मेलन सम्पन्न हो रहे हैं, संगोष्ठियाँ, वार्तालाप हो रहे हैं। अख़बारों, पत्रिकाओं में समीक्षायें छप रही हैं। कभी ऐसा होता है कि किसी नागरिक को किसी प्रसंग में उपन्यास या कविता की कोई पंक्ति, कोई घटना, कोई संवाद याद आता हो और नागरिक उसे उद्धृत करता हो? क्या कभी कोई राजनीतिक नेता अपने भाषण में किसी उपन्यास वग़ैरह का कुछ ज़िक्र करता हुआ नज़र आता है? हाँ, विधानसभा, लोकसभा में बजट प्रस्तुत करते समय मामूली, गैरसंजीदा काव्य पंक्तियों के जिक्र होते हैं। इसका तात्पर्य यह है कि साहित्य समाज में गहराई तक नहीं पहुँच पाया है या दूसरा तात्पर्य यह भी हो सकता है कि ज़िक्र करे ऐसा साहित्य में कुछ नहीं है। सच्चाई क्या है?

रोटी, कपड़ा, मकान, पानी, बिजली, स्वास्थ्य के साधन जीने के तत्त्व हैं। जीवन का अर्थ क्या है? यह भी जीने का तत्त्व है। रोटी, कपड़ा, मकान पहला तत्त्व है तो जीवन का अर्थ क्या है, दूसरा तत्त्व है। इस तरह बात रखी जाती है। रोटी, कपड़ा, मकान और 'जीवन का अर्थ क्या है?' दरअसल, दोनों तत्त्व एकत्रित और एक साथ होते हैं। ख़ाली पेट कवि कविता की उपासना करता है। हर एक नागरिक को दोनों बातें करनी हैं— रोटी, कपड़ा, मकान और जीवन का अर्थ क्या है? 'जीवन का अर्थ क्या है?' इसे खोजने की आज़ादी हर एक नागरिक को है। ऐसी आज़ादी ही जनतन्त्र का सारांश है।

कथा-साहित्य में जीवन के गुणधर्म

समाज की भूमि होती है। समाज में अनेक लोकसमूह होते हैं। लोकसमूह विभिन्न कारणों से एक-दूसरे से जुड़े होते हैं। लोकसमूहों के एक-दूसरे के प्रति दायित्व होते हैं। एक-दूसरे पर अधिकार होते हैं। सभी लोकसमूहों के लिए कुछ क़ानून और नियम समान होते हैं। समाज में अनेक भाषाएँ होती हैं, अनेक धर्म होते हैं, अनेक विचारधाराएँ होती हैं, अनेक रस्मोरिवाज, वर्तन-व्यवहार, रूढ़ियाँ होती हैं, कई तरह की श्रद्धाएँ होती हैं, कई तरह की अन्धश्रद्धाएँ भी होती हैं, दन्तकथाएँ होती हैं। समाज का अतीत होता है, इतिहास होता है, आशा-आकांक्षाएँ, सपने होते हैं। भविष्य के बारे में ढाँचा होता है। प्रकृति और जीवन के रहस्यों के बारे में धारणाएँ होती हैं, कक्षाभेद होते हैं। समाज में प्रश्न होते हैं, समस्याएँ होती हैं—संघर्ष होते हैं, विपत्तियाँ होती हैं। उनसे मुक्ति पाने के उपायों पर बहसें होती हैं, कोशिशें की जाती हैं। इन सबसे समाज जीने की व्यवस्था निर्माण करता है।

इन सबसे मिलकर समाज की सभ्यता बनती है। समाज की भूमि ही व्यक्ति की भूमि होती है। उसकी अपनी भूमि और अपना घर होता है। व्यक्ति समाज का होने के साथ-साथ अपना भी होता है। व्यक्ति की अपनी भाषाशैली होती है, उसकी अपनी पसन्द-नापसन्द, आदतें, विचार, विकार, प्रश्न, समस्याएँ, संघर्ष, श्रद्धा, अन्धश्रद्धा होती हैं। प्रकृति और जीवन-रहस्य के बारे में उसकी अपनी धारणाएँ होती हैं। व्यक्ति की अपनी पद्धति होती है। इन सबसे व्यक्ति की सभ्यता बन जाती है। व्यक्ति के पास समाज की और उसकी अपनी सभ्यता होती है।

कथा-साहित्य में व्यक्ति होता है और समाज होता है, व्यक्ति की सभ्यता

होती है और समाज की सभ्यता होती है, इसके अलावा, लिखने की, लेखक की सभ्यता भी गल्प में आती है।

उपर्युक्त तीनों सभ्यताएँ मिलकर कथा–साहित्य की सभ्यता बन जाती हैं।

कथा–साहित्य साहित्य का अंग है।

सभ्यता के इस अंग से कथा–साहित्य का रंग निर्धारित होता है।

जो भी ज्ञान है, उससे चुनकर मनुष्य जीने के लिए जिस व्यवस्था का निर्माण करता है, उसी को सभ्यता कहते हैं। ज्ञात से चुनने की प्रक्रिया में चयन के मूल्य तैयार हो जाते हैं। चयन के बाद जो अवशिष्ट रह जाता है उसे असभ्य या अनैतिक कहा जाता है। जो भी असभ्य है, उसे नष्ट करने का प्रयास किया जाता है। असभ्य सारा का सारा नष्ट नहीं होता। असभ्य का जो नष्ट नहीं होता उसे छिपाने की कोशिश की जाती है। प्रकट होने पर तुरन्त उसकी निन्दा की जाती है। निन्दा हिंसक भी हो सकती है। सभ्यता में जो है उसमें कुछ असभ्य भी है उसे लेकर बहस छिड़ जाती है। जिसे असभ्य कहा गया है उसमें कुछ सभ्य भी है इसे लेकर चर्चाएँ होने लगती हैं। सभ्यता में अज्ञात को लेकर कुछ कल्पनाएँ, अवधारणाएँ होती हैं, उसके सच–झूठ होने के बारे में विवाद शुरू हो जाते हैं। 'सभ्यता को बदलना चाहिए' को लेकर संघर्ष उभरता है। पहली सभ्यता को उखाड़कर नयी सभ्यता के लिए विद्रोह होने लगते हैं। अज्ञात की खोज करने की नयी–नयी प्रणालियाँ बन जाती हैं।

खोज करना, समझना मनुष्य की सनातन प्रेरणा है। मनुष्य अस्तित्व में आ चुकी सभ्यता की खोज करता है, अज्ञात की खोज करता है, मनुष्य–स्वभाव की खोज करता है। मनुष्य की इस खोजी प्रवृत्ति को मैं संस्कृति कहता हूँ। कथा–साहित्य भी खोज करता है। कथा–साहित्य अस्तित्व में आयी सभ्यता, मनुष्य–स्वभाव और अज्ञात की खोज करता है। कथा–साहित्य के इस दूसरे अंग को कथा–साहित्य की संस्कृति कहा जायेगा। संस्कृति के इस अंग से कथा–साहित्य का रूप निर्धारित होता है।

कथा–साहित्य के अध्ययन और पढ़ने को कथा–साहित्य की सभ्यता और संस्कृति, दोनों अंगों से अंज़ाम दिया सकता है।

खोज करने की प्रेरणा से मनुष्य के अनेक शास्त्रों का निर्माण किया गया

है। सामाजिक शास्त्र सभ्यता, मानव-स्वभाव और जीवन की खोज करते हैं। आध्यात्मिक शास्त्र जीवन और प्रकृति से भी परे जो है, उसकी खोज करते हैं। सभ्यता, मनुष्य-स्वभाव, प्रकृति, समूचे अस्तित्व और अस्तित्व के परे जो कुछ है इन सबकी एकसाथ खोज करने वाला कथा-साहित्य को छोड़कर दूसरा कोई साधन मनुष्य को अभी तक नहीं मिला है।

सामाजिक शास्त्र, वैज्ञानिक शास्त्र, इतना ही नहीं, चित्र, संगीत, शिल्प जैसी कलाओं के अध्ययन और निर्माण के लिए बुद्धि की विशिष्ट रुचि, स्तर, साधन और शिक्षा आवश्यक होती है। गल्प की रचना और अध्ययन के लिए एक निम्नतम शर्त होती है। वह शर्त है, भाषा की जानकारी और भाषा तो हर आदमी जानता ही है। भाषा आदमी को अक्षरश: अनायास आती है।

जो भी ज्ञान है, उसमें कुछ मूर्त होता है, कुछ अमूर्त होता है। जो भी अज्ञात है, उसमें कुछ मूर्त होता है, कुछ अमूर्त होता है। सभी शास्त्र और कलाएँ मूर्त की खोज करते हैं। अमूर्त की खोज करते हैं। कथा-साहित्य भी मूर्त की खोज करता है। अमूर्त की खोज करता है। ज्ञात में जो मूर्त है, उसकी खोज करना तुलनात्मक रूप से आसान होता है। ज्ञात में जो अमूर्त है, उसकी खोज करना तुलना में कठिन होता है। अज्ञात की खोज करना कठिन काम है। अज्ञात के अमूर्त की खोज करना बेहद-बेहद कठिन काम है।

कथा-साहित्य में जीने को प्रस्तुत किया जाता है। जीना घटनाओं में घटता है। घटनाओं में कुछ ज्ञात होता है, कुछ अज्ञात होता है। ज्ञात में कुछ मूर्त होता है, कुछ अमूर्त होता है। अज्ञात में भी कुछ मूर्त होता है, कुछ अमूर्त होता है। ज्ञात में जो मूर्त होता है उसकी खोज करनी होती है। अज्ञात में जो मूर्त और अमूर्त होता है, उसकी खोज करनी होती है।

लेखक को जीते हुए, घटनाओं से गुज़रते हुए कभी-कभार कुछ प्रतीति हो जाती है। यह प्रतीति प्रश्नों के रूप में भी हो सकती है।

इस प्रतीति से लेखक भीतर से हिल जाता है, अथवा दहल भी जाता है।

जो प्रतीत हुआ वह उसका विषय बन जाता है। विषय हमेशा अन्तर्मन में जाता है। सृजन के लिए अन्तर्मन का विश्लेषण और समझदार होना ज़रूरी होता है। अन्तर्मन के विश्लेषक होने का अर्थ है, अन्तर्मन को कारण-मीमांसा का आयाम मिल जाना। अन्तर्मन की कारण-मीमांसा बाह्य मन की कारण-मीमांसा से भिन्न होती है। बाह्य मन जो कारण-मीमांसा करता

है वह अपनी हानि-लाभ की दृष्टि से अर्थात् व्यावहारिकता से। अन्तर्मन जो कारण-मीमांसा करता है वह सत्य की खोज की दृष्टि से। बाह्यमन को अज्ञात की प्रतीति होती है लेकिन बाह्य मन अज्ञात की खोज नहीं कर पाता। अज्ञात की खोज तो अन्तर्मन ही कर सकता है। अन्तर्मन के समझदार होने का मतलब है अन्तर्मन को अज्ञात की कुछ प्रतीति हो जाना। अन्तर्मन की समझदारी को बाह्य मन आसानी से स्वीकार नहीं कर पाता। अन्तर्मन और बाह्य मन के बीच दिन-रात युद्ध जारी रहता है।

इस कसमसाहट में अन्तर्मन निर्णय करता है। जो प्रतीत हुआ है वह लिखने जैसा है, उसे लिखना चाहिए।

असली कथा-साहित्य प्रायः अन्तर्मन से उत्पन्न होता है, इसलिए कथा-साहित्य में जो लिखा गया है उसका लेखक के बाहरी आचरण से सम्बन्ध जोड़ना बहुत अर्थपूर्ण नहीं होता।

अब लेखक कथा-साहित्य लिखने की दृष्टि से चिन्तन करने लगता है।

कथाकार का चिन्तन मात्र विचारों से नहीं, बल्कि बिम्बों से भी होता है। कथा-साहित्य का चिन्तन जीने की प्रक्रिया से अर्थात् घटना-प्रसंगों के बीच से होता है। घटना-प्रसंगों से जो चिन्तन कर सकता है, वही कथा-साहित्य रच सकता है।

लेखक कुछ घटना-प्रसंगों को लिखता है या मन में उन्हें जोड़ता है।

सिर्फ़ घटना-प्रसंगों की रचना से कथात्मकता नहीं आती। घटना-प्रसंगों की रचना से जब कुछ खोज होती है तब ही कथात्मकता आती है। घटना-प्रसंगों की रचना कर खोज करने के लिए कुछ न कुछ युक्ति का प्रयोग करना ज़रूरी होता है। युक्ति या प्रयोग ही 'सूझना' है, प्रतिभा है। पाठक प्रश्नांकित हो जाता है और फिर दंग रह जाता है। दंग रह जाना आनन्द की बेहतरीन सूरत है। कारण दंग रह जाने में जानने की प्रक्रिया होती है और पाठक पढ़ने के लिए उत्साहित हो जाता है। प्रयोग के सूझने पर लेखक को भी खोज करने की दिशा मिल जाती है और लिखने का काम करने का हौसला बढ़ जाता है। कोई एक विशेष पात्र, कोई विशेष प्रसंग, विशिष्ट निवेदक, विशिष्ट भाषाशैली, विशिष्ट कथन-प्रणाली, विशिष्ट दृष्टिकोण या कोई प्रतीक जैसे किसी भी रूप में प्रयोग सम्भव होता है। प्रयोग यथार्थ का भी हो सकता है या कल्पना का भी हो सकता है।

ऐसा नहीं है कि प्रयोग के सूझते ही साहित्य की रचना बन जाती हो। प्रयोग के शीशे से अस्तित्व में आने वाली सभ्यता की छानबीन की जाती है। प्रयोग के संकेतों के तहत सभ्यता से प्रसंगों का चयन किया जाता है, अथवा सभ्यता से कुछ बातें लेकर कल्पना से प्रसंगों की रचना की जाती है। प्रसंगों की प्रस्तुति की जाती है। इस प्रक्रिया में जो प्रतीत हुआ वह अधिकाधिक रूप में स्पष्ट होता जाता है। जैसे-जैसे स्पष्टता आने लगती है, प्रसंगों और प्रस्तुति में हेर-फेर किया जाता है। यह कारीगरी होती है। कारीगरी बौद्धिक व्यापार है। बौद्धिक व्यापार में कल्पकता तो होती है। लगातार देखा जाता है कि इस कारीगरी से क्या खोज होती है? फिर यह भी देखा जाता है कि क्या कारीगरी खोज को सिद्ध करती है? कारीगरी खोज भी करती है और सिद्धता भी प्रदान करती है। इसीलिए कारीगरी भी खोज ही सिद्ध होती है। नया रूप बन जाता है। खोज पूरी होने और सिद्धता होने का मतलब ही है साहित्य कृति का बन जाना।

खोज करने के लिए किसी युक्ति अथवा प्रयोग को अमल में लाना एक तरीक़ा हो गया, और भी एक तरीक़ा होता है। कारीगरी की प्रक्रिया में सहसा कुछ सूझ जाना। सहसा कुछ सूझ जाना प्राय: वाक्यों के रूप में होता है। साहित्य-कृति में ऐसे साक्षात्कारी वाक्य आते हैं। ऐसे वाक्य पाठकों की याद में बस जाते हैं। यथासमय पाठक इन वाक्यों को उद्धृत करता है। सभ्यता जब इन वाक्यों को स्वीकार करती है, तब उन्हें सुभाषित कहा जाता है। सभ्यता का विरोध करने वालों ने उन्हें स्वीकार किया तो वे नारे बन जाते हैं। ऐसे वाक्यों का और एक भेद मैं करना चाहता हूँ। 'भाषित'। भाषित सुभाषित और नारों के बीच का भेद नहीं है। भाषित उन वाक्यों को कहा जायेगा जिनका स्वीकार न सभ्यता करती है न सभ्यता का विरोध करने वाले करते हैं। इनको दोनों नकार भी नहीं सकते।

कथा-साहित्य की रचना के सूत्रों को सारांश में इस प्रकार प्रस्तुत किया जा सकता है : १. कथन में खोज करने की प्रक्रिया होती है। २. खोज होती है। ३. कथन खोज की सिद्धता बन जाता है, अर्थात् नया रूप बन जाता है। कथन को पूर्णता आ जाती है।

रंग, रूप और भाषितों के कारण साहित्य-कृति समृद्ध और पठनीय बन जाती है। साहित्य-कृति ने जो खोज की है उसकी श्रेणी के अनुसार

साहित्य कृति की श्रेणी निर्धारित होती है। सबसे श्रेष्ठ खोज जीवन के स्वरूप के बारे में होती है।

कथा-साहित्य ने सभ्यता में बदलाव लाने का महत्त्वपूर्ण काम किया है। मनुष्य-स्वभाव के बारे में भी कथा-साहित्य ने महत्त्वपूर्ण खोजें की हैं। ऐसे कथा-साहित्य को सभ्यता का कथा-साहित्य कहा जायेगा। कथा-साहित्य जीवन के स्वरूप के बारे में खोज करता है, उसे संस्कृति का कथा-साहित्य कहा जायेगा। संस्कृति के कथा-साहित्य को ही अभिजात कथा-साहित्य कहा जायेगा।

संस्कृति के कथा-साहित्य ने जीवन के स्वरूप के बारे में क्या-क्या खोजा है? मेरा निरीक्षण इस प्रकार है कि कथात्म साहित्य को समग्र जीवन के स्वरूप का पता अभी तक नहीं चला है। कथा-साहित्य ने जीवन के कुछ गुणधर्मों की खोज अवश्य की है। मेरी राय में कथा-साहित्य ने अब तक जीवन के निम्नलिखित गुणधर्मों की खोज की है : १. जीवन आनन्दस्वरूप है। २. जीवन असंगत है। ३. जीवन अर्थहीन है।

जाहिर है कि जीवन के उपर्युक्त गुणधर्म परस्पर विरोधी हैं। मेरे सामने प्रश्न है कि क्यों ऐसा है और क्या इन परस्पर विरोधी गुणधर्मों को एक साथ लाने वाला जीवन का कोई गुणधर्म है? यह दर्शन का प्रश्न है। कथा-साहित्य दर्शन के प्रश्नों से कई बार रू-ब-रू हुआ है।

सभ्यता में कपड़े, खानपान, आवास, रिश्ते-नाते आदि के कई तरह के आनन्द होते हैं। कथा-साहित्य भाषा और रूप का आनन्द देता है। रोज़मर्रा के कारोबार में औसत भाषा का प्रयोग होता है। कथा-साहित्य में अचूक, अनेकार्थी, अजीब और कई बातों को एकसाथ बाँधने वाली भाषा का प्रयोग होता है। इसकी अनेक प्रणालियाँ होती हैं। इन प्रणालियों को भाषाशैली कह सकते हैं। भाषाशैली से भाषा का आनन्द मिल जाता है। रूप भी कई प्रकार के होते हैं। रूप के सौन्दर्य से आनन्द का साथ होता है।

खोज करने के लिए ज़िन्दगी को दाँव पर लगाना पड़ता है। यह बड़ी रोमांचकारी बात है। ज़िन्दगी को दाँव पर लगाने के कई रोमांचक स्थान गल्प में होते हैं। मानव इतिहास में कई बार देखा गया है कि खोज पाने के अवसर अद्‌भुत होते हैं। कथा-साहित्य में यह अद्‌भुत अवस्था आ जाती है। नयी खोज जानी-पहचानी बन सकती है। खोज की अवस्था की

अद्‌भुतता को बार–बार अनुभव करना चाहते हैं और ऐसा साहित्य बार–बार पढ़ा जाता है।

ऊँची श्रेणी के कथा–साहित्य के लक्षण मेरी राय में इस प्रकार हैं :

१. सम्मोहित करता है फिर भी स्वतन्त्रता को रखता है।
२. भाषा की समझ को बढ़ाता है।
३. विवेकवाद की समझ बढ़ाता है। विवेकवाद की सीमाएँ खोजता है।
४. इस बात की समझ बढ़ाता है कि व्यामिश्रता के अध्ययन की भी प्रणालियाँ होती हैं।
५. सभ्यता को बरतने की प्रेरणा देता है।
६. बौद्धिक और भावनिक उदारता देता है।
७. अमूर्त चिन्तन की समझ बढ़ाता है।
८. समझ होने का दायित्व निर्माण करता है।
९. हर एक को कुछ न कुछ मिल जाता है।
१०. जीने में श्रेष्ठ क्या है इसकी तथा अमूर्त और लज्जास्पद जो है, उसकी ठोस समझ देता है।

(२००८)

कथा-साहित्य भी है ज्ञान की शाखा

आदमी की अपनी पसन्द-नापसन्द होती है। उसकी अपनी रुझानें होती हैं। आदमी में परिवार को लेकर कुछ होता है। आदमी में समाज, घटक और जाति को लेकर कुछ होता है। शिक्षा का और व्यावसायिकता के बारे में कुछ होता है। इन सबको लेकर आदमी का आदमियत तक पहुँचना होता है। इतना फ़ासला कथा-साहित्य में चलना पड़ता है और इस बात की खोज करनी पड़ती है कि आदमी का मतलब क्या होता है? उस आदमी पात्र को उपरोल्लिखित सबको सँभालते हुए, कुछ छिपाते हुए जीवन के अपने अर्थ की खोज करनी होती है। यह आदमी का फ़र्ज़ है, अगर आदमी यह न करता हो तो कथा-साहित्य को इसे अंज़ाम देना होता है। या फिर कथा-साहित्य को अपने नागरिक पाठकों को इसका अहसास कराना होता है।

अर्थ, धर्म, दर्शन विविध विचार-प्रणालियों, विज्ञान और कलाओं में जीवन को अर्थ दिया हुआ होता है, देते रहते हैं। फिर भी कोई भी आदमी जीते हुए अपनी पूरी ज़िन्दगी में चार-पाँच अवसरों पर अपने आपसे पूछता है, क्या है मेरे जीवन का अर्थ? आदमी की ज़िन्दगी में यह चार-पाँच अवसर विज्ञान, कथा, दर्शन आदि पहले वाली बातों को हटाकर पैदा होते हैं। यह कहने के बावजूद कि अतीत के सारे प्रश्नों के उत्तर खोजे गये हैं, यह प्रश्न फिर भी ताज़ा ही रह जाता है कि जीवन का अर्थ क्या है? इसीलिए नया सृजन अनिवार्य है।

सभ्यता इस तरह होनी चाहिए कि आदमी को अपने जीवन का अर्थ खोजने के लिए आज़ादी मिले। इस नज़रिये से कलाकार, वैज्ञानिक,

दार्शनिक और धर्मज्ञों को चाहिए कि वे ऐसा व्यवहार करें कि जिससे आदमी के लिए ज़रूरी आज़ादी मुहैया हो। जैसे कि यातायात के लिए ज़रूरी क़ानून अवश्य बनायें, लेकिन जीवन के अर्थ को लेकर ज़बर्दस्ती नहीं होनी चाहिए।

आदमी सुष्ट है तो दुष्ट भी है। आदमी की दुष्टता को पूरी तरह से दूर करने की पद्धति का पता अभी तक मानव-जाति को नहीं चला है। सुष्ट और दुष्ट के द्वन्द्व में ही अभी तक मानव-दशा है। दुष्टों का बन्दोबस्त करने की पद्धतियों की खोज सभ्यता में की जा रही है। प्रणालियाँ निर्माण की जा रही हैं। दुष्टता को दूर हटाने की ठेठ प्रणाली का पता नहीं चला है। इस बात का अहसास दुनिया के हर एक आदमी को देकर फिर दुष्टों का बन्दोबस्त करने की पद्धति का व्यवहार करने के सिद्धान्त का स्वीकार हमें करना चाहिए।

संस्कृति के प्रधान मुद्दे हैं मानव-स्वभाव और जीवन का अर्थ। ये वैश्विक बातें हैं। भारत हो या किसी भी देश में या किसी भी समाज इकाई में इन सांस्कृतिक प्रश्नों की खोज तो करनी ही पड़ेगी। बावजूद इसके हर देश में उसके अपने-अपने सभ्यता के सवाल तो हैं ही। उसकी भी खोज उन देशों को तथा अन्य देशों को भी करनी पड़ेगी। संक्षेप में, खोज करना अनिवार्य है। क्या भारतीय समाज इस तरह की खोज कर रहा है? दुनिया के कई देश कई बातों की खोज नहीं करते, बल्कि प्रगत राष्ट्रों को आदर्श नमूना मानकर अनुकरण करते हैं। दरअसल, अनुकरण करने के शिकंजे में न फँसकर नये की खोज कर सकने वाले लोग दुनिया के हर देश में हो सकते हैं। ऐसे लोगों को तात्कालिकों में स्थान न हो तो भी उन्हें खोज करने के अपने कौशल को स्वयं ही विकसित करना चाहिए।

सभ्यता आदमी की खोज प्रवृत्ति को क्षीण कर सकती है। इससे आदमी स्थूल बुद्धि हो सकता है। उदाहरणार्थ, भारतीय अध्यात्म का महान सूत्र है—अहंकार नष्ट होना चाहिए। इस सूत्र को समाज में इतने साफ़ तौर पर आना चाहिए कि अध्यात्म को लेकर जो स्थूल भाव है वह समाप्त हो जाय लेकिन हक़ीक़त में होता यह है कि अहंकार कैसे दूर किया जाय, इसे तो बहुत क्षीणता से बताया जाता है और कर्मकाण्ड का ही बोलबाला किया जाता है। यदि, अहंकार कैसे दूर करें इसकी खोज हर व्यक्ति करता रहे तो अध्यात्म की स्थूलता और पाखण्ड अपने आप खण्डित हो जायेंगे और

इस खोज को अंज़ाम देने वाले व्यक्ति को व्यक्तिगत हिम्मत प्राप्त होगी और यह हिम्मत विनय की परिसीमा होगी। एक बात यह भी है कि सभ्यता में इस बात को भी प्रस्तुत किया जाय कि हिन्दू धर्म से अहंकार को दूर करने का जो प्रमुख तत्त्व है, वह अन्य धर्मियों की समझ में भी सीधे-सीधे आ जाय। हिन्दू धर्म के अन्य प्रमुख सूत्रों को भी सभ्यता में इस तरह से प्रस्तुत किया जायेगा, लेकिन होता है इसके विपरीत, अर्थात् दोयम दर्जे के तत्त्वों का ही पता एक-दूसरे को चलता है। या नैमित्तिक कर्मकाण्डों का पता चलता है या उसमें हिस्सेदारी होती है। हिन्दू समाज का एक तत्त्व है हर एक को अध्यात्म करना ही है। हक़ीक़त क्या है? कुछ लोगों को अवश्य ही सत्तास्थान प्राप्त करना है। कुछ हिन्दू निश्चित ही सुखोपभोग करना चाहते हैं। कुछ लोगों ने अवश्य ही करतब दिखाया है। दरअसल, इन लोगों को अध्यात्म का तनाव नहीं लेना चाहिए। रिलेक्स्ड रहें। जिसे गणित बेहतर आता है वह यदि अहंकार को हटाने की खोज करने लगे तो उससे कुछ भी हासिल होने वाला नहीं है। जिसे नृत्य आता है, उसके पास तो अहंकार हटाने की खोज के लिए ऊर्जा ही नहीं बचेगी। यह हक़ीक़त है कि अध्यात्म आम नहीं है। इस बात का तनाव लेना ही नहीं चाहिए कि हर एक को अध्यात्म करना ही है।

प्रत्येक व्यक्ति इतना पढ़ा-लिखा हो और क़ानून इतने साफ़-सुथरे हों कि नागरिक को वकील की ज़रूरत ही न पड़े उसी तरह धर्मचर्चा भी इतनी साफ़ और सीधी हो कि पढ़े-लिखे नागरिक को धर्मगुरु की आवश्यकता ही न पड़े।

क्या हर व्यक्ति खोज कर सकता है? क्या हर व्यक्ति सृजन कर सकता है? जो कर सकता है उसे असाधारण कहा जाता है, तो फिर क्या साधारणों का जीना बेकार है? साधारणों के जीवन का क्या इतना ही अर्थ है कि मात्र मतदान कर नेताओं को चुनें? इसी से आधुनिक साहित्य का जन्म हुआ है। इस सन्दर्भ में मेरा एक हायपोथिसीस है। एक ज़माने में, और कुछ मात्रा में अब भी, एक सिद्धान्त था कि धार्मिकता से जीने पर ज्ञान होता है। और धार्मिकता के जीने में मनः शुद्धि की एक धारणा होती है। अर्थात् विकार नहीं होते। धार्मिकता से जीने की यह शर्तें कुछ हद तक तकलीफ़देह हैं। उनको सहजता से पूरा नहीं किया जाता। तो आदमी ने सोचा, मुझमें विकार है, कथित दुर्गुण है तो क्या मैं कुछ ज्ञान प्राप्त नहीं कर सकूँगा?

और इसी बात से मनुष्य ने विज्ञान, कला आदि ज्ञान शाखाओं का निर्माण किया। इस नज़रिये से कथा-साहित्य भी ज्ञानशाखा ही है। इसीलिए आधुनिक साहित्य साधारण और असाधारण लोगों के जीने से सुष्टता और दुष्टता, विविध भावनिक और बौद्धिक क्षमता, शारीरिक क्षमता आदि की खोज करता है। सरसेनापति का धैर्य समझ में आता है। लेकिन क्या साधारण आदमी में धैर्य बिलकुल ही नहीं होता? फिक्शन इस बात की खोज करता है और धैर्य की अवधारणा या उसका अर्थ और भी स्पष्ट हो जाता है। सरसेनापति के धैर्य का अर्थ कुछ ज़्यादा ही सीमित हो गया होता है। साधारणों का धैर्य कुछ इस तरह से होना चाहिए कि धैर्य के अर्थ की और भी परिमितियाँ उजागर हो जायँ। गल्प इस तरह भाषा को अधिकाधिक सही, अधिकाधिक अचूक करता जाता है। कथा-साहित्य में किसी भी व्यक्ति की मनोवैज्ञानिक, भावनिक, वैयक्तिक, प्रक्रियाएँ, स्थलों और कालों के वर्णन, सभ्यता की दशा, मनुष्यों की विविध स्थितियाँ आदि के वर्णन आते हैं और ये वर्णन जितने अचूक होंगे उतनी भाषा उर्वर हो जायेगी।

अचूकता को कथा-साहित्य में और भी एक अलग तरीक़े से लाया जा सकता है। वह तरीक़ा है फैंटेसी। कथा-साहित्य में विकृति को भी साधन बनाकर खोज की जा सकती है। अपनी भाषा को जीवित रखना हो तो शब्दों के अर्थों की विविध परिमितियों को खोजना, प्रक्रिया की खोज करना, स्थितियों का अचूक वर्णन करना, विकृति की सहायता से खोज करना, अचूकता पैदा करने के लिए फैंटेसी का निर्माण करना जैसे उपायों का प्रयोग किया जा सकता है इस बात को कहना ज़रूरी लगता है। इसी का मतलब है स्थूलबुद्धि का चले जाना।

मेरा और भी एक अधकचरा सिद्धान्त है कि मनुष्य का भाषा की खोज करना एक बौद्धिक प्रक्रिया है। भाषा का इस्तेमाल शुरू करते ही बौद्धिक प्रक्रिया भी शुरू हो जाती है। बौद्धिकता के प्रयोग से ही भाषा में भावनाएँ पैदा की जा सकती हैं। कथा-साहित्य को पढ़ते समय पाठक को बुद्धि को काम में लाना ही पड़ता है और इसी प्रक्रिया से यह भाव तक पहुँच सकता है। ऐसे भी लोग हैं जो बौद्धिकता के व्यापार से मात्र भावनाओं का निर्माण कर जाते हैं। ऐसा लेखन करने वाले लेखक भी होते हैं। बौद्धिकता से सिद्धान्तों का निर्माण करने वाले लोग होते हैं उसी तरह लेखक भी होते

हैं। परिचित भाव-निर्मिति और परिचित सिद्धान्त-निर्मिति में आदमी सहजता से शामिल हो सकता है। अपरिचित भाव-निर्मिति और सिद्धान्त-निर्मिति से आदमी सहजता से शामिल नहीं हो सकता और इसीलिए तो अज्ञात से अपरिचित की खोज करना मनुष्य की लगन बन जाती है। अज्ञात की अपरिचित भाव-निर्मिति, सिद्धान्त-निर्मिति संस्कृति के क्षेत्र का ग्रेटेस्ट मनोरंजन है।

आज के ज़माने में कई ज्ञान-क्षेत्र उत्पन्न हुए हैं और उनके ग्रन्थ भी निर्माण हुए हैं। ऐसा कोई भी नहीं कह सकता कि किसी भी ज्ञानग्रन्थ का शत-प्रतिशत उसकी समझ में आया है। लेकिन उस ज्ञानशाखा की अन्तर्वस्तु के मर्म की पहचान अवश्य ही हो गयी होती है। उस शाखा का तत्त्व आवश्यकता के अनुसार उसके ब्यौरों का सन्दर्भ लेता रहता है। फिक्शन की बात भी ऐसी ही है। फिक्शन पढ़ने का प्रधान प्रयोजन फिक्शन के मर्म को जानना होना चाहिए। इस तरह की धारणा बनाने की ज़रूरत नहीं कि किसी भी फिक्शन का शत-प्रतिशत समझ में आना ही चाहिए।

(२०१४)

समाज की सभ्यता और भाषा

समाज की सभ्यता और भाषा

कुछ सवालों से आरम्भ किया जा सकता है। क्या मराठी भाषा को 'अभिजात' का सम्मान मिलने पर नागरिकों को उत्साह व आनन्द की प्राप्ति होने वाली है? निश्चित रूप से नागरिकों को क्या मिलने वाला है? मराठी भाषिकों की मानसिकता में क्या अन्तर आने वाला है?

महाराष्ट्र में अन्य राज्यों से आये अन्य भाषा नागरिकों की क्या प्रतिक्रियाएँ होंगी? मराठी भाषी सामान्य नागरिकों को 'अभिजात' शब्द की, अवधारणा की समझ कहाँ तक है? क्या मराठी सभ्यता में अभिजातता के लक्षणों, निशानियों, उदाहरणों पर बहस हुई है? हो रही है? मराठी सभ्यता में अन्य क्या कुछ है जिसे मराठी सभ्यता में 'अभिजात' की श्रेणी प्राप्त हुई है?

वा.गो. आपटे कृत 'अनमोल' मराठी शब्दरत्नाकर कोश में अभिजात का अर्थ है : कुलीन, सभ्य, सुसंस्कृत। कुलीन का अर्थ आज के ज़माने में ग़ैरलागू ही है। कुल से मनुष्य को आँकने का प्रमेय अब कालबाह्य हो गया है। मराठी सभ्यता में एक अवधारणा प्रयुक्त होती है—'सदाशिव पेठी' (ब्राह्मणी)। क्या 'अभिजात' को इस अर्थ में तो नहीं लेना है? तो फिर 'अभिजात' के अर्थ को नये सिरे से स्पष्ट करना होगा। 'अभिजात की अवधारणा' को नये पर्यावरण में स्पष्ट करना होगा। किसी भाषा को अभिजात की पात्रता कौन देगा? भाषा की अभिजातता का स्वाद तो सीधे उन भाषिकों को ही होना चाहिए। क्या मराठी भाषिकों को मराठी भाषा में सोचते हुए, संवाद करते हुए, निरूपण या निवेदन करते हुए आनन्द आता है? भाषा की अभिजातता को निश्चित करते समय भाषा के इतिहास को ज़रूर ध्यान में लिया जाय लेकिन भाषा के वर्तमान का भी विचार किया जाय।

किसी भाषा को अभिजातता का सम्मान मिलने पर क्या वह भाषा ज्ञान-भाषा बन जाती है? ऐसा तो नहीं है कि कोई व्यक्ति मराठी भाषा में एम.ए. में प्रथम स्थान प्राप्त करे तो वह भाषा-शास्त्रज्ञ या लेखक बने। ऐसा भी नहीं होता कि कोई व्यक्ति गणित विषय में एमएससी करने पर गणितज्ञ बने। इसी तरह ऐसा नहीं है कि किसी भाषा को अभिजात का सम्मान देने पर वह भाषा समृद्ध, प्रौढ़ हो जायेगी। ऐसा नहीं होता।

नागरिकों की औसत आय निश्चित करने की, कहने की एक रीत होती है। मराठी भाषी की औसत भाषा कितनी है इसे निर्धारित करना होगा। यह भी निर्धारित करना होगा कि नागरिक की औसत कितनी भाषा आने पर वह भाषा अभिजात भाषा होगी। पढ़ने की संस्कृति का भी नापतौल करना सम्भव होना चाहिए। पढ़ने की संस्कृति कितनी होने पर कोई भाषा 'अभिजात' भाषा होगी? यह भी निर्धारित करना होगा कि उस भाषी की औसत विचार-क्षमता कितनी है और औसत विचार-क्षमता कितनी होने पर वह भाषा अभिजात होती है। भाषा को समृद्ध, प्रौढ़ और सभ्यता की परिपोषक होना चाहिए।

समृद्ध का अर्थ है : व्यामिश्र प्रक्रियाओं को भाषा में प्रस्तुत करना, प्रस्तुत कर सकना।

समाज की सभ्यता का अर्थ है : जीवन के व्यवहारों को सरल सुलभ बनाने वाली भाषा।

महाराष्ट्र और भारत में भी अभी कुछ वर्षों तक शायद कुछ ज़्यादा ही वर्षों तक अँग्रेज़ी मूलभूत विज्ञान की भाषा रहने वाली है इसलिए जीवन के कुछ ऐसे ख़ास क्षेत्रों को चुनना होगा जहाँ मात्र मराठी का ही प्रयोग किया जा सकता है। इस सन्दर्भ में कुछ उदाहरण दिये जा सकते हैं। रोज़मर्रा की ज़िन्दगी में बहुत से व्यवहार करने पड़ते हैं। रिक्शा की ज़रूरत पड़ती है। गर्जमन्द और रिक्क्षा वाले के बीच का व्यवहार सुलभ हो इसलिए संवाद की भाषा-वाक्य-प्रयोग निर्माण करने होंगे। दुकानों-कचहरियों में ज़रूरी भाषा-वाक्य-प्रयोगों को निर्माण करना होगा।

प्रकृति की घटनाओं, प्राणियों, मनुष्यों, वस्तुओं के वर्णनों का प्रत्यय प्राप्त करा देने के लिए भाषा, वाक्य-रचनाओं व शब्दों के प्रयोगों से भाषा प्रौढ़ बनती हैं।

काम-जीवन के सन्दर्भ में मराठी भाषा के व्यवहार में कई मुश्किलें आ जाती हैं। एक घोषणापत्र था : गालियाँ दीजिये, लेकिन मराठी में दीजिये। दूसरी बात है कामजीवन के सन्दर्भ में मराठी भाषा का हास्योत्पादक प्रयोग करना। कामजीवन के सन्दर्भ में मराठी को अभिजातता की रीत, शब्द, वाक्य के प्रयोग और तरीक़ों को खोजना होगा।

और एक महत्त्वपूर्ण मुद्दा है। हर एक व्यक्ति जीवन का अर्थ खोजना चाहता है। कभी-कभी व्यक्ति सन्दिग्ध रूप में जानता भी है। व्यक्ति को चाहिए कि ध्यान देकर जीवन के अर्थ को भाषा में व्यक्त करे। इससे भाषा अभिजात होती है। सिर्फ़ मराठी भाषा का ही प्रयोग करने से मराठी ज्ञान-भाषा हो सकेगी किन्तु जीवन के ऐसे भी नये क्षेत्रों की खोज तो की ही जा सकती है कि जिनसे भाषा अभिजात हो सकेगी।

(२०१५)

विवेकवाद और अन्तःकरणवाद

देखिये कि आसपास कोई भूखा तो नहीं है, और फिर खाना खाइए...सभी धर्मों में है यह सिद्धान्त।

इस सिद्धान्त से न ग़रीबी हटी न भुखमरी।

ऐसा क्यों हुआ? फिक्शन वाला सोच में पड़ गया।

पन्द्रह दिन बाद फिक्शन वाले को सूझा : मनुष्य की मर्यादा और स्वभाव।

आसपास के भूखे को देखना...रोज़ देखना...मनुष्य की मर्यादा के बाहर की बात है। मैंने श्रम करके कमाना और दूसरे को मुफ़्त में दे देना? मनुष्य की बुद्धि में आयी यह बात। मनुष्य के बुद्धि होती है, और स्वार्थ भी होता है। मनुष्य स्वार्थ के लिए बुद्धि को काम में लाता है। यह मनुष्य का स्वभाव है। इस स्वभाव के अनुसार कुछ लोग अमीर हो गये। बाक़ी ग़रीब रह गये। सब के सब अमीर होने की बुद्धि काम में नहीं ला सके।

समूची सम्पत्ति का स्वामित्व समाज का। सब को इस सम्पत्ति का हिस्सा मिलना चाहिए।

यह सिद्धान्त भी अच्छा ही था न।

असफल ही रहा यह सिद्धान्त।

क्यों भाई?

सम्पत्ति का बंटवारा करने वाले सत्ताधारी हो गये। सर्वंकष सत्ता लेने लगे। यह भी मनुष्य-स्वभाव। उसके विरोध में विद्रोह हुए। यह भी मनुष्य-स्वभाव। वाम मॉडल फेल हो गया।

ग़रीबी हटानी चाहिए इस सिद्धान्त को लेकर स्वीकृति मिल गयी। लेकिन उसके लिए अमीरों ने श्रम से कमाई सम्पत्ति को छीन नहीं लेना...मनुष्य अपने विकास के लिए प्रयास करेगा, उसकी निर्माण की हुई सम्पत्ति उसी की होगी... यह सिद्धान्त निकला। मानव-स्वभाव खुलकर सामने आया। मानव-स्वभाव की खोज करना फिक्शन का काम है।

ग़रीबों की माली हालत को सुधारना, मध्य-वर्ग की भी माली हालत को सुधारना और अमीरों की भी सुधारना।

कैसे ?

अब मानव बुद्धि काम में आयी। मानव बुद्धि ने उत्तर दिया : बहुत सम्पत्ति निर्माण करना।

बहुत कारखाने चलाओ, बहुत सारी चीज़ें पैदा करो, बहुत रोज़गार पैदा करो। सारे हाथों को काम दो। वेतन दो। व्यापार बढ़ाओ। सब को सारी चीज़ें मुहैया करो। सम्पत्ति निर्माण का अवसर दो। कोई भी कहीं भी कारखाना निकाले। कारखानेदारी से अमीर बन जाओ और आम आदमी को भी रुपये कमाने दो। देखें, कौन अधिक से अधिक सम्पत्ति और रोज़गार पैदा करता है। मनुष्य की बुद्धि ने मनुष्य के स्वभाव से समझौता कर लिया। मनुष्यों का परस्पर उलझना कथा-साहित्य का विषय है।

नागरिकों, रुपये से प्रेम करो।

सम्पत्ति का लोभ मत करो—सभी धर्मों का यह सिद्धान्त परे हट गया। मनुष्य परम्परा से क्या लेता है, क्या छोड़ता है यह कथा-साहित्य का विषय है।

विकसित राष्ट्रों से टेक्नोलॉजी लाना और विकास करना। इसे विकासशील राष्ट्रों ने जोश से शुरू किया। ग़रीबी पूरी तरह से नहीं हटी। नहीं हट रही है, लेकिन सम्पत्ति निर्माण हो रही है। जिन नागरिकों ने सम्पत्ति को जोड़ा, उनका जीवन मान ऐसा हुआ कि उनके जीने को भोगवादी कहा जाने लगा। भोग करना मनुष्य का स्वभाव है...फिक्शन वाले ने मन में नोट किया।

जीन पैंट, टी शर्ट, शूज।

ब्रेड, मुसली, कॅपिच्यूनो, बर्गर, पिज्जा।

हाय, हैलो, आय लव यू, आय हेट इट।

यह क्या हो रहा है? पश्चिम का सारा पूरब की तरफ़ जा रहा है। अपनी संस्कृति को बचाना होगा। यह भी मनुष्य का स्वभाव।

— अपनी संस्कृति को बचाना मतलब... महाराष्ट्रियों ने महाराष्ट्रीय कपड़ों को पहनना? राजस्थान के लोगों ने राजस्थानी कपड़ों को पहनना? जीन पैंट पहनने से अपनी संस्कृति चली जाती है?

— ऐसा तो नहीं। पोशाक तो ऊपरी बात है।

— तो पोहा, साजा, पूरनपोली, चपाती (रोटी), पिठलं (बेसन), भाकरी (ज्वार की रोटी)... खाते हैं न हम। बिलकुल पंचतारांकित होटल में भी ज्वार की रोटी-पिठलं मिलता है। बची रहती है न अपनी संस्कृति।

— ऐसा नहीं कहना है।

— फिर?

— अपने मूल्यों को बचाना है।

— मतलब?

— उपासना, ईश्वर से सम्बन्धित अपने धर्म की धारणाओं, तीज-त्योहारों, विवाहादि संस्कारों, रिश्ते-नातों, परिवार व्यवस्थाओं को बचाना।

— इस सबको तो बचाते ही हैं हम।

— जोर देकर बचाना होगा।

— मतलब?

— मतलब हमें गर्व महसूस होना चाहिए। पाश्चात्यीकरण को टालना होगा?

— उपासना को जोर देकर गर्व से करना होगा। ईश्वर के अस्तित्व के बारे में जोर से, गर्व से बोलना, त्योहारों को जोर से मनाना, टैक्नोलॉजी से किसी की आपत्ति नहीं है।

— विज्ञान से?

— विज्ञान की ओर बुद्धिमान छात्रों को आकर्षित करना होगा। उसके लिए प्रोग्राम बताओ।

समाज में वैज्ञानिक दृष्टि को रोपना होगा।

यानी विवेकवाद।

विवेकवाद बनाम अन्त:करणवाद। यह दृश्य आरम्भ होता है। पश्चिमी संस्कृति का आधार है विवेक। पूर्वी संस्कृति का आधार है अन्त:करण।

पाश्चात्य खोज करते हैं विवेक के आधार पर। पौर्वात्य खोज करते हैं अन्त:-करण के आधार पर। दरअसल, खोज करने के लिए विवेकवाद और अन्त:करणवाद दोनों रीतियों को काम में लाने में आपत्ति नहीं होनी चाहिए।

दिक़्क़त कहाँ आती है?

खोज करना : इस मुद्दे के साथ दिक़्क़त है।

अज्ञान बहुत होने पर खोज करना भी होता है और उसके लिए विवेक को काम लाना पाश्चात्यों की धारणा है, पौर्वात्यों की क्या धारणा है?

अज्ञात कुछ भी नहीं है, सब की खोज हो चुकी है, यह पौर्वात्यों की धारणा है। हाँ, धर्म में। जीवन का अर्थ क्या है? धर्म में बहुत पहले इसकी खोज हो चुकी है। खोजने को कुछ बचा ही नहीं है। यही फ़र्क़ है पाश्चात्य और पौर्वात्य संस्कृतियों में। पाश्चात्य और पौर्वात्य दोनों संस्कृतियों के बारे में यहाँ एक मुद्दा प्रस्तुत करना आवश्यक है।

माना कि पाश्चात्य संस्कृति विवेक पर चलती है लेकिन ऐसा तो नहीं कह सकते कि पाश्चात्य देशों के सब के सब नागरिक विवेक के साथ ही जी लेते हैं। पाश्चात्य देशों में भी अन्त:करण पर जीने वाले होंगे ही। पाश्चात्य संस्कृति में अन्त:करणवादियों को भी स्थान होना चाहिए। और पौर्वात्य संस्कृति में विवेकवादियों के लिए भी स्थान होना चाहिए ही। बहुसांस्कृतिकता का मुद्दा भी तो अहमियत रखता है।

विवेकवाद को बुद्धिवाद भी कहा जाता है। अर्थात् बुद्धि के उपयोग से खोज करना। अब यह है कि मनुष्यों में बुद्धि कमोबेश होती है। यूरोपीय सभ्यता में उच्च बुद्धि के मनुष्य और साधारण बुद्धि के मनुष्य दो भेद साफ़ हैं। उच्च बुद्धि के लोगों का काम है खोज करना और साधारण बुद्धि के लोगों का काम है उसे समझ लेना और अमल में लाना। बुद्धि कमोबेश

होती है, तो क्या अन्त:करण भी कमोबेश होता है? अन्त:करणवादियों का कहना होता है कि जो परिपूर्ण अन्त:करण भाव रखता है वह गुरु है और जो परिपूर्ण अन्त:करणभाव नहीं रखता वह शिष्य है। अर्थात् शिष्य गुरु पर निर्भर।

विवेकवादियों ने जानने के लिए रीति पैदा की है, जाने हुए को व्यक्त करने के लिए विशेष भाषा पैदा की है। और यह रीति और भाषा साधारण लोगों की औकात में नहीं होती। अन्त:करणवादियों के पास कई रीतियाँ होती हैं और व्यक्त करने के लिए अभी तक भाषा पैदा नहीं हुई है। और इसीलिए साधारण अन्त:करणीय क्षमता वाले लोग भटकते रहते हैं। साधारण मनुष्य विवेकवाद या अन्त:करणवाद को एक सीमा तक ही झेल सकता है। इसलिए विवेकवाद का पैदा किया हुआ ज्ञान साधारण मनुष्य के लिए सूचना के स्तर पर ही रह जाता है और अन्त:करणवाद का पैदा किया हुआ ज्ञान धूमिल भावना के स्तर पर रह जाता है।

पश्चिम और पूरब दोनों तरफ़ साधारण मनुष्य की दशा ऐसी होती है। और फिर साधारण मनुष्य सुखों की तादाद बढ़ाने और सभ्यता का पालन करने में मशगूल हो जाता है। क्या साधारण मनुष्य को हरदम सभ्यता जन ही रहना होगा, संस्कृति जन नहीं बनना होगा? कभी खोजना ही नहीं? साधारण मनुष्य ईश्वर को खोज नहीं सकता। यह भी खोज नहीं सकता कि मंगल गृह पर पानी है या नहीं।

फिर क्या खोज सकेगा?

जीवन का अर्थ क्या है?

इसे खोज सकता है। इसका कारण है, वह जी लेता है। जीवन का अर्थ क्या है? साधारण मनुष्य को कौन बता सकेगा?

विवेकवादी? अन्त:करणवादी? राजनेता? समाज–सुधारक? उद्योगपति? टैक्नोलॉजिस्ट?

कौन बता सकेगा?

फिक्शन वाला ज़माने से कहता आया है।

फिक्शन वाला कहता है, प्रिय राजनेताओं, राजनीति करो और प्लीज़ उसी वक़्त जीवन के अर्थ की खोज करो।

फिक्शन वाला कहता है, प्रिय उद्योगपति, सम्पत्ति निर्माण करो और प्लीज़, कृपा कर उसी वक़्त जीवन के अर्थ की खोज करो।

फिक्शन वाला कहता है, प्रिय धर्मवादियों, कर्मकाण्ड को बन्द करो और कृपा कर जीवन के अर्थ की खोज करो।

नागरिकों को आज़ाद करो।

फिक्शन वाला कहता है, प्रिय अर्थशास्त्रियों, ग़रीबी को हटाने और सम्पत्ति निर्माण करने की और रीतियों की खोज करो और प्लीज़, उसी वक़्त जीवन के अर्थ की भी खोज करों। फिक्शन वाला कहता है, नागरिकों, रुपया कमाओ, कर्मकाण्ड में मत उलझो, आज़ाद हो जाओ, आज़ादी से जीवन के अर्थ की खोज करो।

फिक्शन वाला कहता है, मैं भी यही कर रहा हूँ। मेरी तरफ़ से और आप सबकी तरफ़ से जीवन के अर्थ की खोज कर रहा हूँ।

फिक्शन वाला कहता है, जब सब के सब सामूहिक रीति से सम्पत्ति पैदा करते हुए, सामूहिक रीति से जीते हुए जीवन के अर्थ की खोज करते होंगे, बेशक अपराध प्रवृत्ति के, पगलौटे भी...तब सभ्यता में एक अलग ही बेहतर क्वालिटी आ जायेगी।

फिक्शन वाला कहता है, अर्क़ की बात यह है कि हरएक को स्वतन्त्रता से जीवन के अर्थ की खोज करनी है।

फिक्शन वाला लिखते-लिखते थक जाता है, आँखें बन्द करता है और भीतर के सब कुछ को देखते हुए तर्क पर ध्यान लगता है।

(२०१५)

४

भारतीय समाज

भारत की समस्या : प्रणाली का शोध

एक मामूली घटना के बयान से शुरुआत करता हूँ। हम परिवार के लोग और हमारी काम वाली, पूनम की एक रात टेरेस पर कॉफी पीते बैठे हुए थे। काम वाली बुजुर्ग थी, दादी हो चुकी थी। बातों के सिलसिले में बाई ने कहा, ''बचपन में जब हम गाँव में थीं तब इसी तरह सहेलियाँ मिल बैठती थीं और तारों के गिनने का खेल खेला करती थीं। गिनते-गिनते यह बात निकल जाती थी कि गिनना कहाँ से शुरू किया है, और फिर कहाँ से शुरू करें यही समझ में नहीं आता था, बड़ी उलझन में पड़ जाती थीं। हमें अपने पर बहुत हँसी आ जाती थी।''

यह घटना एक तरह से प्रातिनिधिक है। बचपन में कुतूहल रहता था कि आकाश में कितने तारे हैं। उनकी गिनती कैसे करें, इस बात की रीत मिलती नहीं थी। नदियों को साफ़ करना है, तो क्या है रीत? शहरों को साफ़ करना है, क्या है रीत? रहदारी को सरल करना है, क्या है रीत? किसानों की आत्महत्याओं को रोकना है, क्या है रीत?

रीत की खोज करना, यही भारत की समस्या बनी हुई है। फालके ने मुम्बई में सिनेमा देखा। धुन सवार हो गयी और फालके इंग्लैण्ड जाकर क़ैमरा सीख आये और उन्होंने सिनेमा बनाया। पाश्चात्य राष्ट्रों में, अमरीका जाने और सीखकर यहाँ लौटकर बनाने की रीत चल पड़ी। जनतन्त्र भी ऐसे ही आया। पोशाक, रीति-रिवाज भी ऐसे ही आये। यदि पाश्चात्य राष्ट्रों ने कोई प्रौद्योगिकी नहीं दी, तो सन्दर्भ लेकर उस प्रौद्योगिकी को विकसित किया जाता है। कहा जाता है कि 'पूरी तरह से भारतीय बनावट का राकेट' है। जब से भारत स्वाधीन हुआ है, पुनर्शोध—रिसर्च करना ही चल रहा है।

साहित्य में भी यही हुआ है। अस्तित्ववाद, ऐब्सर्डिटी से पोस्ट मॉडर्निज्म तक—पुनर्शोध, रिसर्च ही जारी है।

इससे यह प्रश्न सामने आता है कि फिर अपना क्या है? प्रौद्योगिकी वग़ैरह को दूसरों से लेने में कोई आपत्ति नहीं है, लेकिन अपनी संस्कृति को बचाना चाहिए इस तरह के जवाब आने लगे। वेदों में कैलक्युलस था, विमानविद्या थी, गणपति प्लास्टिक सर्जरी का उदाहरण जैसी बातें चल पड़ीं।

यह सब, अब वेद-पुराणों में पुनर्शोध, रिसर्च शुरू हो गया। भारतीयों को रिसर्च की आदत पड़ गयी है। 'सर्च' की, शोध की आदत नहीं पड़ रही है।

अभी साहित्य के बारे में प्राचीन भारतीय साहित्य का पुनर्शोध करने और उसे उदाहरणस्वरूप सामने रखने की बात शुरू नहीं हुई है। शोध की बात तो दूर ही है। परिणामस्वरूप मराठी साहित्य में यथार्थ का चित्रण हो रहा है। जो ज्ञात है, उसी को ही साहित्य में प्रस्तुत किया जा रहा है। स्वाभाविक है कि समाज को ऐसे साहित्य में रस नहीं आ रहा है। साहित्य की ओर प्रगत संस्कृति के एक लक्षण के रूप में देखा जाता है। साहित्य के प्रचार और प्रोत्साहन के लिए शासन योजनाएँ बनाता है। साहित्य के लिए पुरस्कार हैं। विविध स्तरों पर साहित्य सम्मेलन होते हैं। प्रकाशन समारोह, काव्यपाठ, कथा-साहित्य की पाठ्यप्रस्तुति, संगोष्ठियाँ आदि क़िस्म की बातें हो रही हैं। बस, कमी है तो पुस्तकालयों की। किसी भी राजनीतिक पार्टी के कार्यक्रम में पुस्तकालयों के लिए गुंजाइश नहीं है, ना उद्योगपति भी इस कार्यक्रम की ओर ध्यान दे रहे हैं।

समाज साहित्य से फ़ुरसत और आराम के साथ वाबस्ता है। साहित्य जब नरमाई से, जी हाँ नरमाई से पैदा होता है, तब समाज उसे पैदा होने देता है। लेकिन जब साहित्य नरमाई छोड़कर बढ़ने लगता है तब समाज के कुछ अंग ऐसे साहित्य को सीधा करने के लिए आवेश में आ जाते हैं। कहते हैं कि अपनी संस्कृति की रक्षा करनी चाहिए। बचा हुआ समाज बीच में नहीं आता। शासन व्यवस्था भी बीच में नहीं आती।

बचा हुआ समाज क्या करता रहता है। माली हालत, बदन की तन्दुरुस्ती, पारिवारिकता, सुरक्षा आदि की ही फिक्र करता रहता है। और शासन

व्यवस्था क्या करती है? साम्प्रदायिकता, धार्मिकता, जातिवाद, आर्थिक व्यवहार, भूमण्डल का नेतृत्व, नदियों की स्वच्छता, शहरों-गाँवों को स्मार्ट बनाना, नये रोज़गार पैदा करना, चाँद पर जाना, औद्योगिकीकरण, कृषि, शेअर बाज़ार, पद्म पुरस्कार, नेताओं की मूर्तियाँ, सत्ता को सँभालना आदि बातों का हिसाब-किताब करते हुए, विरोधियों को राजनीति न करने का इशारा देते हुए रास्ता निकालती रहती है। 'रास्ता' निकालती है, 'जवाब' नहीं। जवाब निकालना हो तो शोध लाजमी होता है।

समाज और शासन की छुपी राय होती है कि समाज की समस्याओं को सुलझाने के लिए साहित्य किसी काम का नहीं। खुलेआम कहा जाता है कि विज्ञान से ही समाज की समस्याएँ हल होंगी।

समाज और शासन 'विज्ञान' शब्द का प्रयोग तो करते हैं लेकिन दरअसल उनको कहना होता है प्रौद्योगिकी, टेक्नोलॉजी। शिल्पज्ञान को ही विज्ञान कहा जाता है। शिल्पज्ञानी को वैज्ञानिक।

अपने समाज की पहली ज़रूरत है भौतिक समस्याओं का समाधान। समाज की दूसरी ज़रूरत है धर्म। समाज को धार्मिक कार्यक्रम चाहिए ही चाहिए। फिर धर्म का तात्त्विक अर्थ भी सही लगता है। धर्म के तात्त्विक अर्थ—अर्थात् अध्यात्म में लोग डूब जाते हैं। विज्ञान, साहित्य, तीसरी, चौथी या पाँचवी ज़रूरत हैं।

किसी भी धर्म के तत्त्वों को काम में लाने से न नदियाँ साफ़ हो सकती हैं, न शहर, न गाँव। इसे सब जानते हैं और सबने इसे स्वीकार भी किया है। लेकिन, चुपचाप स्वीकार किया है। दूसरा उदाहरण है, षड्रिपुओं में से एक लोभ का। सभी धर्मों का तत्त्व है कि लोभ नहीं करना चाहिए। भारतीय समाज में लोभ के परिणामस्वरूप आर्थिक भ्रष्टाचार की बड़ी समस्या उत्पन्न हुई है।

लोभ को कैसे जीतें? लोभ को जीतने की रीत क्या है? आदमी इसे समझ नहीं सकता। आर्थिक भ्रष्टाचार को रोकने के लिए धर्म काम नहीं आता। भ्रष्टाचार को मिटाने की, बग़ैर धर्म की, व्यवहार की ऐसी रीत की खोज करना ज़रूरी है कि आदमी का लोभ ही आपरेट न हो। क्या भारतीय लोगों ने लोभ को आपरेट ही न होने देने वाली सामाजिक रीत की खोज की है? जवाब देना होगा, नहीं।

भारतीय समाज की दशा इस कदर दयनीय हो गयी है कि नदियों को स्वच्छ करना, गाँवों-शहरों को स्वच्छ करना, भ्रष्टाचार को मिटाना, यातायात को ठीक करने जैसी भैतिक समस्याओं को सुलझाने की न धार्मिक रीत बनती है न बग़ैर-धर्म की रीत ही मिलती है। और फिर प्रतीकात्मक या प्रबोधनात्मक मार्गों को अपनाया जाता है। रीत की खोज नहीं होती। भारतीय सभ्यता में खोजने की आदत नहीं पड़ती।

भारतीय सभ्यता में पुनर्शोध करना, रिसर्च—बरसों से चल रहा है। दुनिया में जो ज्ञात है, उसका पुनर्शोध करते हुए चलते रहना ही जारी है। प्रौद्योगिकी से लेकर दर्शन और साहित्य तक। खोज करना यानी किस बात की खोज करना? जवाब आसान है—'अज्ञात की खोज'। और अज्ञात से तात्पर्य किसी एक व्यक्ति का अज्ञात नहीं, मानव-जाति का अज्ञात। मानव-जाति को अभी तक जिस बात का पता नहीं, उसकी खोज करना और सिर्फ़ खोज करते रहना ही नहीं, खोज का पता बताना। सिर्फ़ अज्ञात कहने पर आदमी खो जाता है। अज्ञात किस बात से सम्बन्धित है? आदमी से, विश्व से और जीवन से।

आदमी भी अभी पूरी तरह से समझ में नहीं आया है। विश्व अभी पूरी तरह से समझ में नहीं आया है। जीवन का अर्थ अभी पूरी तरह से समझ में नहीं आया है। आदमी क्या है? विश्व क्या है? जीवन का अर्थ क्या है? इनमें बहुत कुछ अज्ञात है। मानव-जाति ही अज्ञात है। अज्ञात में जो है उसकी खोज करना।

क्या भारतीय सभ्यता में अज्ञात की खोज हो रही है? एक कारण बताया जाता है, कल्पना की कंगाली। दैनन्दिन जीवनक्रम ही प्रधान होता है और उसी में खोज का काम होता है। सब शोध दरअसल पुनर्शोध ही होता है। जब शोध करना ही प्रधान होता है तब जीवनक्रम उसके अनुसार बनता है। जब शोध चौबीसी घण्टे चलता है, तब वह पुनर्शोध नहीं होता, बल्कि शोध करना होता है। पुनर्शोध बाहरी मन का व्यवहार होता है। शोध अन्तर्मन का व्यवहार होता है। अन्तर्मन में अज्ञात के किसी पहलू का सुराग़ मिल जाता है। सुराग़ मिल जाने की क्रिया आत्मज्ञान—इन्ट्यूशन—से होती है। सुराग़ सिर्फ़ उजागर होकर रह गया तो उसे दर्शन या साक्षात्कार कहा जा सकता है। सुराग़ को लेकर उसे सत्य के रूप में सिद्ध करना पड़ता है। इस सिद्धता के लिए विवेक

(रीजन) को काम में लाना पड़ता है।

अन्तर्ज्ञान और विवेक से अज्ञात के जिस भाग को खोजा जाता है वह ज्ञानशाखा का निर्माण करता है। क्या भारतीय समाज में इस तरह अज्ञात को खोजने का काम नहीं होता? जवाब है—नहीं होता। क्या भारतीयों की ऐसी धारणा है कि अज्ञात जैसा कुछ होता ही नहीं?

हर एक धर्म के आदमी की मान्यता होती है कि धर्म में सब कुछ बता दिया है, सब कुछ खोजा गया है। उदाहरण से समझेंगे। मृत्यु क्या है? इस पर उत्तर हरेक धर्म ने दिया है। इसके बावजूद मनुष्य की आयु में पाँच-सात ऐसे अवसर आते हैं उसके सामने मृत्यु क्या है यह प्रश्न नयी सूरत में खड़ा हो जाता है। मनुष्य इसका नये सिरे से उत्तर चाहता है। विश्व का या जीवन का अर्थ क्या है? धर्म ऐसे प्रश्नों के उत्तर अवश्य दे चुका है फिर भी मनुष्य के सामने ऐसे प्रश्न खड़े हो जाते है। मतलब है कि मनुष्य की खोजने की वृत्ति जीवित है। होता यह है कि, प्रश्न अन्तर्मन में नहीं जाते और शोध की क्रिया ठप हो जाती है। विकार अन्तर्मन में जाने पर मनुष्य विकृत बन जाता है। अज्ञात की जिज्ञासा अन्तर्मन में जाने पर मनुष्य सर्जनशील बन जाता है।

प्रश्नों को अन्तर्मन में ले जाने से मनुष्य डरता है। इसलिए कि प्रश्न का अन्तर्मन में रहना बेहद तकलीफ़देह होता है। शारीरिक श्रम, शारीरिक पीड़ा, बाहरी मन की वेदना इन से बढ़कर प्रश्न के अन्तर्मन में रहने की पीड़ा अधिक तीख़ी होती है। क्या भारतीय मनुष्य इस वेदना को टालना चाहता है? इसका एक आयाम और भी है : भारतीय सभ्यता में एक ऐसी धारणा बन चुकी है कि जब तक आर्थिक दशा ठीक नहीं होती तब तक शोध करना, अज्ञात की बातों को खोजना सम्भव नहीं। शोधों का इतिहास देखें तो यह प्रमेय ग़लत साबित होता है। भारतीय दशा अभी तक अज्ञात के शोध के लिए अनुकूल नहीं है। जो करना चाहता है उसे अपनी हिम्मत पर करना होगा। इसकी मिसालें मनुष्य के इतिहास में, भारतीय इतिहास में भी मौजूद हैं। न हों तो भी उन्हें बनाने में कोई आपत्ति नहीं है। ऐसा नहीं होता कि अज्ञात की बातों को जानने का प्रयास मनुष्य सामूहिक रूप से करता हो। अज्ञात की बातों को जानने के लिए समाज उत्सुक तो अवश्य होता है लेकिन अज्ञात की बातों की खोज व्यक्ति को ही करनी होती है। यह व्यक्तिवाद-समूहवाद का द्वन्द्व नहीं है। व्यक्ति के काम और समाज

के काम की समझदारी होती है। व्यक्ति को खोजना है और समाज को देना है। अज्ञात की बातों को खोजने से संस्कृति बनती है। संस्कृति से जीवन की प्रणाली, सभ्यता और परम्परा में सुधार होता है। परम्परा को न हिफ़ाज़त से रखना है न जान-बूझकर तोड़ना है। अज्ञात की बातों की खोज कर सुधारना होता है।

मानव-जाति को अज्ञात है, उसकी खोज करना कथा-साहित्य का भी काम है। नये धर्म की संस्थापना होना कब से बन्द हो चुका है। धर्म पुराने हो चुके हैं फिर भी मनुष्य को 'स्वधर्म' चाहिए।

स्वधर्म की स्थापना के लिए व्यक्ति की सहायता करना साहित्य का काम है। बल्कि यह भी कहा जा सकता है कि व्यक्ति की स्वधर्म को स्थापना करने की ज़रूरत, साहित्य की प्रेरणा है। इस तरह की कशमकश में साहित्य का दर्शन निर्माण होता है। साहित्य के दर्शन का निर्माण होना प्रगत संस्कृति के लिए आवश्यक होता है। हरएक को इस चुनौती को स्वीकार करना होगा। मैं भी कर रहा हूँ।

और अन्त में अब मैं अपने आप सभी साहित्यकारों के लिए चिन्तन करता हूँ। दुनिया में जितने भी मारखेज, सारामागो और जो भी हैं उन को दूर करो। मराठी के नेमाडे, श्याम मनोहर, तेंदुलकर, आळेकर को दूर करो। अरुण कोलटकर को दूर करो। उपन्यास, कहानी, कविता, नाटक आदि विधाओं को दूर करो। सभ्यता में मौजूद भाषा के साथ सभी नामों निशानियों को काम में लाओ और मानव-जाति के लिए अज्ञात की किसी बात के किसी पहलू की खोज करो। खोज करना ही है, यह अपना दायित्व है, इसे समझ के अध्यात्म को दूर रखो। सीधे अहंभाव को दूर करने की प्रक्रिया की खोज करो। और हाँ, यह सब अन्तर्मन में होना चाहिए। प्रश्न का अन्तर्मन में जाना ही प्रकृति होता है। यदि अन्तर्मन में दुनियादारी हो तो प्रश्न के अन्तर्मन में बाधा पैदा होती है। दुनियादारी को बाहरी मन में ही रहने दो तो फिर प्रश्न अपने आप अन्तर्मन में जायगा। प्रश्न को अन्तर्मन में ही रहने दो, उसकी पीड़ा को सहन करो फिर सृजन का सुराग़ मिल जाता है। सुराग़ से उत्तर को सिद्ध करो। सिद्ध करना अहम बात है। इसके लिए विवेक को काम में लाओ। विवेक को काम में लाना यूँ तो यन्त्रवत् होता है अतः शारीरिक पीड़ा का होता है।

इस तरह जो साहित्य बनेगा वह मौलिक होगा। फिर इस साहित्य को संगीतकार तर्ज में बाँधेगा, निर्देशक रंगमंच पर या पर्दे पर ले आयेगा और समीक्षक फिर इस साहित्य की विधाएँ बनायेंगे।

(२०१५)

इक्कीसवीं शती की साहित्य-संस्कृति

आप जैसे ज्ञान के उपासकों के समक्ष इस निबन्ध को प्रस्तुत करने में मुझे बड़ी प्रसन्नता हो रही है। मैं भी ज्ञान का एक खोजी हूँ। और साहित्य की एक शती की सुसंगति के बारे में मैं अपने विचारों को आपके समक्ष रखने वाला हूँ।

मेरे लिए अँग्रेज़ी में सोचना और लिखना उतना आसान नहीं है। मैं अपनी मातृभाषा मराठी में ही सोच सकता हूँ। हम आशा करेंगे कि आने वाली शती में ऐसी कोई प्रौद्योगिकी निकलेगी कि जिससे मेरे अपने निबन्ध का मराठी में पढ़ना और उसी समय आपको आपकी अपनी मातृभाषा में सुनायी देना सम्भव होगा।

आने वाली शती में साहित्य का स्वरूप और प्रक्रिया कैसे होगी ? बीसवीं शती तो प्रायः समाप्त हो रही है। इक्कीसवीं शती के बारे में भारतीय भाषाओं में कुछ ख़ास नहीं लिखा गया है। इसका कारण है हमारा वर्तमान समय में ही खो जाना। शायद, यह हमारा स्वभाव ही हो। मैंने देखा है कि आम आदमी की चिन्तन-प्रक्रिया में भविष्य का विचार नहीं के बराबर होता है। हो तो कुछ आतुरता होगी। सच तो यह है कि आम आदमी समय के बारे में सोचता ही नहीं। भौतिक और कारोबारी जैसी बातों में ही अपना ध्यान केन्द्रित करता है।

भारतीय मानस की धारणा है कि समय अखण्ड है और जीवन चक्राकार पुनरावर्तन होता है। भविष्यत् के बारे में सोचना और उसके अनुसार योजना बनाना भारतीय प्रवृत्ति में नहीं आता। बीसवीं शती का समापन हो रहा है यह सोचकर भारतीय मानस चिन्तन में डूब नहीं जाता। काल से

मुक्ति ही भारतीय दर्शन की बुनियाद है और मैं तो यह भी कहूँगा कि इसी शती में भारतीयों ने सभी बातों के बौद्धिक विश्लेषण का आरम्भ किया है।

भारतीय लोगों का रुझान आमतौर पर विज्ञान के और विशेष रूप से प्रौद्योगिकी के अध्ययन की ओर है। यहाँ के बुद्धिमान छात्रों की रुचि अभियान्त्रिकी, वैद्यकीय और प्रौद्योगिकी की शाखाओं के चयन की है। ऐहिक सम्पत्ति का उत्पादन करने की हमारे समाज की आकांक्षा के अनुकूल ही यह बात है और प्रौद्योगिकी को व्यवसाय के रूप में स्वीकार करने पर अधिक धन अवश्य ही प्राप्त होगा। उम्मीद करेंगे कि आने वाली शती में साहित्य की रचनाओं से पर्याप्त कमाई की जा सकेगी और लोग कविता संकलनों को भी ख़रीदेंगे।

पदार्थों के गुणधर्मों और रचनाओं का ज्ञान प्राप्त करना और उनके अस्तित्व के बारे में नियम बताना विज्ञान का उद्देश्य था और आज भी है। पदार्थों के गुणधर्मों को अपने जीने के लिए उपयुक्त बनाने की अपनी इच्छा में ही प्रौद्योगिकी की जड़ है। तुलना में देखने पर साहित्य का क्या उद्देश्य होता है? एक उद्देश्य हो सकता है, मनुष्य के स्वभाव के गुणधर्मों और उससे सम्बन्धित नियमों को खोजना। एक परिभाषा इस तरह से भी बतायी जा सकती है कि मनुष्य को कैसा बर्ताव करना चाहिए। इस प्रश्न से सम्बन्धित तकनीक ही साहित्य की प्रौद्योगिकी है। मात्र मनोरंजनार्थ या समय गुज़ारने के लिए लिखा जाने वाला साहित्य भी साहित्यिक प्रौद्योगिकी का एक प्रकार हो सकता है। ऐहिक सुखोपभोगों की ज़रूरतों को पूरा करने के लिए जिस तरह प्रौद्योगिकी बनी उसी तरह मनोरंजन की ज़रूरतों को पूरा करने के लिए साहित्यिक प्रौद्योगिकी बनी है। आज के इस लोकप्रिय, रंजक साहित्य देने वाली प्रौद्योगिकी का क्या होगा? मुझे लगता है कि लोकप्रिय लेखन का स्थान बड़ी मात्रा में इलेक्ट्रानिक माध्यम लेंगे।

विज्ञान और साहित्य की तुलना को मैं कुछ और आगे खींचना चाहता हूँ। विशुद्ध विज्ञान-अकृत्रिम-विज्ञान-पदार्थों के गुणधर्म और उनसे सम्बन्धित नियमों का अध्ययन करता है। इसी तर्ज पर हम यह कह सकते हैं कि विशुद्ध साहित्य—अकृत्रिम साहित्य—मनुष्य की संवेदनशीलता और अस्तित्व के नियमों को खोजने का प्रयास करता है। इस प्रकार के विशुद्ध

अकृत्रिम साहित्य की अत्यधिक आवश्यकता इस शती में प्रतीत होगी। जीवन का रहस्य क्या है? जब तक यह प्रश्न उपस्थित होगा तब तक विशुद्ध और अकृत्रिम साहित्य इसे बताता रहेगा। यदि किसी पर जीवन का कोई रहस्य खुल गया तो उसे बिलकुल भीतर से ऐसा लगेगा कि इसे दूसरों को बताना ही चाहिए। इससे वह विशुद्ध साहित्य का सृजन करेगा। जीवन के रहस्यों का पता सबको चल जाने की परिकल्पना यदि सच हो जाय तो क्या होगा? सारे गाने लगेंगे और इन रहस्यों का लगातार बयान करते रहेंगे। विशुद्ध साहित्य की अवधारणा इस प्रकार समयातीत होती है।

अब, आने वाली शती में भारतीय साहित्य की सम्बद्धता क्या होगी इस प्रश्न की ओर मुड़ते हैं। भारतीय साहित्य आने वाली शती में कहाँ तक संगतिपूर्ण होगा? किस के साथ संगतिपूर्ण होगा? अपने साथ? औरों के साथ? या दोनों के साथ।

स्वतन्त्रता प्राप्ति के बाद के समय में हमारी साहित्यिक संस्कृति में कुछ लक्षणीय बातें हुईं। समाज के विविध तबकों से लेखकों का उदय होने लगा। इन तबकों से सम्बन्धित स्थितियों के बिम्ब साहित्य में दिखायी देने लगे। इन से सम्बन्धित समस्याएँ अधिक जोर से और प्रभावपूर्ण ढंग से सामने रखी जाने लगीं। सामाजिक उच्चनीयता की धारणाओं को कई धक्के पहुँचे। साहित्य का विशिष्ट, संकीर्ण स्वरूप नष्ट होकर वह सबके लिए साहित्य बन गया। स्वतन्त्रता प्राप्ति के बाद के समय में अध्ययन पर प्रौद्योगिकी और उपयोजित विज्ञान का प्रभाव दिखायी देता है उसी प्रकार इस समय में साहित्य-निर्माण के क्षेत्र में एक प्रकार के विशुद्ध स्वाभाविक विज्ञान के अनुसन्धान में कई बड़ी बातें हुई, लेकिन पदार्थ के किसी महत्त्वपूर्ण गुणधर्म के बारे में या प्रकृति के किसी नियम के बारे में एक भी बड़ा शोध नहीं हुआ। प्रकृति की रचना के बारे में भी एक भी नये सिद्धान्त की स्थापना नहीं हुई। इस युग में अस्तित्ववाद, अतियथार्थवाद, मार्क्सवाद, असंगति और स्त्रीवाद की विचार-प्रणालियों ने भारतीय जीवन को तलाशने का प्रयास किया, लेकिन यह निश्चयपूर्वक नहीं कहा जा सकता कि इसी स्वतन्त्रता प्राप्ति के बाद के युग में किसी भी सर्जनशील साहित्यिक कृति में मनुष्य-स्वभाव के गुण-धर्मों या जीने के नियमों को खोजने का प्रयास किया गया हो।

बीसवीं शती के उत्तरार्ध में भारतीय समाज की अस्मिता को जगाने—बाज

वक़्त भड़काने—के भी कई प्रयास नज़र आते हैं। घोषणाएँ, नारेबाजी चलती हुई दिखायी देती है। लेकिन क्या मात्र घोषणाओं से जागृति आ सकती है ? या फिर नींद में जरा-सी हलचल ही होगी ? आने वाली शती का साहित्य इन सारे प्रश्नों को समझने-बूझने से सम्बन्धित होगा। नींद में जरा-सी हलचल हमें नहीं चाहिए। हमें एक स्वस्थ, उत्साहपूर्ण जागृति चाहिए। इसे साध्य करने के लिए हमारे समाज को और उसके हरएक व्यक्ति को चाहिए कि वह किसी न किसी प्रसार की असली बात का निर्माण करे। इस प्रकार की असलियत की तीव्र इच्छा यदि हमारे साहित्य में व्यक्त होगी तो उससे कुछ न कुछ असली बात निर्माण होगी। आने वाली शती में भारतीय जन का अन्य देशों के जनों के साथ और अन्य संस्कृतियों के साथ बड़ी मात्रा में आदान-प्रदान होने की सम्भावना है। उन विदेशी प्रदेशों से हम किस तरह व्यवहार करेंगे ? विदेशी जन और उनकी संस्कृतियों का हम किस तरह मुक़ाबला करने वाले हैं ? मुझे लगता है कि इस तरह के प्रश्न आने वाली शती में पैदा होंगे। विदेशी संस्कृतियों से हम अवश्य ही कुछ न कुछ ग्रहण करने वाले हैं। हमें लगेगा कि बदले में हमें भी उन्हें कुछ न कुछ देना चाहिए। और जीने के लिए बिलकुल यथार्थ बातों को देना ही सर्वश्रेष्ठ दान है। यह एक ऐसा पाठ है जिसे हम साहित्य से सीख सकते हैं। और साहित्य मूलतः जीने का यथार्थ होने से जो देना है उसे साहित्य के रूप में ही देने की बात हम सोच सकते हैं। हम ऐसा भी सोच सकते हैं कि मनुष्य-स्वभाव के गुणधर्मों और जीने के नियमों को खोजकर उन्हें दुनिया के सामने रखे। हमारी ऐसी भी बौद्धिक आकांक्षा हो सकती है कि हमने स्वभाव के जिन गुणधर्मों को और जीने के नियमों को खोजा है दुनिया उनको स्वीकार करे जिससे उनका लाभ दुनिया के अन्य लोगों और अन्य संस्कृतियों के विकास के लिए होगा। यह ऐसी दृष्टि है जिससे आने वाली शती में साहित्य महत्त्वपूर्ण भूमिका अदा कर सकता है।

इसी बात को एक अलग नज़रिये से भी रखा जा सकता है। भारतीय समाज में हिन्दुत्व को लेकर बड़ी बहस चलती रहती है। भारतीय साहित्य में इस बहस का प्रभाव दिखायी देना स्वाभाविक है। इस विषय पर अच्छी, बुरी या तटस्थ कहानियाँ लिखी जा सकती हैं लेकिन काल प्रवाह में साहित्य के कलाकारों ने जो अर्थ किया होगा वह हिन्दुत्ववादी राजनीतिकों के लगाये गये अर्थ की अपेक्षा जीवन का बेहतर दर्शन साबित होगा।

इसका कारण यही है कि जीने में अनिवार्य सूक्ष्मता और गुत्थियाँ उतनी ही अनिवार्यता से साहित्य में भी प्रतीत होती हैं। जीवन में अपरिहार्य रूप से होने वाली असंगति और विरोध की बातें साहित्य में बेहतर ढंग से व्यक्त होती हैं। आकलन की यह प्रक्रिया साहित्य से निर्माण हो सकती है।

यह बारहा कहा जाता है कि अध्यात्म भारतीय संस्कृति का एक महत्त्वपूर्ण लक्षण है। भारतीय मन भी कई बार आत्मसुरक्षा के लिए अध्यात्म का आधार ग्रहण करता है। इससे नक़ली अध्यात्म की रूढ़ियाँ ताक़तवर बन जाती हैं। अपने यहाँ वैसे भी स्वामी, गुरु, साधु और साध्वियों का शोरगुल और भीड़ बढ़ ही गयी है। इस तरह के नक़ली अध्यात्म का मुलम्मा उघाड़ने का प्रयास भारतीय साहित्य ने निरन्तर किया ही है। साहित्य को, इस काम को, आने वाली शती में अधिक शिद्दत से करना पड़ेगा। इसके अलावा उसे और एक समस्या का सामना करना पड़ेगा। क्या पारलौकिक जैसी कोई बात सचमुच हो सकती है? अध्यात्म के क्षेत्र में पिछली कई शताब्दियों से किसी भी नयी चीज़ की खोज नहीं हुई है। सिर्फ़ पुरानी बातों को ही दोहराया जाता है और लिखा जाता है। इस सन्दर्भ में आने वाली शती में साहित्य को नये की खोज करनी होगी।

मेरा एक उपन्यास है 'कळ' नाम का। (कळ मराठी में अर्थ है वेदना, चाबी और झगड़ा) उसमें 'कहानी नहीं' नाम की एक छोटी कहानी है। मैं उसे यहाँ उद्धृत करता हूँ।

डाक्टर ने मोटर गराज वाले की आशा ही छोड़ दी। यह मालूम होने पर सब आ पहुँचे। मोटर गराज वाले के बहन, भाई, मामा, चाचा, दूर के रिश्तेदार आदि से सम्बन्ध टूट चुके थे, वे भी दूरदराज से आये। मोटर गराज वाला आख़िरी घडियाँ गिन रहा है इसका पता चलते ही उसके टूट चुके दोस्त भी आ गये। मोटर गराज वाले की जान अब चली जायेगी, अब चली जायेगी—सब प्रतीक्षा में थे।

वह रात गुज़र गयी। दिन गुज़र गया। अगला दिन गुज़र गया। हफ़्ता गुज़र गया। एक ने मोटर गराज वाले के कान के पास मुँह ले जाकर कहा, "तुम फिक्र मत करो। तुम्हारा रहा-सहा सब हम पूरा करेंगे।"

फिर हर किसी ने इस प्रकार के वचन मोटर गराज वाले के कान में डाल दिये। और सब मोटर गराज वाले के मरण के पूर्ण होने की प्रतीक्षा करने

लगे। दिन गुज़र गया। रात गुज़र गयी। दिन गुज़र गये। रातें गुज़र गयीं। मोटर गराज वाले का मरण पूर्ण होने का नाम नहीं ले रहा था।

"तुम्हारे प्राण किस बात में अटके हुए हैं? तुम्हारी कौन-सी इच्छा बाक़ी है? बताओ, हम पूरी करेंगे।"

आये हुए सभी लोगों ने कहा।

"मुझे कहानी सुनाइए। फिर मैं हमेशा के लिए सो जाऊँगा।" मोटर गराज वाले ने कहा। एक आतंकवाद पर हुमहुमकर बोला। एक धड़ाधड़ आर्थिक नीति पर बोला। मोटर गराज वाले का मरण पूर्ण नहीं हो रहा है। चाची को हार्ट अटैक आ गया। उसे आईसीयू में रखा गया। उसका बायपास हो गया। वह मोटर गराज वाले से मिलने आयी। मोटर गराज वाले का मरण पूर्ण होने का नाम नहीं।

एक दूर के रिश्तेदार को कैन्सर हो गया। उसकी केमोथेरपी हो गयी। बोनस आयु जीकर सेकण्डरीज फिर सारे शरीर में फैल गयी। मोटर गराज वाले का मरण पूर्ण होने का नाम नहीं। मोटर गराज वाले की बहन राजनीति में गयी। फिर वह ठाटबाट के साथ मोटर गराज वाले से मिलने आयी। मोटर गराज वाले का मरण पूर्ण होने का नाम नहीं। पिता अध्यात्म में चले गये। डाक्टर अमरीका चले गये। मामा आफ़िस चला गया। मामी डायवोर्स लेकर चली गयी। मोटर गराज वाला अकेला ही रह गया।

रात बढ़ रही थी।
क्या करें? कहाँ जायें?
मोटर गराज वाला धीरे-धीरे चलता रहा।
मोटर गराज वाले, परिवर्तनवादी बन जा।
परिवर्तन की कहानी सुनाइए।
मोटर गराज वाले, पुनरुज्जीवनवादी हो जा।
पुनरुज्जीवन की कहानी सुनाइए।
मोटर गराज वाले, धर्मवादी बन जा।
धर्म की कहानी सुनाइए।
मोटर गजराज वाले निधर्मी बन जा।
निधर्म की कहानी सुनाइए।
मोटर गराज वाले हमारे झण्डे के नीचे आ जा।
झण्डे की कहानी सुनाइए।

मोटार गराज वाला सड़क पर पिटता जाता रहा। फिर मोटर गराज वाला एक इमारत की दीवार से पीठ लगाकर बैठ गया। मोटर गराज वाले ने मोटर गराज वाले से कहा, 'स्वयं से संवाद कर।' मोटर गराज वाले ने मोटर गराज वाले का जबड़ा खोल दिया। 'अरे, क्या है रे ये?' मोटर गराज वाले ने मोटर गराज वाले से कहा, 'यह क्या स्वयं से संवाद या भीतर की झखमारी? देख! देख!' शब्द। शब्द। मुँह में तेरे शब्द। लार में तेरे शब्द, जबान पर, मसूढ़ों पर, तालु पर, हलक में...सब तरफ़ शब्द। देख, देख। हलक से शब्द सीने में जा रहे हैं, सीने से हलक में जा रहे हैं। सीने से, हलक से दिमाग़ में जा रहे हैं, दिमाग़ से सीने में, हलक में, मुँह में जा रहे हैं, आ रहे हैं।''

बहुत बुरी तरह से रोने की आवाज़ आयी। मोटर गराज वाला उठा। रोने की आवाज़ की दिशा में जाता रहा, जाता रहा। एक कमरे में पहुँच गया।

वहाँ एक शिशु का जन्म हुआ था।

मोटर गराज वाले ने शिशु के कान में कहा, ''मेरे बच्चे, तू ने जन्म लिया है, लेकिन इस समाज में कहानी नहीं है। सिर्फ़ विचार हैं।''

और मोटर गराज वाला सहसा घबरा गया कि कहानी नहीं है कहने पर बच्चे को शॉक लगेगा और बच्चा अपने मरने की शुरुआत करेगा।

बच्चा हिंस्रता से बड़ा होने लगा।

कहानी कहना और लिखना दोनों बातें संस्कृति में बड़ी अहम होती हैं। अच्छा क्या है, बुरा क्या है इसका आकलन कहानी ही हमें कराती है।

भारतीय मनुष्य कितनी मात्रा में पाठक हैं? इस प्रश्न का उत्तर देने से पहले केरल, बांग्ला, गुजरात आदि की भाषाओं की पढ़ने की संस्कृति का अध्ययन करना होगा। यहाँ मुझे महाराष्ट्र की पढ़ने की संस्कृति के बारे में कुछ बातें कहनी चाहिए। यहाँ आमतौर पर समाचार-पत्रों और पत्रिकाओं को पढ़ा जाता है। भावप्रधान, सनसनीखेज कहानियों और उपन्यासों की हद तक ही साहित्यिक अभिरुचि सीमित हो गयी है। नये या व्यावसायिक कवि कविता पाठ करते हैं। कविता पढ़ी या सुनी नहीं जाती, उसे देखा जाता है। कानों पर पड़ने दिया जाता है। धार्मिक ग्रन्थों का पाठ सर्वत्र दिखायी देता है। लेकिन उसे सक्रिय पढ़ना नहीं कहा जा सकता। आम

आदमी का यह आदर्श सूत्र होता है कि पढ़ने की क्रिया में दिमाग़ को कष्ट नहीं होने चाहिए। इसके बावजूद कहना पड़ेगा कि गम्भीरतापूर्वक लिखने वाले लेखक को ऐसे ही गम्भीर पाठक, थोड़े ही क्यों न हो, मिल जाते हैं। सिर्फ़ बड़े नगरों में ही नहीं, छोटे शहरों और गाँव-देहातों में भी बिखरे हुए होते हैं। पिछले बीस वर्षों में अपने देहातों में बैंक, दवाखाने, बीमा, उच्चशिक्षा जैसी विशिष्ट सेवाएँ पहुँच चुकी हैं। इस श्रेणी में कुछ गम्भीर पाठक अवश्य होंगे। ऐसे स्थानों पर शापिंग, क्लब, सिनेमा, नाटक जैसी नागरी फुरसत की सुविधाएँ उपलब्ध नहीं हैं और न आने वाले पचास वर्षों में पहुँचने की उम्मीद है। इससे इन देहातों में गम्भीर पाठक वर्ग का उदय हो सकता है। साक्षरता प्रसार की मुहिम बड़े जोश में चलायी जा रही है, लेकिन अभी यह समझ में नहीं आया है कि इस मुहिम के माध्यम से बेहतर साहित्यिक रुचि बननी चाहिए। विज्ञापनों में दिखाया जाता है कि साक्षर होने पर डाकिया द्वारा लायी गयी रिश्तेदार की चिट्ठी को पढ़ा जा सकता है अथवा वेतन-पत्र पर दस्तख़त किया जा सकता है। मैं आशा करता हूँ कि आने वाली शती में लोगों की समझ में यह बात भी आ जायेगी कि साक्षर होने पर साहित्य से आनन्द या सन्तोष भी पाया जा सकता है। आने वाली शती में साहित्य को इसे साध्य करना ही होगा। पढ़ने की आदत बढ़ती रहे इसके लिए महाराष्ट्र में एक आदोलन शुरू हो चुका है।

आने वाली शती में पाठकों की तादाद बढ़ जायेगी। कितनी बढ़ जायेगी ? हाँ, लेकिन इस तरह के प्रश्नों के उत्तर पर साहित्य का निर्माण निर्भर नहीं होता। सच है कि लेखक पाठकों के लिए लिखता है, लेकिन फिर भी वह पाठकों की तादाद और भेदों को गिनकर नहीं लिखता। साहित्य संगतिपूर्ण है या नहीं ? इस त्रासद प्रश्न को लेकर लेखक आने वाली शती में साहित्य लिखेंगे। इस प्रश्न जैसे कई प्रश्न हमारे सामने उपस्थित हो सकते हैं। इन प्रश्नों का सामना करने का एक ही रास्ता, साहित्य ही होगा।

दरअसल, सवाल यह है कि असली साहित्य का निर्माण हम कैसे कर सकेंगे ?

साहित्य और समाज : एक तत्त्वमीमांसा

समाज कैसे प्रतीत होता है? यह करो, यह मत करो, इस तरह बर्ताव करो, उस तरह बर्ताव मत करो...इस तरह एक-दूसरे को बताता है। इससे समाज का अस्तित्व प्रतीत होता है। अनजान मनुष्य के साथ व्यवहार करते समय जो अन्दाज़ हमारे काम आते हैं उनसे हमें समाज प्रतीत होता है। रूढ़ियाँ, परम्पराएँ, व्यवहार की रीतियाँ, अपने आप को व्यक्त करने की रीतियाँ, अपने आप को छिपाने की रीतियाँ, अज्ञात के बारे में अवधारणाएँ, अज्ञात के साथ बरतने की रीतियाँ, इनसे समाज प्रतीत होता है। लोग इस तरह कहते हैं, लोग क्या कहेंगे? जैसे वाक्य-प्रयोगों से समाज प्रतीत होता है। लोग या लोक प्रतिशब्द का प्रयोग समाज के लिए किया जाता है। अर्थात् जानवर, वृक्ष, पक्षी, सृष्टि समाज में नहीं आते। भौगोलिक सीमाओं से समाज को पहचानने की रीत है। राजनीतिक गतिविधियों से समाज प्रतीत होता है? इसका उत्तर है कि राजनीतिक पर्यावरण में समाज शब्द की अपेक्षा जनता शब्द अधिक प्रचलित है। अनुमान किये जाते हैं कि जनता की राय क्या है? यह नहीं देखा जाता कि समाज का कहना क्या है? जनतान्त्रिक प्रक्रिया में समाज प्रतीत होता है? जनतन्त्र है बहुमत का तत्त्व। बहुसंख्यात्मकता से परे समाज होता है। समाज कभी एक नहीं होता। कम से कम दो होता है। प्रायः दो से ज़्यादा ही होता है। इसलिए समाजसुधार करना चाहिए—होना चाहिए जैसा सिद्धान्त निकलता है। समाज सुधार के आन्दोलनों से समाज प्रतीत होता है। दरअसल, जिसके बारे में हरएक मनुष्य को शिकायत होती है वह समाज है। समूचे विश्व के बारे में करुणा रखने वाले सन्तों ने भी समाज की आलोचना, की है। हर एक मनुष्य के जीवन

व्यवहार में समाज दिखायी देता है। क्या समाज की भाव-भावनाएँ होती हैं? समाज में क्षोभ, द्वेष, आदर, उत्सवप्रियता, शोरशराबा जैसी भावनाएँ होती हैं। इन्हें ढूँढ़ा जा सकता है कि मनुष्य की जो भावनाएँ होती हैं उनमें से कौन-सी भावनाएँ समाज की होती हैं। इसे भी ढूँढ़ा जा सकता है कि मनुष्य को होने वाली कौन-सी भाव-भावनाएँ और विकास समाज को नहीं होते हैं। इनमें से एक का ज़िक्र मैं करता हूँ। समाज की 'कामभावना' या 'कामविकार' नहीं होता। कुल मिलाकर समाज के भाव-भावनाओं की तादाद कम होती है। समाज के मन होता है लेकिन थोड़ा होता है। ज़्यादा नहीं होता। समाज विचार नहीं कर सकता। समाज के पास कुछ विचार होते हैं, कुछ कल्पनाएँ होती हैं, कुछ अवधारणाएँ होती हैं। समाज के पास खोजने की प्रवृत्ति नहीं होती। समाज के पास परमेश्वर की एक अवधारणा होती है। परमेश्वर के शोध की वृत्ति या शक्ति नहीं होती। समाज की आकांक्षा होती है कि समृद्ध हो। समृद्धि कैसे आयेगी? समाज इसकी खोज नहीं करता। भाव-भावनाओं की कमी, शोध की प्रवृत्ति को न होना इसके आधार पर कहा जा सकता है कि समाज के गुणधर्म के चलते समाज स्थूल होता है। समाज की समझ में नहीं आता कि विसंगति का क्या करे? विसंगति को समाज उठा नहीं सकता। विसंगति से समाज धक्के खाता है। विसंगति के सन्दर्भ में समाज में समझौते का तत्त्व निकलता है। समझौता स्थूलता का निदर्शक है। या फिर समाज विसंगति को नज़रअन्दाज़ ही कर देता है। नज़रअन्दाज़ करना स्थूलता की निशानी है। व्यक्ति यथार्थ को प्रतीत करता है उसी तरह नथिंगनेस को भी। नथिंगनेस की बात समाज के दायरे में बाहर की बात है। इसीलिए समाज को स्थूलता प्राप्त होती है। समाज स्थूल होता है, इसलिए व्यक्ति समाज में अकेला अनुभव करता है।

स्थूलता के विशेषण को कमतर समझने की आवश्यकता नहीं है। प्रश्न है कि क्या स्थूलता से किसी तरह की सर्जनशीलता आ सकती है, अर्थात् क्या समाज सर्जनशील हो सकता है? और समाज की सर्जनशीलता का स्वरूप क्या हो सकता है? इस प्रश्न के उत्तर के लिए हम सर्जनशीलता और साहित्य के बारे में सोचेंगे।

सर्जनशीलता के लक्षण हैं : अस्तित्व के अर्थ की खोज करना, अज्ञात को स्पर्श करना, अनेक घटनाओं, रूपों का पृथक्करण करते हुए यह खोजना

कि उनमें क्या कोई मूलतत्त्व मिलता है, और उसे विसंगति को झेलते हुए संगति की प्रतीक्षा करना और खोजना।

व्यक्ति सर्जनशील हो सकता है। सृजन कर सकता है। सृजन के कई प्रकार ज्ञात हैं। साहित्य, नर्तन, शिल्प, चित्र, सिनेमा, इनमें से सिनेमा को आधुनिक समाज का कला–प्रकार माना जाता है। सिनेमा में गायन, नर्तन, रंगरेखादि कला–प्रकार अन्तर्भूत होते हैं। सिनेमा के बाद साहित्य कला–प्रकार आता है। इस कला–प्रकार को प्राचीन काल से अस्तित्व में माना जाता है। चाहने वाले किसी को भी साहित्य मुहैया हो सकता है। अन्य कलाओं को शब्दबद्ध करने की शक्ति साहित्य में है। साहित्य में चित्र आ सकता है। नाद को लाया जा सकता है। साहित्य का अध्ययन पहली कक्षा से अनिवार्य रूप से शुरू होता है। उस तरह शिल्पकला या नृत्य आदि कलाओं का अध्ययन अनिवार्य नहीं दिखायी देता। साहित्य में अध्ययन के लिए साहित्य की रुचि, एप्टीट्यूड आदि जानने की ज़रूरत नहीं महसूस की जाती। साहित्य का अध्ययन पहली कक्षा से आरम्भ होता है। इसका एक स्पष्ट कारण साहित्य का माध्यम भाषा होता है। और भाषा समाज इकाइयों के संवाद व्यवहार का माध्यम है। इस तरह साहित्य और समाज का सम्बन्ध प्राचीन काल से प्रस्थापित हो चुका है।

सीधे जीवन को ही सर्जनशील बनाना इस कला रूप को मानव–जाति ने हमेशा ऊँचे स्थान पर रखा है। अपने जीवन को ही सर्जनशील करने को आध्यात्मिक जीवन कहा गया है। आध्यात्मिक जीवन के एक पहले के साक्षात्कार को घटना के रूप में बताया जाता है। माना जाति के इतिहास में दिखायी देता है कि आध्यात्मिक या साक्षात्कारी व्यक्तियों ने साहित्य का सृजन किया है। साक्षात्कारी व्यक्तियों के गायन, नर्तन करने के ज़िक्र मिलते हैं। साक्षात्कारी व्यक्तियों के सिनेमा बनाने के बारे में कोई ज़िक्र नहीं, न सिनेमा कला में काम करने वाले किसी ने अपने आप को साक्षात्कारी घोषित किया है। मैं यहाँ पर साक्षात्कार के सच या झूठ होने के बारे में कुछ भी नहीं लिख रहा हूँ। बल्कि साहित्य के बारे में लिख रहा हूँ।

दुनिया में आने, जीवन जीने के लिए कितना समझना ज़रूरी है? किसी व्यवहार को पूरा करने के लिए उस व्यवहार को कितना पहचानना ज़रूरी है? कोई शख़्स मेरे पहचान का है ऐसा जब मैं कहता हूँ तो उस शख़्स की

कितनी जानकारी अपेक्षित है। मैं अपने भाई को कहाँ तक समझ सकता हूँ? कोई तत्त्व मुझे कहाँ तक समझ में आना चाहिए। किसी भावना को मुझे कहाँ तक समझना चाहिए। कितना समझने की क्षमता मुझमें होनी चाहिए। कम से कम कितना समझना चाहिए इसकी स्थिति समाज से बनती है। समाज तय करता है कि प्रेम भावना कम से कम कितनी समझ में आनी चाहिए। इसकी मात्रा समाज निर्धारित करता है। साहित्य में भी उतना ही आय इस तरह का दबाव फिर लेखक पर पड़ता है। इस दबाव के सामने झुककर कुछ लेखक उस तरह से लिखते हैं। इसमें पॉप्युलर अर्थात् जनप्रिय साहित्य का अस्तित्व सिद्ध होता है।

कम से कम कितना वामपक्ष समझना ज़रूरी है उतना समझने पर जनप्रिय वाम साहित्य बन जाता है। यही दक्षिणपन्थी साहित्य के बारे में भी कहा जा सकता है। कम से कम इतना समझना चाहिए : यह समाज का फोर्स, एक्ज़िड़टेंशलियज़्म, सुर्रियलिज्म, एब्सर्डिटी, ट्रैजिडी—सब तरफ़ काम करता है। इसके चलते समाज में स्थूल त्रासदी, स्थूल प्रेमकथा, स्थूल धर्मकथा, स्थूल वामसाहित्य, स्थूल दक्षिणपन्थी साहित्य, स्थूल एब्सर्डिटी साहित्य जोर पकड़ता है। इससे साहित्य सर्वत्र रूढ़िबद्ध हो जाता है। रूढ़िबद्धता पर उपाय के रूप में साहित्य में रूपों के प्रयोग होते हैं। स्थूल विविधता फैलकर कृत्रिमता बढ़ जाती है।

इतना कुछ समझ गया तो चल सकता है—इस तरह की समझ से बने प्रमेय के कारण जीवन के कुछ अंश समझ के क्षेत्र में आने से रह जाते हैं। ऐसा एक अंश है मनुष्य का यौन जीवन। मनुष्य का यौन जीवन छिपा रह जाता है। व्यक्ति को सबकुछ समझ लेने की चाह होती है। इसके परिणामस्वरूप व्यक्ति यौन से सम्बन्धित साहित्य रचता है। कितना समझना ज़रूरी है इसके बारे में समाज मात्रा निश्चित करने की दशा में होता है। इस दृष्टि से समाज यौन साहित्य पर भी अंकुश रखना चाहता है। व्यक्ति सबकुछ समझने के नज़रिये से यौन साहित्य पढ़ना चाहता है तो समाज व्यक्ति पर दबाव डालता है कि बस इतनी ही मात्रा में समझ लो। इससे व्यक्ति मन में द्वन्द्व पैदा होता है और वह चोरी-छिपे यौन साहित्य पढ़ता है और समाज की इकाई के रूप में यौन साहित्य के विरोध में भी बोलता है। इस तरह दम्भ तैयार होता है।

यौन मात्र ही गुप्त बात नहीं रह जाती। कुल मिलाकर और समग्रतः जड़

से ही समझने–जानने की बात भी समाज में गुप्त–बात बन जाती है। साकल्य, समग्रता और जड़मूल से समझ लेने की प्रेरणा से अभिजात साहित्य में विद्रोही साहित्य अन्तर्भूत होता ही है। किन्तु आवश्यक नहीं कि विद्रोही साहित्य अभिजात साहित्य हो। अभिजात साहित्य और विद्रोही साहित्य की प्रेरणा एक ही होती है। साकल्य, समग्रता और जड़मूल से प्रेरणा। जिस साहित्य में साकल्य, समग्रता और जड़मूल से समझने की क्रिया होती है वह अभिजात साहित्य होता है। ऐसा क्वचित ही होता है। अभिजात साहित्य का रचा जाना मनुष्य का भाग्ययोग होता है। विद्रोही साहित्य में सबकुछ साकल्य, समग्रता और जड़मूल से समझना होता नहीं या सधता नहीं। कारण विद्रोही साहित्य प्रतिक्रिया से शुरू होकर समग्रता को पकड़ना चाहता है और इस आवेश में प्रतिक्रिया को ही प्रधानता देता है। अभिजात साहित्य का आरम्भ प्रतिक्रिया से नहीं होता। अभिजात साहित्य में प्रतिक्रिया की प्रक्रिया को समझने की प्रेरणा होती है। साकल्य, समग्रता और जड़मूल से समझना अभिजात साहित्य में होता है। इस तरह से कि मनुष्य का ऊँचा उठने से लेकर उसके नीचे गिर जाने की एक लम्बी रेंज होती है—ऊँचा उठने से नीचे गिर जाने की प्रेरणाओं की खोजबीन करने के दर्शन अभिजात साहित्य में होते हैं। स्थूल समाज चकित होकर चुप बैठ जाता है। बाद में समाज अभिजात साहित्य की पूजा करने के स्थूल मार्ग को स्वीकार करता है। साकल्य, समग्रता और जड़मूल में सबकुछ को समझा लेने की वृत्ति व्यक्ति में होती है। फिर भी समाज के संस्कारों के कारण व्यक्ति को खण्ड–खण्ड में समझा लेने की आदत पड़ चुकी होती है। और खण्ड–खण्ड में समझा लेने की प्रक्रिया के कारण व्यक्ति अभिजात साहित्य में अनेक अर्थ देखता है। अनेकार्थों की सम्भावनाएँ अभिजात साहित्य में होती हैं ऐसा कहने के स्थान पर हम यह भी कह सकते हैं कि खण्ड–खण्ड में समझा लेने की प्रक्रिया के कारण अभिजात साहित्य में अनेक अर्थों की सम्भावना होती है। इस प्रक्रिया में कोई व्यक्ति अभिजात साहित्य के दोष भी दिखा सकता है। विशिष्ट दृष्टियों से दोष सही भी हो सकते हैं। फिर भी ऐसा नहीं कह सकते कि सुष्ट और दुष्ट प्रेरणाओं के समग्र दर्शन अभिजात साहित्य में नहीं होते।

अभिजात साहित्य के अनेक अर्थों या दोषों से समाज को कुछ लेना–देना नहीं होता। समाज तो अभिजात साहित्य का पूजक ही होता है। साकल्य

समग्रता और जड़मूल से देखने की प्रेरणा से ही अभिजात साहित्य यौन बातों को देखता है इसलिए समाज उसके सामने प्राय: चुप बैठता है। साकल्य, समग्रता और जड़मूल से देखने की प्रेरणा विद्रोही साहित्य की भी होती है फिर भी उसका आरम्भ प्रतिक्रिया से होता है। प्रतिक्रिया समाज की अस्थिरता का तत्त्व होने के कारण समाज विद्रोही साहित्य को महत्त्व नहीं देता। साकल्य, समग्रता और जड़मूल से देखने की प्रेरणा व्यक्ति में होती है इसलिए व्यक्ति को विद्रोही साहित्य के प्रति आकर्षण होता है। फिर भी व्यक्ति के प्रतिक्रिया को प्रक्रिया में उलझाने के कारण प्रतिक्रियाओं की एक शृंखला बनने लगती है। विद्रोही साहित्य बार-बार रचा जा सकता है। विद्रोही साहित्य के रचने का शास्त्र भी बनाया जा सकता है। अभिजात साहित्य को रचने का शास्त्र नहीं बनाया जा सकता।

समाज में एक प्रमेय बन जाता है कि कम से कम इतना तो भी समझा तो पर्याप्त है लेकिन कैसे समझना इसको लेकर समाज को कोई प्रमेय नहीं होता। इसलिए रूपों के प्रयोगों को समाज मान लेता है। और दुर्बोध रूपकों से समाज में कभी क्षोभ पैदा नहीं होता। न दुर्बोधता समाज के लिए कोई समस्या होती है।

समाज न साहित्य रचता है न साहित्य पढ़ता है। व्यक्ति साहित्य रचता है और व्यक्ति साहित्य पढ़ता है। इस तथ्य से व्यक्ति के गुणधर्मों और समाज के गुणधर्मों के बारे में कुछ निरीक्षण प्रस्तुत किये जा सकते हैं।

टाइमपास करने के लिए व्यक्ति साहित्य पढ़ता है। समय को व्यक्ति समझ सकता है। समाज को समय का पता नहीं चलता। भावनाओं से खेलने के लिए व्यक्ति साहित्य पढ़ता है। वह चाहता है कि भावनाओं से खेले। भावनाओं का खेल देखने की चाह होती है। समाज को यह अच्छा नहीं लगता। समाज को स्थितिप्रियता के काम आने वाली शान्ति अच्छी लगती है या फिर उतना ही तात्कालिक उद्रेक अच्छा लगता है। समाज में उद्रेक उत्पन्न करने के लिए साहित्य को वापरा किया जाता है। समाज सुधार के लिए व्यक्ति साहित्य रचता है और साहित्य पढ़ता है। बनाये रहना समाज की प्रेरणा होती है। कम से कम समझना और बने रहना—समझने के लिए हस्ती को दाँव पर न लगाना—यह समाज की प्रेरणा होती है तो एक न एक दिन हम मिट जाने वाले हैं इसे व्यक्ति जनम से ही जानता है। इसलिए व्यक्ति अज्ञात का सन्धान करना चाहता है। इस प्रक्रिया में वह साहित्य पढ़ता है।

व्यक्ति के दिमाग़ में समाज की धुँधली तस्वीर होती है। समाज को जड़मूल से समग्रत: जानने की प्रेरणा से भी साहित्य की रचना होती है। साहित्य में समाज आता है। समाज को समझने के एक मार्ग के रूप में भी व्यक्ति साहित्य पढ़ता है। जानकारी हासिल करने के लिए भी व्यक्ति साहित्य पढ़ता है। जानकारी हासिल करने की प्रेरणा समाज की भी होती है। इत्थंभूत जानकारी हासिल करना व्यक्ति की प्रेरणा होती है। समाज को इत्थंभूत जानकारी नहीं चाहिए होती है इस अनुमान पर अख़बार निकलते हैं। व्यक्ति अख़बार पढ़ता है फिर भी कह सकते हैं कि अख़बार समाज का साहित्य है। समाज को पढ़ने, सोचने, मनन करने की अपेक्षा देखने, सुनने, होने में रुचि होती है। अत: कहा जा सकता है कि जिस व्यक्ति को देखने, सुनने, होने में रुचि हो उसमें समाज का अंश अधिक होता है। साहित्य में समाज होता है उसी तरह व्यक्ति भी होता है। समाज को ऐसा नहीं लगता कि व्यक्ति की किसी बात को समझे इसलिए नहीं कह सकते कि साहित्य समाज की ज़रूरत है। समाज के बने रहने की प्रेरणा पर आघात करने वाली साहित्य-कृति पर समाज क्षोभ प्रकट करता है।

क्या दुनिया में कहीं पर भी समाज को अच्छा कहने वाली कोई साहित्य-कृति हो सकती है? ऐसी कृतियाँ हो सकती हैं जो समाज के किसी अंश को अच्छा कहती हों। किसी भी साहित्य-कृति को उठाओ, समाज की आलोचना करने वाली ही मिल जायेगी।

आधुनिक साहित्य ने समाज की स्थूलता को मिटाने का प्रयास किया। मराठी के आधुनिक साहित्य ने देशी स्थूलता को मिटाने की कोशिश की। अब ग्लोबलाइजेशन आ रहा है और आधुनिकोत्तर मराठी साहित्य को विदेशी स्थूलता को मिटाना होगा। वैसी कोशिश करनी पड़ेगी। देशी स्थूलता और विदेशी स्थूलता—दोनों बातों पर चिन्तन करना होगा।

स्थूलता का दरअसल क्या किया जा सकता है या क्या कर सकते हैं? स्थूलता का सर्जनशील क्या हो सकता है? स्थूलता का समर्थन न करने का एक आयाम समाज को दिया जा सकता है। स्थूलता का समर्थन न करने से समाज को सभ्यता का लाभ होता है।

समाज में विचरते हुए जो मूल्य, विचार, दर्शन प्रतीत होते हैं उनके आधार पर समाज की कुल अभिरुचि और साहित्यिक अभिरुचि को निश्चित

किया जा सकता है। इस रीति से समाज के आचारों का हिसाब रखने पर असंगतियाँ मिल जाती हैं। अख़बारों के सम्पादकीय लेख यही करते हैं। स्थूलता का समर्थन न करने की प्रक्रिया समाज में कितनी मात्रा में होती है इस आधार पर समाज की कुल अभिरुचि और साहित्यिक अभिरुचि निश्चित की जा सकती है। इससे आचार और विचार की असंगति की समझ की मात्रा का पता चल जायगा। पता चलेगा कि समाज कितना ज्ञानोन्मुख है। समाज की ज्ञानोन्मुखता ही सभ्यता है। समाज के ज्ञानोन्मुख होने पर रचना करने वालों की रचना को कम से कम ही सही, मूल्यवत्ता प्राप्त हो जाती है। सच्चे प्रश्नों और झूठे सवालों को समझने की प्रक्रिया शुरू होने की सम्भावना होती है। समाज ज्ञानोत्सुक न हो तो भी व्यक्ति ज्ञानोत्सुक हो सकता है। समाज को ज्ञानोन्मुख होना चाहिए और व्यक्ति को ज्ञान निर्माण करना चाहिए। कोई व्यक्ति अस्तित्व के सच्चे प्रश्न से प्रभावित होकर उस प्रश्न को सुलझाने के लिए एकाकी बनकर जीवन को दाँव पर लगाकर साहित्य-कृति की या जीवनकृति की निर्मिति करता है। इस प्रक्रिया में मात्र आनन्द नहीं होता, पीड़ा भी होती है। अपनी निर्मिति को व्यक्ति अपने पास ही रख सकता है या समाज को अर्पण कर देता है। सामाजिक प्रतिबद्धता का तत्त्व बड़े पैमाने पर स्वीकृत है फिर भी दोनों प्रकार के उदाहरण साहित्य के इतिहास में मिलते हैं। बावजूद इसके साहित्य-कृति समाज के लिए होती है। अर्थात् समाज के किसी के लिए भी होती है। किसी ख़ास विशिष्ट व्यक्ति के लिए न होकर सब के लिए होने का नज़रिया शायद समग्रता की निशानी है। साहित्य-कृति को बेचने के लिए साहित्य-कृति की दुकानें होती हैं। लेखक लेखन पर धन कमाना चाहता है। यह साहित्य का व्यापार-तत्त्व है। धन के लिए लिखने से लेकर मात्र लिखने तक एक बड़ी रेंज साहित्य-कृतियों को लेकर दिखायी देती है। धन से परे भी साहित्यसृजन की प्रेरणा होती है। इन दोनों प्रेरणाओं को समाज जानता है। ऐसा नहीं है कि धन के लिए लिखने वाले से समाज नफ़रत करता है। लेकिन धन से परे जाकर लिखने वाले का ज़्यादा सम्मान होता है फिर भी, समाज में यह प्रश्न महत्त्व का होता है कि साहित्य-कृति हमें याने व्यक्ति को क्या कुछ देती है?

मराठी समाज और मराठी साहित्य के बारे में कुछ निरीक्षण सामने रखना चाहता हूँ। मराठी समाज में मौखिक परम्परा अधिक है। मराठी समाज

साहित्य को पढ़ने की अपेक्षा साहित्य पर ज़्यादा बोलता–सुनता है। लेखक को लिखने की अपेक्षा बोलने को ज़्यादा प्रवृत्त करता है। इसका असर तो होता ही है। लेखन कम होता है या फिर लेखन की गुणवत्ता कम हो जाती है।

सामाजिक सुधार ही प्राय: मराठी साहित्य की प्रेरणा रही है। आधुनिक साहित्य में भाषा की निर्मिति हुई, उसमें साफ़गोई आयी। मनोविश्लेषण, अस्तित्ववाद, एब्सर्डिटी जैसे तत्त्वों का इस्तेमाल हुआ। समाज सुधारों के तत्त्व को साहित्य में वापरना, मनोविश्लेषण के तत्त्व को साहित्य में वापरना, अस्तित्ववाद को वापरना, एब्सर्डिटी के तत्त्व को वापरना इस तरह जिसकी भी जानकारी है उसे साहित्य में वापरने को मैं 'उपयोजित साहित्य' कहना चाहता हूँ। और अस्तित्व के किसी एक बिलकुल नये गुणधर्म को साहित्य में खोजते जाने को मैं 'शुद्ध साहित्य' कहना चाहता हूँ। शिकायत करना चाहता हूँ कि मराठी में शुद्ध साहित्य नहीं लिखा जा रहा है। अभी तक समाज में ज्ञानोत्सुकता नहीं आ सकी है। आधुनिक साहित्य ने ज्ञान की प्रेरणा को हाथ नहीं लगाया है। क्या साहित्य शौक़ के लिए लिखा जा रहा है? क्या समाज व्यक्ति के साहित्य सृजन को व्यक्ति के शौक़ की तरह देख रहा है? शौक़ या शगल का ज्ञान की प्रेरणा में रूपान्तर कैसे होता है? ज्ञान का अर्थ क्या है? साहित्य को ऐसे प्रश्नों को भी उठाना चाहिए। साहित्य समाज की शिथिलता को मिटाता है और समाज को अतिउत्साहित होने भी नहीं देता। साहित्य को ऐसा होना चाहिए। इससे व्यक्ति चिन्तनशील हो सकेगा। साहित्य पढ़ने वाला मराठी व्यक्ति साहित्य को दो भागों में बाँट देता है—साहित्य पसन्द आया और पसन्द नहीं आया। मराठी साहित्य का अध्ययन करने वाला व्यक्ति तुरन्त साहित्य का यह सही है, यह ग़लत है, इस तरह के फतवे देता है। क्या मराठी साहित्य की दशा ऐसी हो गयी है कि साहित्य से पाठक को कुछ नहीं मिलता? या साहित्य से कुछ नहीं लेने की आदत है उसको? समस्या यही है।

मैं फिक्शन–कथा–साहित्य लिखने वाला लेखक हूँ। निबन्ध या समीक्षा लिखने वाला नहीं। मुझे अच्छा लगता अगर मैंने अब तक जो पढ़कर सुनाया उसे कथा–साहित्य बना देता। इससे मैं हरएक मुद्दे के लिए सीधे आदमी की रोज़मर्रा की ज़िन्दगी से सबूत–मुद्दे के पक्ष में भी और विपक्ष में भी ले सकता। निबन्ध या आलोचनात्मक लेखन के लिए स्कालरशिप,

पाण्डित्य या विद्वत्ता की ज़रूरत होती है। समाज को स्थूलभाव के मुद्दे को स्कालरशिप के सिद्धान्त के अनुसार साहित्य, समाजशास्त्र, नृतत्वशास्त्र तथा अन्य शास्त्रों से प्रमाण उपस्थित करने पड़ते। मेरा ऐसा रुझान नहीं है। मेरे अपने जीने से, मेरे आसपास के लोगों के दर्शन से चारों तरफ़ के माहौल से मैं मुद्दों को और प्रमाणों को प्राप्त करता हूँ। यह रीत साहित्य लेखन के लिए उपयुक्त होती है। कथा-साहित्य से आने वाली मीमांसा ऐरे के विरोध में ग़ैरा जैसी नहीं होती। निबन्ध या आलोचनात्मक लेखन की मीमांसा आदमी को घटाकर की जाती है इसलिए ममता से ख़ाली होती है, और लगने लगता है कि ऐरे के विरोध में ग़ैरा खड़ा है। कथा-साहित्य लिखते समय एक ही विषय नहीं होता। कई बल्कि अनेक विषयक इस या उस पहलू से झाँकते रहते हैं।

मैं कथा-साहित्य लिखने वाला हूँ इसलिए इस निबन्ध के मुद्दे मेरे चिन्तन के विषय हैं। मैं कथा-साहित्य लिखने वाला हूँ इसलिए आज मैंने जो कहा उन विचारों में दुराग्रह नहीं है। और भी बारीकियाँ ढूँढ़नी होंगी। इसीलिए तो कहा जाता है कि लेखक एक ही फिक्शन को बार-बार लिखता है।

मित्र के मनुहार पर मैंने इस निबन्ध को पढ़ा, लेकिन कथा-साहित्य के बाहर अपने मुद्दों को लिखना न मेरी आदत है न मेरी रुचि।

(१९९७)

वसन्त-ऋतु में भारत

यहाँ किसी भी व्यक्ति को ख़ुद का कोई काम ख़ुद ही करने का आत्मविश्वास नहीं है, व्यक्ति असहाय महसूस करता है।

व्यक्ति के सामने दो विकल्प होते हैं :

१. पहचान निकालकर काम करवाना—यानी किसी बिचौलिये को पकड़ना। यहाँ भ्रष्टाचार का आरम्भ होता है और व्यक्ति के जीने में दरार पड़ जाती है। व्यक्ति अपनी हड़बड़ाहट को निकट के लोगों के पास व्यक्त करता है, निकट के लोग कहते हैं, जीना मुश्किल हो गया है।

२. कोई न कोई सामने आता है, कहता है : हमें अपनी समस्याओं के लिए लड़ना होगा।

'लड़ना' शब्द का प्रयोग क्यों किया जाता है?

यह समाज अपना ही है न? यह सरकार अपनी ही है न? अपने समाज के विरोध में लड़ना? अपनी सरकार को दुरुस्त करने का उद्देश्य है न? तो फिर 'लड़ना' शब्द किसलिए? जनतन्त्र में 'लड़ना' शब्द नहीं चाहिए।

'लड़ाई' शब्द को निकालने के लिए शासन को जनतन्त्रवादी भूमिका का पालन करना चाहिए। शासन जितना अधिक जनतन्त्रवादी होगा उतनी जनता भी जनतन्त्रवादी होगी। सरकार को चाहिए कि निरन्तर जनता की टोह लेते हुए कारोबार करें। सरकार यदि हठीलेपन और हेकड़ीपन से कारोबार न कर जनतन्त्रवाद से व्यवहार करेगी तो विरोधी दल और जनता भी जनतन्त्रवादी बन जायेगी। 'लड़ाई' शब्द को मिटाने का काम प्रधान रूप से सरकार की जिम्मेदारी है।

लड़ने की अब तक बनी हुई कुछ रीतियाँ इस प्रकार हैं :

१. अदालत जाना, २. काली फीतें लगाना, ३. मोर्चा निकालना, ४. घेराव करना, ५. पत्थर मारना, आगजनी, ६. अन्न त्याग, ७. आमरण अन्नत्याग।

अदालत जाना, काली फीतें लगाना, मोर्चा और अन्नत्याग में 'नाश करना' जो कि लड़ाई का पहलू है, नहीं है।

घेराव करना, पत्थर मारना, आगजनी में 'नाश करना' जो कि लड़ाई का पहलू है, है। आमरण अन्न त्याग जीने की प्राकृतिकता का विरोधी है। जनतन्त्र में जीने की प्राकृतिकता के विरुद्ध आचरण करने की नौबत किसी पर न आये। सरकार को कभी भी इस तरह क्रूर नहीं होना चाहिए।

काली फीतें लगाना, मोर्चा निकालना, अन्नत्याग : ये तरीक़े जीने की प्राकृतिकता को, अल्पमात्रा में क्यों न हों, लाँघ जाते हैं। अदालत जाना : न्यायसंस्था को मजबूत होना चाहिए। ऐसी रीतियाँ खोजनी होंगी जिनसे सरकार को अपनी ग़लतियाँ सुधारनी पड़े और जीने की प्राकृतिकता बरकरार रहे।

कुल मिलाकर भारतीय सभ्यता जीने की प्राकृतिकता में रुकावटें डालने वाली है। परिणामस्वरूप भारतीय मनुष्य भीतर के जीने में दबा हुआ रहता है। बाहर के जीने में भरमाया हुआ। भारतीय मनुष्य व्यक्तिगत रूप से जीने का मज़ा नहीं ले सकता इसलिए वह सामूहिक उत्सवों की ओर जाना चाहता है और सहसा उन्मादी दशा में चला जाता है।

भारतीय मनुष्य के बारे में यह कुछ निरीक्षण हैं। निरीक्षण हायपोथेसिस होते हैं। 'थीसिस' बन जाने के लिए निरीक्षणों को सत्य सिद्ध करना पड़ता है। उसके लिए अध्ययन-प्रणाली को निर्माण करना पड़ता है।

क्या राजनेताओं को सभ्यता के मामले में आम आदमी से कुछ मात्रा में ऊँचा होना चाहिए या नहीं?

व्यापारी अपने बेटे को व्यापार में लगाता है। कारखानेदार अपने बेटे को कारखानेदारी में डालता है। यह हो सकता है। इसलिए कि व्यापार या कारखानेदारी कौशल की शाखाएँ हैं। कवि अपने बेटे को कविताई में नहीं डाल सकता। वैज्ञानिक अपने बेटे को विज्ञान में नहीं डाल सकता। इसलिए कि कविता, विज्ञान बौद्धिक क्षेत्र हैं। राजनेता अपने बेटों को राजनीति में

डालते हैं। क्या राजनीति कौशल का क्षेत्र है ? बौद्धिक क्षेत्र नहीं है ? स्वयं राजनेता–उच्चस्तरीय भी अपने क्षेत्र को किस प्रकार का क्षेत्र मानते हैं, इस बारे में क्या कुछ समझते हैं ?

अपने होनहारों पर अपनी महत्त्वाकांक्षाओं, इच्छाओं को मत थोपो। उसे अपनी पसन्द के मुताबिक उद्योग–व्यवसाय को चुनने दो। शिक्षाविद् ऐसा कहते हैं। क्या यह सिद्धान्त राजनेताओं पर लागू नहीं है ?

जिसे कथा–साहित्य में लिखा जा सकता है ऐसा मुद्दा : भारत में राजनेताओं की एक पीढ़ी ऐसी होनी चाहिए जिनके बच्चे राजनीति में नहीं आयेंगे। वे बच्चे चाहें तो पिता द्वारा अर्जित प्रापर्टी पर सुख में सिर्फ़ जीते रहें— सिर्फ़ सुख में जीना बहुत मुश्किल होता है।

मुद्दा है : राजनेताओं की बौद्धिक समझदारी कितनी है ? कुछ अपवाद छोड़ दें तो राजनेता किसी भी शाखा का तज्ज्ञ नहीं हो सकता। डिग्री होल्डर हो सकता है। राजनेता का सभी ज्ञानशाखाओं से परिचय होना चाहिए। सौन्दर्यशास्त्र से परिचय न हो तो नगरसेवक शहर को क्या सुन्दर बनायेगा ? जीने में सुघड़ता क्या होती है इस बात पर क्या राजनेता कभी नहीं सोचते ? सभी राजनीतिक दलों को चाहिए कि वे अपने कार्यकर्ताओं को अनेक विषयों की पुस्तकें पढ़ने की आदत डालें। उनका बौद्धिक क्षेत्र से सम्बन्ध बढ़ाना चाहिए। क्या राजनेता इस बात को नहीं जानते कि घर या ज़मीन की ख़रीद–बिक्री के व्यवहारों में पिछले पचास–साठ वर्षों से कुछ प्रतिशत चेक से कुछ प्रतिशत कैश का रिवाज चल पड़ा है ? उच्च स्तर के राजनेताओं को क्या सिर्फ़ बोफोर्स टू जी स्पेक्ट्रम...की ही जानकारी होती है ?

बुद्धिमान राजनेताओं के बौद्धिक व्यवहार जिस तरह चलते हैं उसका अध्ययन करना ज़रूरी हो गया है।

राजनेता सत्ता में प्रतिस्पर्धा करे, अपने राजनीतिक उद्देश्यों की पूर्ति के लिए बेहद कोशिश करे, अपनी व्यक्तिगत महत्त्वाकांक्षा पाने के लिए कार्यरत रहे। मनुष्य के जटिल स्वभाव का दार्शनिक भान अवश्य रखे। जीवन का रहस्य ही अन्तिम जिज्ञासा है। यही तो मानवीय प्रज्ञा का सुन्दर पहलू है।

क्या शत–प्रतिशत आदर्श, अच्छा, सज्जन समाज हो सकता है ? क्या किसी ने इस तरह की अपेक्षा की है ?

कम से कम कितना प्रतिशत आदर्श, अच्छा, सज्जन समाज होना चाहिए?

इसे कौन निर्धारित करेगा?

कोई भी कर सकता है। नौकरशाही में विचारों की आज़ादी है। उत्तरों को खोजने के तीन मुकाम हो सकते हैं : (१) वाद, प्रतिवाद, (२) विश्लेषण, (३) मेथडॉलॉजी बनाना। जो मेथडॉलॉजी बना सकता है वह सही उत्तर दे सकता है।

मेथडॉलॉजी निर्माण करना बौद्धिक क्षेत्र का काम है।

आदर्श, अच्छा, सज्जन समाज क्या होता है?

इसके भी कई उत्तर आ सकते हैं। इस तरह के प्रश्न का सही उत्तर ढूँढ़ने के लिए मानव-जाति सनातन समय से प्रयत्नशील है। वाद-प्रतिवाद, विश्लेषण के मुकाम पर इस तरह के प्रश्नों के उत्तर खोजने का प्रयास हो रहा है। इसका उत्तर खोजने की मेथडॉलॉजी अभी तक मनुष्य को नहीं मिली है। यह खुला प्रश्न है। उत्तर खोजने की लगन को जारी रखना कार्यरत सभ्यता की निशानी है। समाज को कम से कम कितना प्रतिशत आदर्श, अच्छा और सज्जन होना चाहिए?

इसका जवाब कथा-साहित्य में हो सकता है। कम से कम पैंतीस प्रतिशत समाज आदर्श, अच्छा और सज्जन हो तो वह समाज पास हो गया।

आदर्श, सज्जन, भला समाज क्या होता है?

इसका जवाब कथा-साहित्य में हो सकता है : जिस समाज के कम से कम पैंतीस प्रतिशत जीना सरल होता है।

भारतीय समाज पास है या ना-पास?

समाज में दोनों प्रवृत्तियाँ होती हैं—सुष्ट और दुष्ट।

मनुष्य को दुष्ट प्रवृत्तियों से मुक्त करने के प्रयास सनातन समय से शुरू हैं।

अभी तक यह प्रश्न ओपन है।

मनुष्य-स्वभाव : क्या इस पर संजीदगी के साथ गहराई से भारत में अनुसन्धान जारी है? सरकार सभी ज्ञान-क्षेत्रों में अनुसन्धान का प्रबन्ध कभी भी नहीं कर सकती। बुद्धिमान व्यक्तियों को ही ऐसी ज्ञानशाखाओं

में अनुसन्धान करना होता है। क्या ऐसा अनुसन्धान करने वाले व्यक्ति भारत में हैं?

समाज का, सभ्यता का दर्जा बौद्धिक क्षेत्र में काम करने वाले लोगों पर निर्भर करता है। बौद्धिक क्षेत्र में काम करने वाले हैं : शास्त्रज्ञ, लेखक, कलाकार, दार्शनिक, बौद्धिक क्षेत्र में काम करने वाले समाज में होने के बावजूद समाज से कुछ दूरी पर होते हैं। वे समाज के, सभ्यता के रोड़े के पत्थरों को भलीभाँति देख सकते हैं। बौद्धिक क्षेत्र में काम करने वालों को उनके क्षेत्र में ख्याति मिलती है। हठात् ख्याति की आवश्यकता नहीं रहती। उनके पास लगन होती है। मानसिक असुरक्षा की आदत होती है। आर्थिक असुरक्षा की दहशत नहीं होती। उन्हें चाहिए कि सभ्यता में मौजूद असभ्यता के बारे में बोलें, कृति करें। बौद्धिक क्षेत्र में काम करते हुए भी वे समाज की समस्या का समाधान कर सकते हैं। अच्छे जनतन्त्र में जनता को बार-बार मोर्चे, धरना, आन्दोलन में उलझाने की आवश्यकता नहीं रहती। भारत के भ्रष्टाचार के बारे में बौद्धिक क्षेत्र में काम करने वालों को पहले ही बोलना चाहिए था।

समस्याओं की समय पर पहचान सभ्यता के जीवित होने की निशानी है और समय पर समाधान की खोज सभ्यता में बौद्धिकता के जीवित होने की निशानी है।

छोटी-सी समस्या भी जटिल होती है। वह पूरी तरह से कभी नहीं सुलझती। थोड़ी-थोड़ी लगातार सुलझानी पड़ती है। समस्या के समाधान की मेथडॉलॉजी मिलनी चाहिए।

भारत के लोगों को मेथडॉलॉजी, खोजने, निर्माण करने की आदत नहीं है। मेथडॉलॉजी निर्माण करने के बौद्धिक श्रमों को वे झेल नहीं पाते।

फिर बचता है : फुटकर विचार, विभिन्न मत, भानुमती के कुनबे जैसी कृति।

आम आदमी ऐसा हो सकता है। बौद्धिक क्षेत्र में काम करने वालों को ही मेथडॉलॉजी निर्माण करने का अनुशासन लाना चाहिए। सभ्यता को कार्यरत रखने की ज़्यादा से ज़्यादा जिम्मेदारी बौद्धिक क्षेत्र में काम करने वालों की ही है।

(२०११)

वर्तमान का आख्यान

१. ३७० धारा पर बहस होनी चाहिए।

२. आरक्षण पर बहस होनी चाहिए।

३. संविधान बदलने पर चर्चा होनी चाहिए।

४. 'हिन्दूराष्ट्र' पर चर्चा होनी चाहिए।

मैंने काग़ज़ लेकर लिखा।

१. परमेश्वर के साक्षात् दर्शन होते हैं, इस पर चर्चा होनी चाहिए।

२. फल की इच्छा के बिना कार्य, इस पर चर्चा होनी चाहिए।

३. सुख-दुख, सफलता-असफलता समान ही हैं... स्थितप्रज्ञत्व... इस पर चर्चा होनी चाहिए।

४. जो जड़ों को तोड़ता है या जिसने रोपा है, उन दोनों को भी वृक्ष एक जैसी छाँव देता है... इस पर चर्चा होनी चाहिए।

५. ब्रह्मज्ञान, मोक्ष... इस पर चर्चा होनी चाहिए।

६. वासनाओं, विकारों, षड्रिपुओं को जीतना चाहिए, देहासक्ति को छोड़ें...इस पर चर्चा होनी चाहिए।

७. अहंकार, 'मैं' पना, पूर्णतः जाना चाहिए...इस पर चर्चा होनी चाहिए।

मनुष्य अखण्ड आनन्द में रह सकता है। सभी दुःखों से मुक्त हो सकता है। इतना ही नहीं ऐन मृत्यु के समय भी आनन्द में रह सकता है।

ये वाक्य किसी गल्प में होते तो लुभावने होते। क्या मनुष्य निरन्तर आनन्द

में रह सकता है ? बिलकुल अजीब सी स्थिति में भी आनन्द में रह सकेगा ?

फ़ोन आया।

'हाँ, बोलो मिलिन्द' ?

'कैसी हो तुम मौसी ?'

'अब एकदम ठीक। बिजली चली गयी है रे।'

'हाँ, सारे शहर की ही चली गयी है। आयेगी अभी थोड़ी देर में। पेट तो ठीक है न ?'

'बिलकुल ठीक।'

'क्या भोजन किया ?'

'एक रोटी, कोबी की सब्ज़ी, छाछ–भात, उबली हुई गाजर, आधा गुलाब–जामुन।'

'मस्त! मतलब ठीक ही हो। चार बजे फ़ोन करूँगा। रात में अंकुरित लोबिया की घुघरी जैसा जड़ अन्न मत खाना। समझा ? बाय।'

कल रात लोबिया की घुघरी खायी थी। यूँ तो दो ही चम्मच खायी थी और रातभर पेट का गुब्बारा। इस करवट से उस करवट पर। भोर से पहले कुछ नींद नसीब हुई। नौ बजे काम पर जाने से पहले मिलिन्द आया तो उसको बता दिया था। रात में घुघरी जैसा जड़ान्न नहीं खाना है। समझदारी टिकती, बरकरार रहती नहीं। कभी आती है, कभी आती ही नहीं।

धारा तीन सौ सत्तर से लेकर अहंकार पूर्ण रूप से जाना चाहिए तब की बहसों पर मैं क्यों सोचती रही ? क्यों मैंने लिखा ? नींद नहीं आ रही थी इसलिए सोचती रही ऐसा सोचा। मैं अकारण सोचा नहीं करती। अकारण तो कोई भी नहीं सोचता। प्रश्न निर्माण हुआ, घटना घटी तो ही विचार सोचा जाता है। अकारण ही पुरानी यादें आती रहती हैं। उससे भावनाओं...

ये वाक्य किसी कहानी में होते तो लुभावने होते।

क्या आदमी हमेशा आनन्द में रह सकता है ? बिलकुल मौत के वक़्त भी आनन्द में रह सकेगा ? इन प्रश्नों को विचार के लिए स्वीकार करना ही दरअसल प्रतिभा की निशानी है ?

जी हाँ, आदमी हमेशा आनन्द में रह सकता है...। मुक्त, पूर्ण रूप से स्वतन्त्र हो सकता है।... भारतभूमि में निर्माण हुए अध्यात्मशास्त्र का वह वचन है। वचन का मतलब सुभाषित नहीं। वचन का मतलब वचन ही है। प्रॉमिस।

इसी देह में, इन्हीं आँखों के सामने होगा उत्सव मुक्ति का। अध्यात्मशास्त्र ने यह वचन दिया है अखिल मानव-जाति को।

मैंने अध्यात्मशास्त्र वग़ैरह कुछ पढ़ा नहीं है। भारत में जन्म लेने पर कानों पर अध्यात्म पड़ता ही है। आज के पर्यावरण में इस वाक्य को इस तरह लिखना पड़ेगा, ''भारत में (या विदेश में भी) हिन्दू परिवार में जन्म लेने पर अध्यात्म तो कानों पर पड़ता ही है। हाँ, सबका ध्यान उधर जायगा या नहीं भी जायगा। जवानी में, जवानी से आज की उम्र तक मेरा भी कहाँ ख़ास ध्यान गया था अध्यात्म की तरफ़? आज याद आया तो ध्यान गया।... यह तो चमत्कार ही हुआ! लेकिन...अध्यात्म शब्द को एकबारगी छोड़ दीजिये। आदमी मौत के वक़्त भी आनन्द में रह सकता है। यह वाक्य (वचन कहने की भी ज़रूरत नहीं है।) चकित करने वाला है। इस उम्र में इस पल मैं चकित हो गयी हूँ। बरसों बाद मैं इस तरह चकित हो गयी हूँ। आनन्द की छोड़िये, चकित होने को मिलना...बड़ा लाभ होता है।

दोपहर थी। बहुत उमस हो रही थी। बिजली चली गयी थी। पंखा होकर भी बेकार था। बेचैनी-सी थी। बिस्तर पर लेटी हुई थी। कॉट लम्बी-चौड़ी थी। गद्दा ठीकठाक, ठीक मुलायम, ठीक कड़ा। बेडशीट साफ़, मुलायम। तकिया साफ़ गिलाफ़ वाला। मुलायम था। एक तो बिजली चली गयी थी, दूसरे धूप के दिन, इनकी वजह से सब कुछ बेकार हो गया था। सवाल उठ खड़ा हुआ। घटनाएँ घटीं तो ही विचार आते हैं। बिलावजह पुरानी यादें आती हैं। उनसे भावनाओं-विकारों की निर्मिति होती है। यादें बेतरतीब आती हैं। यादों के आने के क्या कोई नियम हैं?

हाँ, लेकिन मैं अभी नियमों को खोजने वाली नहीं हूँ। धारा ३७० की बहस से अहंकार के जाने तक की बहस मैं क्यों करती रही हूँ? मुझे कारणों को खोजना है। ऐसी कौन-सी घटनाएँ घटीं कि जिन के कारण मैं इस बहस को इन और इन मुद्दों को उठाया?

धारा तीन सौ सत्तर वग़ैरह बहस के मुद्दे के पीछे जो घटना थी वह तुरन्त याद आयी।

चार दिन पहले सुबह हस्बमामूल काम पर जाते हुए मिलिन्द आया हुआ था।

'कैसी हो मौसी?'

'ठीक हूँ।'

'गोली खायी थी?'

'बिलकुल नहीं। नैचुरल नींद।'

'हाथ तो नहीं दुख रहा है न?'

'बिलकुल नहीं।'

'कहीं भी कुछ भी नहीं दुखता?'

'सारे पार्ट तन्दुरुस्त।'

'अच्छा, तो अब धारा तीन सौ सत्तर पर बहस शुरू करो।' जोर से हँसते हुए मिलिन्द ने कहा था।

'तुम लोग कश्मीर की समस्या को सुलझा ही नहीं सकोगे।' मिलिन्द के गालों पर हाथ फेरते हुए मैंने कहा था।

'मौसी, तुम देखना, म्यानमार, श्रीलंका, पाकिस्तान, बांग्लादेश, अफगानिस्तान के साथ हिन्दूराष्ट्र होता है या नहीं...'

'मैं कहाँ तब तक ज़िन्दा रहने वाली हूँ।'

'तुम सौ साल जीने वाली हो। देखना, मैं तुम्हें हिन्दूराष्ट्र में घुमाये बिना नहीं रहूँगा।'

इस से धारा तीन सौ सत्तर वग़ैरह की बहस दिमाग़ में आयी। इसमें कोई बड़ी बात नहीं है। मिलिन्द और मेरे बीच इस तरह की मज़े की बातें पिछले क़रीब तीस वर्षों से चल रही हैं। अहंकार पूरी तरह से जाना चाहिए वग़ैरह आध्यात्मिक विचार दिमाग़ में आये उसके पीछे की घटना भी मुझे घण्टेभर में याद आयी। तभी निश्चय किया कि—मरते दम तक यदि यादों को बरकरार रखना है तो यादों को जान-बूझकर ताज़ा करना, प्रैक्टिस करना।

बैंक। बैंक में मैं अक्सर जाती हूँ। बैंक का दरवाज़ा, काउण्टर्स सब भलीभाँति याद आये। बैंक में भीड़ थी। भीड़ को भलीभाँति याद करने की ज़रूरत नहीं। हम भीड़ के लोगों को ठीक से देखते ही नहीं। मैं बेंच पर बैठ गयी। एक बुज़ुर्ग महिला पुकार रही थी, 'अशोक राव, अशोक राव...'

एक बुज़ुर्ग सज्जन उस बुज़ुर्ग महिला के पास गया। मतलब वह अशोक राव।

'मालूम हुआ न आपको?'—बुज़ुर्ग महिला ने कहा। उसकी आवाज़ काँपती हुई, घबराई-सी थी। भलीभाँति याद है। गुड।

'सविता, मालूम हुआ है।' अशोक राव ने फुसफुसाते हुए दुख से कहा। अशोक राव हाथ पकड़कर महिला को बेंच की ओर ले आये। मेरे पास ही बैठ गये।

'डायलिसिस बहुत पेनफुल होता है न?'—अशोक राव ने कहा।

'हफ़्ते में दो बार होता है।' आँखों में पानी भरते हुए सविता जी ने कहा—'सोमवार और बृहस्पतिवार। मंगलवार बुरा गुज़रता है। शुक्रवार बुरा गुज़रता है। आधा बुधवार और आधा शनिवार ठीक गुज़रता है। रविवार, बुधवार को दोपहर बाद डायलिसिस की दहशत शुरू हो जाती है।'

'एक बात कहूँ?' —अशोक राव ने कहा।

'डायलिसिस के बाद का सारा जीना बेहद दर्दनाक होता है। इसकी वजह है शास्त्रज्ञ। शास्त्रज्ञों ने मूत्रपिण्ड को ठीक करने के उपायों की खोज अभी तक नहीं की है इसलिए हमें इस दर्द को उठाना पड़ता है। पचासएक वर्षों बाद मूत्रपिण्ड के इलाजों की खोज हो भी सकती हैं। अपने लिए वह किसी काम की नहीं। यह विज्ञान की कमी तो है ही। विज्ञान पूर्णावस्था में कब जायगा। पता नहीं। विज्ञान की अधूरी दशा में हम जी रहे हैं।' रुककर अशोक राव ने कहा, 'कहा जाता है कि भारतीय अध्यात्मशास्त्र पूर्णावस्था को प्राप्त हो चुका है। अध्यात्म ने सभी दुःखों से मुक्त होने का मार्ग बताया है। देह की आसक्ति का परित्याग।'

कुछ हँसती सी सावित्री जी ने माथे को पीटते हुए कहा, 'देह की आसक्ति का परित्याग करना अपने लिए कहाँ सम्भव है?'

कुछ देर बाद अशोक राव ने कहा, 'बैंक का काम हुआ?'

‘हाँ।’ सावित्री जी ने कहा, ‘हयात होने के दस्ताएवज करने थे। बहन आयी है साथ में।’

बहन, सविता जी और अशोक राव बैंक से बाहर निकले। मैं देख रही थी अशोक राव ने रिक्शा को रोका। बहन और सविता जी रिक्शा से चली गयीं। पीठ फेरकर चल पड़े अशोक राव को मैं तब तक देखती रही जब तक कि वह आँखों से ओझल नहीं हो गये।

अशोक राव मुझे पसन्द आये। अब याद कर रही हूँ तब भी पसन्द आ रहे हैं। वैज्ञानिकों ने दवा खोजी नहीं है इसलिए सविता जी को दर्द है। देह की आसक्ति का परित्याग दूसरा इलाज है। अशोक राव मुझे पसन्द आये। अशोक राव से विवाह करना मुझे अच्छा लगेगा। जब से मुझे पता चला कि मेरी माँ का विवाह मेरे पिता से हुआ है, मैं अपना विवाह किस के साथ हो, इसका निर्णय करने लगी। लड़कों, मर्दों को देखने लगी। क्या इसके साथ विवाह करूँ? क्या उसके साथ विवाह करूँ? मन में ही कहती थी। मन में यह भी चलता रहा कि किस भगवान के साथ विवाह रचायें? देह की आसक्ति का परित्याग अपने से तो हो नहीं सकता। हँसते हुए माथा पीटकर सविताजी ने कहा था, वह भी मुझे अच्छा लगा। हँसते हुए और माथा पीटते हुए भी कहना। हास्यपूर्ण लगता था और असहायतापूर्ण भी। सौन्दर्यशास्त्र की विचित्र अभिव्यक्ति।

देह की आसक्ति का परित्याग नहीं हो सकता। अहंकार का लोप नहीं हो सकता। अध्यात्म को पढ़ना समाचार-पत्रों में भी प्रतिदिन छोटा-सा आता है। अध्यात्म को सुनना आध्यात्मिक गुरुओं की कोई कमी नहीं। अध्यात्म को कबूल करना। कुछ समय के लिए मगन रहना। अध्यात्म श्रेष्ठ है। नहीं हो सकता अध्यात्म गुणित धर्मविधियों को सम्पन्न करना। धर्मविधि भी कोरमकर करना नहीं होता। कोरमकोरपने का पता ही नहीं होता। अध्यात्म पर श्रद्धा रखकर जितना हो सकता है उतना करना।

आध्यात्मिक कहलाने वाले आश्रम मालामाल हो रहे हैं। आयुर्वेद का व्यापार कर रहे हैं। साधुओं के अखाड़े एक-दूसरे से लड़ रहे हैं। धर्म को ढोल-पथकों में मगन किया जा रहा है। मन्दिरों की ट्रस्टी में जाने की कोशिशें कुछ ज़्यादा ही बढ़ रही हैं। नागरिक का श्रद्धा रखने में दम निकल रहा है।

हिन्दुओं में करोड़ों देवता हैं। गाय के पेट में तैंतीस कोटि देवता हैं। महत्त्व का देवता कौन-सा? किसी भी देवता को नमस्कार कीजिये। अन्त में वह केशव को ही प्राप्त होता है। केशव अर्थात् विष्णु!

विष्णु शेषशायी।

कृष्ण...भगवद्गीता महत्त्वपूर्ण। कृष्णलीला...दिक़्क़तों वाली। शंकर महत्त्वपूर्ण लेकिन श्मशान में रहने वाला। म्हसोबा याने कलुबा वीर, क्षुद्र देवता नहीं चाहिए।

राम योद्धा। शत्रुओं को नष्ट करने वाला। देवी शस्त्रास्त्रधारिणी। शत्रुओं का विनाश करती है। लेकिन स्त्री है। राम पुरुष है। और रामराज्य।

राम के जन्मस्थान का पता नहीं। वहाँ उस स्थान पर मस्जिद। वहाँ राम मन्दिर बनवाना है। राम राम कहते हुए सीधे तुम के दर्शन नहीं करना है। राम को ऐतिहासिक पुरुष बना दिया गया है। हिन्दुओं का इतिहास वैभवसम्पन्न है ही। मध्य काल में विदेशी आक्रमण हुए। उन आक्रमणों का इतिहास नये सिरे से लिखना है। स्वतन्त्रता समर का इतिहास नये सिरे से लिखना है। हिन्दुओं का वैभव को पुनः प्राप्त करना है। म्यानमार, पाकिस्तान, अफगानिस्तान के साथ हिन्दूराष्ट्र का निर्माण करना है। हिन्दूराष्ट्र में रामराज्य को लाना है।

नागरिकों में दो भेद होते हैं : १. हिन्दुत्ववादी, २. हिन्दुत्व विरोधी

सोचने की प्रक्रिया को विचारधारा में मिलाकर ही झगड़े हो रहे हैं।

यह कहने पर भारतीयों का ख़ुश होना स्वाभाविक ही है कि पुराने ज़माने में भारत में विमान थे। मनुष्य पहली बार चाँद पर गया वह भारतीय तो नहीं था, फिर भी भारतीयों को इस बात की ख़ुशी ज़रूर हुई कि मानव चाँद पर गया।

पहले भारत में विमान था, हिन्दू सभ्यता में विमान था, मैं भी हिन्दू हूँ विमान का ज्ञान मेरे ख़ून में है ऐसा मानकर जोश में आना हास्यास्पद है। न्यूटन ने कैल्क्यूलस की खोज की। न्यूटन अँग्रेज़ था इसलिए हर एक अँग्रेज़ यदि कहने लगे कि मैं भी कैल्क्यूलस समझता हूँ तो वह भी हास्यास्पद होगा। ऐसा नहीं है कि हरएक अँग्रेज़ शेक्सपियर को समझता हो। शेक्सपियर को ज़्यादा समझने वाले इंग्लिस्तान के बाहर हैं। गणित का

क्लास चलाने वाले का मैं मैथिमेटिशियन हूँ कहना हास्यास्पद है। सिद्ध करना होगा कि पहले भारत में विमान था। इसके लिए सिद्ध करने की प्रणाली को निर्माण करना होगा। सिद्ध करने की प्रणाली से तात्पर्य है अध्ययन–प्रणाली।

मान लीजिए कि यथार्थ में विमान नहीं था। विमान की सिर्फ़ कल्पना थी। इस तरह की कल्पना का होना, सूझना भी कम अहमियत नहीं रखता। कल्पना से ही सर्जनशीलता का आरम्भ होता है। और अध्ययन–प्रणाली निर्माण करने से सर्जनशीलता पूर्ण होती है। और ऐसा भी नहीं है कि एक बात को सिद्ध करने पर सारी बातों को सिद्ध कर सकेंगे। पृथ्वी गोल है सिद्ध करने पर ज़रूरी नहीं कि ब्लैक होल के अस्तित्व को सिद्ध कर पायेंगे। एक बेहतर कविता लिखने के बाद ज़रूरी नहीं कि अगली कविता भी बेहतर होगी।

मनुष्य विवेकी होता है उसी प्रकार अविवेकी भी होता है। अविवेक को दूर हटाकर अध्ययन–प्रणाली को निर्माण करना होता है। अध्ययन–प्रणाली निर्माण करने का मतलब ही है विचार की अपेक्षा विवेक को अहमियत देना। विवेक से शोध लगते हैं। ज्ञानशाखाएँ निर्माण होती हैं। विचारों से ही दृष्टिकोण बनते हैं।

हम गणित सीखते हैं, मतलब गणित का तन्त्र सीखते हैं। हम कविता सीखते हैं, मतलब कविता का तन्त्र सीखते हैं। हम खेती सीखते हैं, मतलब खेती का तन्त्र सीखते हैं। मेरे एक इंजीनियर मित्र ने सेवानिवृत्ति के बाद ज्योतिषशास्त्र सीखना आरम्भ किया। उसने तन्त्र को आत्मसात किया। अब वह उस तन्त्र के अनुसार भविष्य कथन करता है। उसने मुझसे कहा, मैं सौ साल पूरे करूँगा।

गणित, कविता, खेती, धर्म के तत्त्वों को जानना होगा। ज्ञानशाखाओं के दर्शन को समाज के निम्न स्तरों तक फैलना होगा। इससे बुद्धि अनुशासित होगी। यहीं पर नहीं रुकना है। आगे विवेक का प्रयोग करना है। अलग–अलग अध्ययन–प्रणालियों का निर्माण करना है। तन्त्र को सीखने से स्मार्टनेस आता है, शोध नहीं कर सकते। विवेक से शोध होते हैं।

बेल बज गयी। हस्बमामूल, काम पर जाने से पहले मिलिन्द आया।

'मौसी, आज कुछ ज़्यादा ही ख़ुश नज़र आ रही हो।'

'पिछले दो दिन से मुझे ठीक तरह से नींद ही नहीं आयी।'

'क्या कहती हो? लेकिन फ्रेश लगती हो, ऐसा कैसे?'

'मैं लिख रही हूँ।'

'हिन्दुत्व पर?' हँसते हुए मिलिन्द ने कहा, 'लिखो, कड़ी से कड़ी आलोचना करो।'

'ख़ासा ग़ुस्सा लाती हूँ', मैंने भी हँसते हुए कहा।'

'मुझे कभी तुम पर ग़ुस्सा नहीं आयेगा। जी खोलकर आलोचना करो।'

मिलिन्द के गाल पर हाथ फेरते हुए मैंने कहा, 'तुम्हें नहीं रे ग़ुस्सा आयेगा। अन्य स्वयंसेवकों को तो ग़ुस्सा आयेगा ही।'

'बिलकुल नहीं। मुझे ग़ुस्सा नहीं आयेगा, मतलब किसी भी स्वयंसेवक को ग़ुस्सा नहीं आयेगा। सर संघ संचालक से लेकर सभी स्वयंसेवकों का मन एक जैसा ही होता है। चलो, चलता हूँ। चार बजे फ़ोन करूँगा।'

मन एक जैसा चाहे तो रखना लेकिन पूरे मन को उसी से भर मत देना... फिर कभी मिलिन्द से यह बात कहूँगी।

मुझे भगवान के स्वरूप को जानना है। कारण? कारण का मुझे पता नहीं है। मतलब अभी तुरन्त ध्यान में नहीं आ रहा है। सोचने पर कभी ध्यान में आ भी सकता है। लेकिन मुझे अभी कारण खोजने की इच्छा नहीं है। अभी मुझे भगवान के स्वरूप को खोजना है। आन्तरिक आवश्यकताओं के क्या क्रम होते हैं? उनके कोई नियम हैं? इसे देखना होगा। फिर भी इतना पक्का है कि अभी उसकी आवश्यकता नहीं है। मुझे सिर्फ़ मनुष्यों का देवता नहीं चाहिए। मात्र धरती का देवता नहीं चाहिए। क्या विश्व का देवता चाहिए? यह प्रश्न अपने आप उठा है। लेकिन उसे भी मेरे भीतर से स्वीकार नहीं आ रहा है।

मैं काफ़ी देर तक लिखना रोक देती हूँ।

पाँच एक घण्टा रुकी रही। काफ़ी दिनों से कुछ फ़ोन करने बाक़ी रह गये थे। किये। चाय पी ली।

कुछ तो सूझा उसका ध्यान किया। मन में वाक्यों को जोड़ा।

अब लिख ही डालती हूँ।

विश्व में मूर्त भी है, अमूर्त भी। कंकड, पत्थर, पहाड़, पानी, सजीव प्राणी, ख़ून, ग्रह, तारे...मूर्त। नाम मूर्त। श्वास उच्छ्वास अमूर्त। ऊर्जा, दिक्काल, इच्छा, वासना, विकार, लोभ, हिंस्रता...अमूर्त।

विश्व में मूर्त है ही। अमूर्त भी है ही।

तीसरा कोई भेद है?

प्रधानमन्त्री को कैसा होना चाहिए?

प्रधानमन्त्री का पद होता है।

गणितज्ञ, गायक, कवि पद नहीं होते। गणितज्ञ जीवन-भर गणितज्ञ ही होता है। कवि पूरे जीवन में कवि ही होता है। गायक जीवन-भर आवाज़ के जाने के बावजूद गायक होता है। कोई भी जीवन-भर प्रधानमन्त्री नहीं होता। सीमित समय तक ही प्रधानमन्त्री का पद होता है। प्रधानमन्त्री पद के लिए एक से अधिक व्यक्ति लायक होते हैं। कोई एक ही एक समय पर प्रधानमन्त्री के पद पर होता है। प्रधानमन्त्री के पद पर होने वाले व्यक्ति को इसका भान होना चाहिए।

प्रधानमन्त्री शूर, साहसी, कार्यक्षम, कुशल, नीतिज्ञ, दूरदर्शी, श्रमशील, कठोर, प्रेममय, उत्तम वक्ता...अवश्य हो। सब कुछ समझता हो ऐसा कोई व्यक्ति दुनिया में नहीं होता। प्रधानमन्त्री पद पर होने वाले व्यक्ति को ऐसा नहीं समझना चाहिए कि वह सब कुछ समझता है। प्रधानमन्त्री पद पर होने वाले व्यक्ति को साफ़ तौर पर जान लेना चाहिए कि वह क्या-क्या समझता है, कितना समझ में आता है, कितना कर सकता है, कितना आता है।

हर मनुष्य में कुछ न कुछ कुण्ठा होती है। प्रधानमन्त्री भी एक मनुष्य होता है। प्रधानमन्त्री को अपनी कुण्ठा और अपने विकारों का, उनकी गहराई का पता होना चाहिए। कुण्ठाओं, विकारों को रोकने का अनुशासन उसे खोजना होगा। समयानुसार उस अनुशासन को बताये। ऐसा न माने कि विकार कुण्ठा जैसा कुछ है ही नहीं। कभी किसी मौक़े पर विकार, कुण्ठा खुल भी गये तो लीपापोती करने की कोशिश न करे। जनता को भी समझना चाहिए कि प्रधानमन्त्री के विकार, कुण्ठाएँ हो सकती हैं। इस

तरह की निष्कलुषता चाहिए।

सृष्टि के अमूर्त नियम, विश्व के सम्बन्ध में अज्ञान, काल की सूक्ष्मता और करालता, सजीवों का जगत, रंग, वंश के आदि के अनुसार, मनुष्य के होने से मनुष्य बनकर होने तक...ऐसे कई उलझनों से भरा ज्ञान अनुसन्धान करने वाले निर्माण करते हैं। प्रधानमन्त्री को इस ज्ञान की खातिर अनुसन्धान करने वालों और कलाकारों पर निर्भर रहना पड़ता है। प्रधानमन्त्री स्वयं इस ज्ञान का नहीं निर्माण कर सकता।

तीसरी दुनिया में ऐसे अनुसन्धानकर्ता विरल होते हैं और प्रधानमन्त्री ज्ञान से वंचित रह जाता है। तीसरी दुनिया के प्रधानमन्त्री की यह मुश्किल होती है। तीसरी दुनिया में चिन्तक होते हैं। चिन्तक दृष्टिकोण बताते हैं। दृष्टिकोण तीन प्रकार के होते हैं : १. प्रधानमन्त्री का सबकुछ सही है। २. प्रधानमन्त्री का सबकुछ ग़लत है। ३. प्रधानमन्त्री का यह–यह ठीक है, वह–वह ग़लत है। इसमें अजीब बात तब होती है जब जिस बात को एक ग़लत कहता है उसी बात को दूसरा सही बताता है। प्रधानमन्त्री असमंजस में पड़ जाता है और आत्मविश्वास को पुकारकर वही करता है जो वह चाहता है।

तीसरी दुनिया का प्रधानमन्त्री अनुसन्धान से डरता है। अनुसन्धान से कुछ ऊटपटाँग निकल आया तो?

और अनुसन्धान से कुछ भी ऊटपटाँग निकल सकता है। अज्ञात में ऊटपटाँग ही होता है। प्रधानमन्त्री ऐसा कुछ न हो इसलिए बन्दोबस्त करने की कोशिश करता है। तीसरी दुनियापन से मुक्त होने के लिए, ज्ञान के लिए, कुछ भी ऊटपटाँग होता हो तो भी प्रधानमन्त्री को चाहिए कि वह ऐसे अनुसन्धान को साहस के साथ मुक्त करना स्वीकार करे।

ऐसी कई बातों को सहने के लिए हास्य काम आता है। प्रधानमन्त्री को चाहिए कि जीने के दौरान हास्य की गुंजाइश को बनाये रखें।

मनुष्यों को हर तरह के हज़ार, लाख तरह के दुख होते हैं। प्रधानमन्त्री जीने की सुविधा बना सकता है। प्रधानमन्त्री उन्हें सच्चे ढंग से करे। उसकी कोशिश नज़र आये। कहाँ तक हो रहा है...वग़ैरह का अचूक मोल करे। उतनी ही बात करे। मनुष्य के भीतरी दुखों को प्रधानमन्त्री दूर नहीं कर सकता। प्रधानमन्त्री को इस बात का पता होना चाहिए। और इस कारण रात में सोते समय प्रधानमन्त्री उदासी अनुभव करे।

इसे करते हुए प्रधानमन्त्री सत्तानीति ज़रूर करे। वह मनुष्य का गुणधर्म है। विरोधकों को निष्प्रभावित करे। अपने ही दल के विरोधकों का स्मरण कर हँसते हुए माथा पीटे।

मूर्त, अमूर्त...तीसरा प्रकार...इसके बारे में विवेक करने के बदले मैंने प्रधानमन्त्री के बारे में क्यों सोचा?

ऐसा क्यों हुआ?

पर्यावरण में राजनीति की आवाज़ कुछ ज़्यादा ही बुलन्द है।...वही मन में, दिमाग़ में कुलबुला रही थी। इसलिए?

या फिर मैं उतनी बुद्धिमती हूँ नहीं...या फिर मैंने बुद्धि को निरन्तर तेज़ नहीं रखा, या फिर...बहुत देर तक बुद्धि को कार्यक्षम रूप से वापरना सम्भव नहीं होता हो।

चौथी कक्षा से सी.ए. होने तक सम्बन्धी, पहचान वाले, कक्षा के अध्यापक, प्राध्यापक मुझे बुद्धिमती कहते थे। सीए होने के बाद दो वर्ष उम्मीदवारी की। फिर मैंने अपनी ख़ुद की फर्म बनायी। एक ही वर्ष में मेरी फर्म एस्टैब्लिश हो गयी। अगले तीन वर्षों में इंटीरियर डेकोरेशन के साथ बंगला भी बन गया। सम्बन्धी, पहचान वाले, मित्र, सहेलियाँ मुझे करतबी कहने लगे। एक महिला ने तीस पार करने से पहले ही करतब दिखाया। इस बात का विशेष कौतुक होने लगा। फर्म चलने लगी, चलने लगी, चलने लगी। वर्ष दर वर्ष समारोहों में, मुझे आदर, सम्मान मिलने लगा। उत्सवों में अगले चालीस वर्ष मेरा दबदबा। सत्तर के बाद भी मैंने अपना काम जारी रखा। इसका भी लोगों ने कौतुक किया। सत्तहत्तरवें वर्ष में मैंने फर्म को बेच डाला। अच्छा किया। अब आराम से ज़िन्दगी को एंजॉय करो...मेरे जो जीवित समकालीन थे उन्होंने कहा। फिर मैं अस्सी पर पहुँच गयी। मिलिन्द ने आगे बढ़कर मेरा सहस्रचन्द्रदर्शन का समारोह मनाया। मेरा गुणगौरव सम्पन्न हुआ।

अब मैं छियासी की हूँ। छियासीवें वर्ष में भी मैं अकेली रहती हूँ, घूमती, फिरती रहती हूँ। अपने काम मैं स्वयं करती हूँ। युवा युवतियों को इसका बड़ा अचरज लगता है। अशोक राव मुझे पसन्द आये। उनके साथ विवाह करने का मन हुआ। छियासीवें वर्ष मुझसे छोटा पुरुष पसन्द आया। उसके साथ विवाह रचने को मेरा मन चाहा। मुझे यह सब बड़ा मज़ेदार लगा।

छियासीवें वर्ष पर मेरे मन में मज़े की बात होती है तो। मूत्रपिण्ड पर वैज्ञानिकों ने दवाई की खोज नहीं की इसलिए हमें दुख होता है। देहासक्ति का परित्याग एक इलाज है। लेकिन नहीं हो सकता। यह अक़्लमन्दी भी बड़ी मज़ेदार है। मेरी याददाश्त अच्छी है। छोटी-मोटी बीमारियाँ होती है। लोग कहते हैं कि छियासी के बाद का जीवन बोनस होता है। बोनस की अलग ही ख़ुशी होती है। बोनस की अवधारणा किसने निकाली? दीवाली में मज़दूरों को बोनस...इसे किसने निकाला? पूँजीवादी ने या कम्युनिज़्म ने?...मैंने अच्छी ज़िन्दगी जी ली। अच्छी ज़िन्दगी जी रही हूँ। मिलिन्द और उसकी पत्नी मेरी देखभाल करते हैं। मिलिन्द की पत्नी...मेरी भानजी बहू मुझसे मिलिन्द के सामने हँसते हुए कहती हैं, 'मौसी आप मिलिन्द से हिन्दुत्व के बारे में उल्टी बातें करती हैं, इसलिए मिलिन्द के होश ठिकाने रहते हैं।' मिलिन्द एम.टेक है। विकसनशील राष्ट्रों में सारी असुविधाएँ, ऐशोचैन कुछ गिनेचुने लोगों को ही मिलते हैं। मिलिन्द को वह प्राप्त हैं। मेरी भानजी बहू मज़े में है। वह चिन्ता और फिक्र से, कुछ डर से, मुझसे कहती है, 'मौसी, अब बस हो गया अकेले रहना। हमारे पास आइए रहने के लिए।'...घर में घुसकर दिन दहाड़े अकेले वरिष्ठ नागरिक पर हमला, लूट...रास्ते पर दिन-दहाड़े गोलीबारी, दो की मौत, चार घायल, दो आसन्न मरण...दुनिया अच्छी नहीं है...कैसी-कैसी डरावनी बातें कानों पर पड़ती हैं...इधर ही आइए रहने को...यहाँ चाहे जैसा रहिए।...मैंने अभी तक इस पर विचार नहीं किया है। मिलिन्द रोज़ाना दो बार आता है। दिन में दो बार फ़ोन करता है। मुझे निशाना बनाकर मिलिन्द की पत्नी उसे चिढ़ाते हुए कहती है, 'तुम्हारी सहेली ठीक तो है न? क्या कहती है?'

बुद्धिमती से, करतबी से, सतहत्तरी तक कार्यरत से, छियासीवें वर्ष में भी अकेली मस्त जी रही हूँ। ...यह रहा मेरी ज़िन्दगी का लेखा-जोखा।

मैं बुद्धिमती थी। मेरे ध्यान में क्यों नहीं आया कि बुद्धिवानों को शोध करना चाहिए? इसके पहले विवेक की बात का ध्यान क्यों नहीं आया? अपने आप पर हँसते हुए मैंने माथा पीट लिया।

बेल बजी।

दरवाज़ा खोला।

'कैसी हो तुम, मौसी?'

‘इसे रहने दो। मुझे तुमसे बात करनी है।’

‘हिन्दुत्व पर?’ मिलिन्द खिलखिलाकर हँस पड़ा।

‘बचपन में बुद्धिमान रह चुके लोग आगे चलकर जीवन में शोध नहीं करते क्या? ...बैठो।’ मिलिन्द कोच पर बैठ गया।

‘मैंने पहले जो कहा था उस पर अब बात नहीं करेंगे।’

‘हाँ।’

‘विश्व में मूर्त है, अमूर्त है, क्या तीसरा भी कोई भेद हो सकता है?...इस प्रश्न पर विचार करते हैं, क्या ऐसा भी तो है...यहाँ से बहस शुरू करते हैं।’

‘चलेगा।’

(२०१६)

साक्षात्कार : वर्तमान से मुठभेड़

(साक्षात्कारकर्ता : चन्द्रकान्त पाटील)

आपके उपन्यासों में आप 'भारतीय' शब्द का प्रयोग करते हैं। क्या इसके पीछे आपकी कोई अवधारणा है?

अपने 'शीतयुद्ध सदानन्द' के बाद के उपन्यास मैंने 'भारतीय लोग' की धारणा के अन्तर्गत लिखे हैं। इसलिए कि ज्ञानशाखा में किसी भी धर्म, वंश या जाति के लोग कार्यरत होते हैं। ज्ञानशाखा में धर्म, जाति आदि बेमानी होते हैं। इसलिए 'भारतीय' शब्द का प्रयोग करना मैं ज़रूरी समझता हूँ।

इधर काफ़ी लोग 'भारतीय' और 'हिन्दू' दोनों शब्दों को समानार्थ में प्रयुक्त करते हैं। इसके बारे में आपकी क्या भूमिका है?

ज्ञानशाखा के सन्दर्भ में भारतीय को हिन्दू के समानार्थ में प्रयुक्त करता हुआ कोई भी मुझे नज़र नहीं आता। कतिपय सामाजिक समस्याओं और प्रश्नों के सन्दर्भ में यह भेद दिखायी देता है। कथा-साहित्य में व्यक्ति पारिवारिकता, व्यावसायिकता, धार्मिकता, खानदान, माली हालत, प्रान्तीयता, राष्ट्रीयता, लिंगभेद और विचारधारा के साथ जीता है। व्यक्ति के इन सभी पहलुओं को देखते, जाँचते कथा-साहित्य खोजता है कि व्यक्ति मनुष्य जात की हैसियत से क्या है, मनुष्य होने में क्या है। पारिवारिकता राष्ट्रीयता, धर्म आदि पहलुओं के साथ व्यक्ति जीवन के अर्थ की खोज करता है। जीवन के इन विभिन्न अर्थों के साथ व्यक्ति के खालिस मनुष्य के जीवन

के अर्थ तक कथा-साहित्य को आना होता है। जीवन का अर्थ खोजने का व्यक्ति का आरम्भ प्रान्तीयता, राष्ट्र, धर्म, लिंग, विचारधारा, परिवार आदि कहीं से भी हो, कथा-साहित्य में वह आयेगा ही। और इस प्रक्रिया को कथा-साहित्य में मनुष्य के जीवन का अर्थ क्या है, यहाँ तक तो आना ही होगा।

> ऐसा लगता है कि वर्तमान में प्रचलित धारणा, कि सामाजिकता ही कथा-साहित्य की प्रधान प्रेरणा है—से आप सहमत नहीं हैं?

यह मुझे अधूरी प्रतीत होती है। समकालीन भारतीय यथार्थ, जिसे मैं सभ्यता (सिविलिजेशन) कहता हूँ—से शुरू होकर साहित्य का संस्कृति तक पहुँचना कथा-साहित्य को पर्याप्तता प्रदान करता है। हाँ, ऐसी पर्याप्तता श्रेष्ठ साहित्य की शर्त तो है लेकिन श्रेष्ठ साहित्य का लक्षण नहीं है। और ऐसी भी शर्त नहीं है कि समकालीन यथार्थ ही होना चाहिए। किसी भी युग या बिलकुल काल्पनिक यथार्थ अर्थात् काल्पनिक सामाजिक परिसर को भी कथा-साहित्य में ले सकते हैं और उससे संस्कृति तक पहुँचना चाहिए।

> आम तौर पर 'संस्कृति' शब्द अँग्रेज़ी के कल्वर' के समानार्थक शब्द के रूप में प्रयुक्त होता है। कल्चर शब्द बहुत व्यापक और उलझन भरा शब्द है। उसके विभित्र अर्थों का विकृत विवेचन अँग्रेज़ी समीक्षक टेरी ईगलटन ने अपनी 'आयडिया ऑफ़ कल्चर' पुस्तक में की है। साने गुरुजी ने भी 'भारतीय संस्कृति' पुस्तक में अपनी भूमिका विशद की है। आप 'संस्कृति' शब्द की अपनी क्या परिभाषा करते हैं?

आप के द्वारा सम्पादित और सद्यः-प्रकाशित 'श्याम मनोहर : मौखिक और लिखित' पुस्तक तथा मेरे उपन्यास 'खेकसत म्हणणे: आय लव यू' में सभ्यता और संस्कृति के बारे में मेरा पर्याप्त विवेचन आया हुआ है। मनुष्य की दो मूलभूत प्रवृत्तियाँ हैं : एक : ठीक ढंग से जीना—भौतिक व मानसिक जीना सहज और सरल होना और दो : कुतूहल। इनमें से ठीक ढंग से जीने को मैं 'सभ्यता' (सिविलिजेशन) कहता हूँ और दूसरी प्रवृत्ति है कुतूहल, जिसके लिए मनुष्य खोज करता है। शोध करने को मैं संस्कृति (कल्चर) कहता हूँ। ठीक ढंग से जीने और शोध करने को नये शब्दों को

प्रयुक्त करने में मेरी कोई आपत्ति नहीं है। ठीक ढंग से जीने के लिए सामान्यत: 'सभ्यता' शब्द प्रयुक्त होता है इसलिए शोध करने को मैं 'संस्कृति शब्द का प्रयोग करता हूँ। इसके आधार पर कथा-साहित्य में पात्रों का प्रयोग करता हूँ। इसके आधार पर कथा-साहित्य में पात्रों का जीना ही आया हो तो उसे मैं सभ्यता का कथा-साहित्य कहता हूँ। और यदि पात्र स्व-शोध करते हों या पात्रों के माध्यम से कथा-साहित्य रायटर शोध कर रहा हो तो उसे मैं 'संस्कृति का कथा-साहित्य' कहता हूँ। मेरा अनुमान है कि भारतीय भाषाओं का कथा-साहित्य सभ्यता का गल्प है।

> 'भारतीय संस्कृति आजकल बहुचर्चित पदावली है।' 'भारतीय संस्कृति' पदावली इधर काफ़ी संकेतपूर्ण बनी हुई है। आपकी भूमिका क्या है?

वैसे तो कई लोगों ने भारतीय संस्कृति के बारे में विचार-मंथन किया हुआ है। आपने मुझे यूँ ही पूछ लिया है तो मैं अपनी हद तक बता देता हूँ। भारतीय समाज में 'सभ्यता' और 'संस्कृति' दो अलग-अलग अवधारणाएँ प्रयुक्त नहीं होतीं। 'संस्कृति' शब्द का ही प्रयोग कुल मिलाकर किया जाता है। रूढ़ि और परम्परा को ही संस्कृति कहा जाता है। 'खेकसत म्हणणे आय लव यू' उपन्यास के एक पात्र ने यह विचार प्रस्तुत किया है कि भारत में रूढ़ियाँ और परम्पराएँ थीं और रूढ़ि और परम्परा शब्द सभ्यता के लिए विकल्प के रूप में प्रयुक्त होते हैं।

स्वातन्त्र्योत्तर काल में रूढ़ियाँ बड़ी मात्रा में कालबाह्य होती गयीं। नये व्यवसायों का जन्म हुआ। अब रूढ़ियाँ कुछ मात्रा में पारिवारिक स्तर पर जीवित रखी जा रही हैं और सामाजिक स्तर पर उत्सवों के रूप में सँभाली जा रही हैं, 'रूढ़ि' शब्द का प्रयोग प्राय: नहीं के बराबर हो रहा है और 'परम्परा' शब्द ही रूढ़ हो गया है। यह रूढ़ि है और इसी को परम्परा कहा जा रहा है। महिलाओं को मासिक धर्म के समय अस्पृश्य मानने की रूढ़ि समाज में लुप्तप्राय हो गयी है। इसका तात्पर्य यह है कि मासिक धर्म की अस्पृश्यता को परम्परा नहीं समझा गया। अब संस्कृति का अर्थ शोध करना को लेकर भारतीय संस्कृति का अर्थ देखेंगे। भारत में हिन्दू, जैन, बौद्ध, इस्लाम, पारसी, ज्यू आदि अनेक धर्म हैं। विश्व के सभी धर्मों ने यह बता दिया है कि विश्व क्या है, जीवन का अर्थ क्या है। उन धर्मों के

लोगों का उद्देश्य होता है कि इन अर्थों को मानते हुए जीवन बिताना। उन धर्मियों की यह धारणा होती है कि कुछ भी खोजना बाक़ी नहीं रह गया है। इसके अनुसार भारतीय संस्कृति की ओर देखेंगे तो यही अर्थ प्राप्त होगा कि इन सभी धर्मों ने जो-जो खोजें की हैं उनका पालन करते हुए उनके धर्मियों को जीवन जीना है। भारतीय समाज में यह प्रश्न साफ़ तौर पर पूछा जाना चाहिए कि क्या दरअसल अज्ञात जैसा कुछ नहीं रहा है? इधर समाचार-पत्रों में गुरुत्व तरंगों का समाचार जोर-शोर से छपा। लोगों ने उत्सुकतावश उसे पढ़ा। लोगों ने मान लिया कि कुछ तो है जो अज्ञात है। समाचार-पत्रों में इस बात का ज़िक्र भी गर्व के साथ किया गया था कि इस शोध में कुछ भारतीयों का भी सहभाग था। भारतीय जनता को इसका आनन्द हो रहा था। भारतीयों के ध्यान में आ रहा है कि धर्मों के शोध अपनी जगह लेकिन गणित, खगोलविज्ञान, औषधि निर्माणशास्त्र, वैद्यकशास्त्र, अर्थशास्त्र, साहित्यशास्त्र, काव्यशास्त्र आदि ज्ञानशाखाएँ अब भारतीयों के अध्ययन में शामिल हो रही हैं और उनमें बहुत कुछ है जो अज्ञात है। ऐसे शोध करने से ही भारतीय संस्कृति बनेगी।

> अब अलग प्रश्न पूछता हूँ। इधर कुछ लोग आग्रह कर रहे हैं कि हिन्दू संस्कृति असहिष्णु है तो भारतीय संस्कृति सहिष्णु है? इसी के आधार पर फिर अभिव्यक्ति की स्वतन्त्रता का सवाल खड़ा किया जाता है? आप क्या सोचते हैं?

मेरी अपनी अवधारणा के अनुसार मैं भारतीय संस्कृति के स्थान पर 'भारतीय सभ्यता' कहूँगा। विश्व में कहीं भी एकमात्र एक ही सभ्यता हमेशा के लिए टिकी हुई नहीं है। विज्ञान में कहीं भी आदर्श सभ्यता अब तक पैदा नहीं हुई है। भारतीय सभ्यता भी बदलती हुई आयी है। भारतीय सभ्यता सहिष्णु है या असहिष्णु यह प्रश्न मुझे कुछ अधकचरा लगता है। प्रश्न पूछना चाहिए कि क्या वर्तमान भारतीय सभ्यता सहिष्णु है या असहिष्णु। प्रश्न पूछना चाहिए कि क्या मध्ययुग की सभ्यता सहिष्णु थी या असहिष्णु। दरअसल, दूसरा प्रश्न इस तरह करना चाहिए था कि वर्तमान भारतीय सभ्यता कितनी मात्रा में सहिष्णु या असहिष्णु है। जीवन के कौन-कौन-से क्षेत्र में क्या कितनी मात्रा में सहिष्णु या असहिष्णु है, इसे देखना चाहिए। आज के युग में विश्व की किसी भी सभ्यता में शत-प्रतिशत

सहिष्णुता नहीं है और न कभी हो सकती है। ग़ौर कीजिये—यहाँ मैं गल्प जैसा सोच रहा हूँ। मतलब, मुझे सहिष्णुता और असहिष्णुता इन दो बातों को नापना है। लेकिन अभी तक किसी भी ज्ञानशाखा ने सहिष्णुता और असहिष्णुता नापने का काम हाथ में नहीं लिया है। जिन प्रश्नों को ज्ञानशाखा ने अभी तक नहीं उठाया है उन्हें उठाने का साहस कथा-साहित्य में होता है। सहिष्णुता को नापने की ऐसी एक प्रणाली कथा-साहित्य में डाली जा सकती है कि किसी सभ्यता में पैंतीस प्रतिशत लोग सहिष्णु होंगे तो उसका अर्थ यह भी होगा कि बचे हुए बाक़ी के पैंसठ प्रतिशत असहिष्णु होंगे। और देखिये कि कोई भी मनुष्य शत-प्रतिशत सहिष्णु नहीं होता। कोई व्यक्ति कितना प्रतिशत सहिष्णु है उसे नापकर सभ्यता की औसत सहिष्णुता को नापा जा सकता है। लेकिन सभ्यता की सहिष्णुता को वर्धमान रखने का काम निरन्तर जारी रखना पड़ता है। भारतीय सभ्यता की सहिष्णुता और स्वतन्त्रता तथा अभिव्यक्ति की स्वतन्त्रता को वर्धमान रखने का काम निरन्तर जारी रखना होगा। इसमें एक बात ऐसी है कि व्यक्ति दूसरे को स्वतन्त्रता देने और सहिष्णुता दिखाने से डरता है। मनुष्य की यह जो डर नाम की प्रेरणा है उसका भी अनुसन्धान करना होगा। शोधपरक सहिष्णुता को और स्वतन्त्रता की मात्रा को बढ़ाने का काम प्रज्ञावन्तों और सर्जनशील व्यक्तियों को करना चाहिए। भारतीय सभ्यता में शोधपरक सर्जनशील लोगों की क्षमता को जो है उससे बेहतर बनाने का काम करना ज़रूरी है। उसी तरह सामान्य नागरिकों में करतब दिखाने वालों और कर्तृत्व करने वालों का भी समावेश करना होगा। राजनीति करने वाले भी इसमें होंगे।

(२०१६)